梦溪笔谈全鉴

〔北宋〕沈括◎著

东篱子◎解译

中国纺织出版社有限公司 国家一级出版社
全国百佳图书出版单位

内 容 提 要

《梦溪笔谈》为北宋科学家、政治家沈括所著，收录了沈括一生的所见所闻和个人见解，共 30 卷，包括《笔谈》26 卷、《补笔谈》3 卷和《续笔谈》1 卷。《笔谈》部分共 17 门（故事、辩证、乐律、象数、人事、官政、权智、艺文、书画、技艺、器用、神奇、异事、谬误、讥谑、杂志、药议），涉及数学、天文、自然科学、法律、历法、物理、生物、政事等学科，可以说是一部集前代科学成果之大成的光辉巨著，因此备受中外学者的推崇。

英国著名科学家李约瑟教授称沈括是中国整部科学史中卓越的人物，赞许《梦溪笔谈》是"中国科技史的里程碑"。

图书在版编目（CIP）数据

梦溪笔谈全鉴：珍藏版 /（北宋）沈括著；东篱子解译. -- 北京：中国纺织出版社有限公司，2019.7
ISBN 978 - 7 - 5180 - 6329 - 1

Ⅰ.①梦… Ⅱ.①沈… ②东… Ⅲ.①笔记—中国—北宋 ②《梦溪笔谈》 —注释③《梦溪笔谈》 —译文 Ⅳ.①Z429.441

中国版本图书馆 CIP 数据核字（2019）第 126664 号

策划编辑：张淑媛　　责任校对：王花妮　　责任印制：储志伟

中国纺织出版社有限公司出版发行
地址：北京市朝阳区百子湾东里 A407 号楼　邮政编码：100124
销售电话：010—67004422　传真：010—87155801
http://www.c-textilep.com
E-mail：faxing@c-textilep.com
中国纺织出版社天猫旗舰店
官方微博 http://weibo.com/2119887771
北京华联印刷有限公司印刷　各地新华书店经销
2019 年 7 月第 1 版第 1 次印刷
开本：710×1000　1/16　印张：20
字数：263 千字　定价：68.00 元

前言

《梦溪笔谈》是北宋著名科学家、政治家沈括编撰的一部涉及自然科学、工艺技术以及社会现象等方面的综合性笔记体著作。这本书在国际社会也比较受重视，早在19世纪时，便因其中对活字印刷术的记载而闻名于世。到了20世纪，英、法、德、美等国家的学者开始对《梦溪笔谈》一书进行深入、系统的解读和研究，英国科学史家李约瑟更是将《梦溪笔谈》评价为"中国科技史的里程碑"。

《梦溪笔谈》成书于11世纪末期，沈括因政治上的不得志而退隐润州，并在那里建造了一座梦溪园，沈括在此处完成了《梦溪笔谈》的初稿，并因此将书命名为"梦溪"。现存的最早的版本是1305年东山书院所刻的版本，如今收藏在中国国家图书馆内。

《梦溪笔谈》一书共有30卷，包括《笔谈》26卷、《补笔谈》3卷和《续笔谈》1卷。《笔谈》部分共17门（故事、辩证、乐律、象数、人事、官政、权智、艺文、书画、技艺、器用、神奇、异事、谬误、讥谑、杂志、药议），涉及数学、天文、自然科学、法律、历法、物理、生物、政事等学科。在此，对于《补笔谈》和《续笔谈》的内容，因篇章和字数的限制，只选用了少量的具有代表性的示例，所以便将其收入附录中。

《梦溪笔谈》涵盖范围比较广，涉及的领域比较多，书中对这些都有很详细的记载，具有很高的史料价值和阅读价值。其中，人文科学占了总内容的18%，自然科学方面占了总内容的36%，剩余的诸如军事、人事等内容则占据了总内容的46%。不过，在自然科学方面，因为当时科学技术并不发达，其中记述的内容大多都是对现象的描写，没有任何科学概念的界定和表达，也没有什么逻辑推论，而是碎片化似地展现在读者眼前。

本书将三十卷条目全部收录在内，只是因为篇幅字数的限制，在内容上做了适当的删减，保留了最有趣味性、可读性与实用性的内容，以供读者阅读、鉴赏。本书正文分为三个板块：原文、注释、译文，并在注释中对生僻字词进行了注音和解释。而在每卷的卷首，还有对本卷内容的大体概括和解读，使读者在进行此篇章正文的阅读前，能够大致了解此卷所讲的内容，以便读者的阅读，加深读者的记忆。此外，为了方便读者的阅读和查询，本书对所摘选的条目增添了原书并没有的条目序号和小节标题，如有概括不准确的地方，还请读者见谅。

在编撰过程中，因为《梦溪笔谈》原书有着很强的知识性，有很多唐宋时期的习惯用语，涉及的内容也比较广，再加上作者极其干练的文笔，编者便加大了对本书的注译。所以，本书编者在参考权威书籍的基础上，对其进行了反复查询和考证。但鉴于编者的经验、水平有限，在编撰过程中难免有疏漏之处，还请读者批评、指正，我们将不胜感激。

衷心希望本书能成为您全方位感受和理解《梦溪笔谈》这部传世佳作的良师益友。

本书平装本自出版以来，广受读者欢迎和喜爱。为满足大家的收藏、馈赠需要，现特以精装形式推出，敬请品鉴。

解译者
2019 年 2 月

目录

卷一·故事一

　　《故事一》一卷，记述了宋朝时期的典章实例，包括礼仪、科举、官制等内容，以及一些相关的掌故。作者沈括有选择性地写了一些人们不太熟悉或者不知其源头的事项，其中很多细节的描写都能够作为对史书疏漏部分的补充。此外，宋朝的典制大多沿袭了唐朝的典制，所以在本章的叙述中，也有很多宋朝的内容都追溯到了唐朝。

1. 郊庙册文

【原文】

上亲郊，郊庙①册文皆曰"恭荐岁事"。先景灵宫②，谓之"朝献"；次太庙，谓之"朝飨"；末乃有事于南郊。予集《郊式》时，曾预讨论③，常疑其次序，若先为尊，则郊不应在庙后；若后为尊，则景灵宫不应在太庙之先。求其所从来，盖有所因④。按唐故事，凡有事于上帝，则百神皆预，遣使祭告，唯太清宫、太庙则皇帝亲行⑤。其册祝皆曰："取某月某日，有事于某所，不敢不告。"宫、庙谓之"奏告"，余皆谓之"祭告"。唯有事于南郊，方为"正祠"⑥。至天宝九载，乃下诏曰："'告'者，上告下之词。今后太清宫宜称'朝献'，太庙称'朝飨'。"自此遂失"奏告"之名，册文皆为"正祠"。

【注释】

①郊庙：郊祀和庙祀，也就是祭天、祭祖的活动。

②景灵宫：宋朝皇帝奉祠本朝历代世帝、后的宫室。

③预：参与。

④盖：对缘由的推论。

⑤太清宫：唐王朝李氏自称是老子的后裔，所以在京师修建庙观以祭祀老子。唐高宗时追尊老子为太上玄元皇帝；唐玄宗时期，命令各地建立玄元皇帝庙，而在京师的庙宇称为玄元宫，后改为太清宫。

⑥正祠：按照常规进行的正式典礼。

【译文】

皇帝亲临南郊，参加祭天、祭祖的活动，册文上都说"恭荐岁事"。先前往景灵宫祭祀，称为"朝献"；再前往太庙祭祀，称为"朝飨"；最后才会前往南郊祭祀。我在编撰《郊式》的时候，曾经参与过这方面的讨论，经常会怀疑它们的次序，如果说先行祭祀的为尊，那么郊祀不应该在庙祀之后；如若最后祭祀的为尊，那么景灵宫不应该排在太庙之前。考究这种祭祀次序的由来，也是有原因的。根据唐朝时期的制度，凡是祭祀天帝的时候，皇帝都会事先派遣使者前去祭祀众多其他的神庙，只有太清宫、太庙的祭祀典礼是由皇帝亲自参加的。其典册、祝告的文字都称："取某月某日，有事于某所，不敢不告。"太清宫、太庙的祭祀称为"奏告"，其他的都称为"祭告"。只有在南郊祭祀的时候，才称为"正祠"。到了天宝九年，皇帝又下诏说："'告'，是上位者对下位者谈事时的用词。今后祭祀太清宫的时候应该称'朝献'，祭祀太庙时称为'朝飨'。"自此就没有"奏告"这个称呼了，册文中则（将太清宫、太庙的祭祀）都称为"正祠"。

2. 驾头扇筤

【原文】

正衙法座①，香木为之，加金饰，四足，堕角②，其前小偃，织藤冒之。每车驾出幸③，则使老内臣马上抱之，曰"驾头"④。辇后曲盖谓之"筤"⑤，两扇夹之，通谓之"扇筤"，皆绣，亦有销金者，即古之华盖也。

【注释】

①正衙法座：正衙，唐宋时期正式朝会听政时的场所，宋朝时期为文德殿；法座，皇帝听政时的座位。

②堕角：圆角。

③车驾出幸：皇帝出行。

④驾头：宋朝时皇帝出行时的仪仗之一。

⑤筤（láng）：曲柄伞。

【译文】

正衙的法座，是用香木制成的，用金饰修饰外表，四条腿，圆角，座位前面稍微有些凹陷，座位的表面是用织藤制成的。皇帝每次出行，就让年迈的太监坐在马上抱着这个坐具，称为"驾头"。皇帝座驾后的曲柄伞称为"筤"，被左右的两柄扇子夹着，统称为"扇筤"，上面都绣着花纹，也有使用金线绣花的，这就是古时候的华盖。

3. 翰 林 院

【原文】

唐翰林院在禁中①，乃人主燕居之所②，玉堂、承明、金銮殿皆在其间③。应供奉之人，自学士已下④，工伎群官司隶籍其间者⑤，皆称翰林，如今之翰林医官、翰林待诏之类是也。唯翰林茶酒司止称"翰林司"，盖相承阙文。

【注释】

①禁中：皇宫。

②燕居：闲居。

③玉堂，承明：玉堂，疑似为"浴堂"，殿名。唐朝时期，玉堂也是翰林院的别称，此处叙述的是翰林院院址所在，所以不应该重复"玉堂"这个名字，而且玉堂属于朝廷机构的建筑，也不应该与承明殿、金銮殿并列，所以暂且以"浴堂"称呼；承明，即承明殿，唐朝时期的承明殿院址不详。

④学士：皇上身边的文学侍从。

⑤工伎：工匠、绘画以及乐舞等伎艺的人。

【译文】

唐朝时期的翰林院设置在皇宫里，是皇帝的闲居之所，浴堂殿、承明殿和金銮殿都在翰林院的附近。在那里就职的人，从学士之下，工匠、艺伎以及隶属于翰林院的官员，都称为翰林，就好比现在的翰林医官、翰林待诏之类。只有翰林茶酒司称为"翰林司"，大约是因为沿袭习俗而省略的。

4. 宣召之礼

【原文】

唐制，自宰相而下，初命皆无宣召之礼①，惟学士宣召。盖学士院在禁中，非内臣宣召，无因得入，故院门别设复门②，亦以其通禁庭也。又学士院北扉者③，为其在浴堂之南，便于应召。今学士初拜，自东华门入④，至左承天门下马待诏；院吏自左承天门双引至阁门⑤。此亦用唐故事也。唐宣召学士，自东门入者，彼时学士院在西掖，故自翰林院东门赴召，非若今之东华门也。至如挽铃故事⑥，亦缘其在禁中，虽学士院吏，亦止于玉堂门外，则其严密可知。如今学士院在外，与诸司无异，亦设铃索，悉皆文具故事而已⑦。

【注释】

①初命：新任命。

②复门：旁门。

③北扉：北门。

④东华门：北宋皇城的东门。

⑤双引：两个吏人一前一后一起引导。

⑥挽铃故事：唐朝时期的学士院位于禁地，起初是为夜间传达皇帝诏命而设置的，所以在绳子上面悬着铃铛，以此来代为传呼。后来逐渐演变成故事，凡是想要进入学士院的，都需要拉响铃铛，得到学士院的允许后才能够进入。

⑦文具：只有形式的文饰。

【译文】

唐朝时期的制度，从宰相以下，新任命的官员都没有宣召的礼节，唯独会宣召学士。大约是因为学士院地处禁苑，不是内臣宣召，就无法进入，所以在学士院的院门处还另外设置了旁门，也是因为它通往禁苑的缘故。而学士院的北门，是因为它在浴堂殿的南面，便于应召皇帝的命令。而今新任命的学士，要从东华门进入，到左承天门下马等待诏令；然后再由院中两个吏人一前一后从左承天门一起将他引入阁门。这也是沿袭了唐朝时期的制度。唐朝时期宣召学士时，要从东门进入，当时的学士院位于皇宫西部，所以会从翰林院的东门赴召，而不是和现在的东华门一样。至于唐朝时期的挽铃故事，也是它在禁苑的缘故，即便是学士院的官员，也应该在玉堂门外止步，那么它的管理严谨程度就可想而知了。而今学士院设置在禁苑外面，和朝廷各机构没有什么不同，也设置铃铛、绳索，但都只是为了文饰故事罢了。

5. 学士院故事

【原文】

学士院玉堂^①，太宗皇帝曾亲幸。至今唯学士上日许正坐，他日皆不敢独坐。故事，堂中设视草台，每草制^②，则具衣冠据台而坐。今不复如此，但存空台而已。玉堂东承旨阁子，窗格上有火然处。太宗尝夜幸玉堂，苏易简为学士^③，已寝^④，遽起，无烛具衣冠，宫嫔自窗格引烛入照之。至今不欲更易，以为玉堂一盛事。

【注释】

①玉堂：宋朝学士院的正厅。

②草制：给皇帝起草诏令。

③苏易简：字太简，太宗时期的进士，擅长写文章。

④已寝：已经睡下。宋朝的制度，翰林院的学士需要轮流在院中值夜。

【译文】

学士院的玉堂，太宗皇帝曾经亲自前往。至今只有学士任职之日才被允许坐在大堂正座上，其他的日子都不敢擅自坐上去。根据旧例，正堂上设置供起草文件使用的台子，每当给皇帝起草诏令时，学士都要穿戴好官服端坐在台前。现在已经不会这样了，只留下一张空台子而已。玉堂东面承旨的阁子，上面还有火燃烧的痕迹。太宗曾经在晚上来过玉堂，当时苏易简为学士，已经睡下了，又急忙起床，因穿戴官服没有蜡烛照明，宫嫔便将蜡烛伸进窗格内为他照明。到现在学士院都不想将这扇窗户更换掉，正是因为它代表了玉堂的一桩盛事。

6. 东、西头供奉官

【原文】

东、西头供奉官，本唐从官之名^①。自永徽以后^②，人主多居大明宫，别置从官，谓之"东头供奉官"。西内具员不废^③，则谓之"西头供奉官"。

【注释】

①本：原本。

②永徽：唐高宗年号。

③西内：正式的皇宫。

【译文】

东、西头的供奉官，原本是唐朝时期从官的名称。自从永徽之后，皇上大多居住在大明宫，又在大明宫设置了从官，称为"东头供奉官"。原来西边皇宫的从官也没有废除，则称为"西头供奉官"。

7.　供奉班排列

【原文】

唐制，两省供奉官东西对立，谓之"蛾眉班"。国初，供奉班于百官前横列。王溥罢相为东宫，一品班在供奉班之后，遂令供奉班依旧分立。庆历贾安公为中丞，以东西班对拜为非礼①，复令横行。至今初叙班分立，百官班定，乃转班横行，参罢，复分立，百官班退②，乃出。参用旧制也。

【注释】

①非礼：不符合礼法。

②班退：分班退出。

【译文】

唐朝的制度，中书省、门下省的供奉官朝会时东西对立，称为"蛾眉班"。本朝初年，供奉班横列于百官之前。王溥从宰相改任为太子傅时，因为他所在的一品班在供奉班的后面，于是皇帝便让供奉班依旧东西分立。庆历年间，贾安公（贾昌朝）担任中丞，认为东西班相互作揖不符合礼法，便下令又更改为横列。而今供奉班在初叙班的时候东西分立，百官的位置重新排

好后，供奉班便转为横列，朝见皇帝完毕后，供奉班又呈东西分立状态，百官分班退出大殿后，供奉班才会退出。这种方式也是参考了以前的制度。

8. 中国衣冠采用的胡服

【原文】

中国衣冠，自北齐以来，乃全用胡服。窄袖、绯绿短衣、长靿靴、有蹀躞带①，皆胡服也。窄袖利于驰射，短衣、长靿皆便于涉草。胡人乐茂草，常寝处其间，予使北时皆见之。虽王庭亦在深荐中。予至胡庭日，新雨过，涉草，衣袴皆濡，唯胡人都无所沾。带衣所垂蹀躞，盖欲佩带弓剑、帉帨、算囊、刀砺之类②。自后虽去蹀躞，而犹存其环，环所以衔蹀躞，如马之鞦根③，即今之带銙也④。天子必以十三环为节，唐武德、正观时犹尔。开元之后，虽仍旧俗，而稍褒博矣⑤。然带钩尚穿带本为孔，本朝加顺折，茂人文也。

【注释】

①长靿（yào）靴，蹀躞（dié xiè）带：长靿靴，长筒靴；蹀躞带，腰间垂挂的小带子，主要用来挂随身的小饰品、小物品。

②帉帨（fēn shuì），算囊，刀砺：帉帨，上面带有装饰物的佩刀；算囊，装有计算用具的袋子；刀砺，佩刀和磨石。

③鞦（qiū）根：也作"鞧"，固定马匹鞍具、套在牛马大腿后的革带。在此文中，鞦根意为一种环。

④带銙（kuǎ）：腰带上的装饰品、带片。

⑤褒博：宽大。

【译文】

中国的衣冠服饰，自北齐以来，所用的都是北方少数民族的服饰。窄袖、绯绿短衣、长筒靴、带有装饰的腰带，这些都是北方少数民族的服饰。穿窄袖上衣便于驰骋射箭，短衣、长筒靴便于跋涉草地。北方的少数民族非常喜欢野草茂盛的地方，常常在其间居住，我在出使北面的辽国时都亲眼见到过。即便是王庭也建立在深草中。我到达辽国王庭的时候，刚刚下过雨，从草地上走过，衣裤都被沾湿了，只有辽人的衣服没有被沾湿。他们衣带上所垂挂的蹀躞，大概是想要佩戴弓剑、帉帨、算囊、刀砺之类的物品。此后虽然除去了蹀躞，但蹀躞的环依然保存了下来，这个环就是用来悬挂蹀躞的，就好比套车时固定牛马大腿的革带，也就是现在腰带上的装饰品。天子的腰带一定要以十三环当作分节的装饰，唐初武德、贞观时期依然这样。开元之后，虽然依然沿袭旧俗，但腰带已经开始变得宽大起来。不过带钩尚且还需要在腰带前面穿孔固定，而本朝又增添了顺折，礼制文明的色彩便更加浓重了。

9. 幞　头

【原文】

幞头，一谓之"四脚"①，乃四带也。二带系脑后垂之，二带反系头上，令曲折附顶，故亦谓之"折上巾"。唐制，唯人主得用硬脚②。晚唐方镇擅命，始僭用硬脚。本朝幞头，有直脚、局脚、交脚、朝天、顺风③，凡五等，唯直脚贵贱通服之。又庶人所戴头巾，唐人亦谓之"四脚"，盖两脚系脑后，两脚系额下，取其服劳不脱也，无事则反系于顶上。今人不复系额下，两带遂为虚设。

【注释】

①幞（fú）头：头巾的一种，大约产生于南北朝时期。据说，北周武帝时裁定用四条带子，称为"四脚"。

②硬脚：用金属支撑起来的头巾脚。头巾两端原是自然下垂，后用金属将其支撑起来，称为"硬脚"。

③直脚、局脚、交脚、朝天、顺风：直脚，硬脚平直伸展；局脚，曲脚，硬脚弯曲；交脚，前后脚相互交叉；朝天，巾脚朝上弯曲；顺风，一个巾脚下垂，一个巾脚向上弯曲。

【译文】

幞头，又称为"四脚"，就是它的四条带子。两条带子垂在脑后，两条带子反系在头上，由下巴颏处折返于头顶，所以也称为"折上巾"。唐朝的制度，只有皇帝的幞头能够使用硬脚。晚唐方镇擅自发号施令，才开始越级使用硬脚。本朝的幞头有直脚、局脚、交脚、朝天、顺风，共五种，只有直脚是没有贵贱之分而都可以使用的。还有一些普通百姓所佩戴的头巾，唐朝人也称为"四脚"，大约是两脚系在脑后，两脚系在下巴颏下，是为了使幞头在劳作时不掉落，空闲时候便将带子反系在头顶。现在的人不再将带子系在下巴颏下，前面的两条带子也就形同虚设了。

10. 宣　头

梦溪笔谈 全鉴 珍藏版

【原文】

　　予及史馆检讨时①，议枢密院札子问宣头所起②。予按唐故事，中书舍人职掌诰诏，皆写四本，一本为底，一本为宣。此"宣"谓行出耳，未以名书也。晚唐枢密使自禁中受旨，出付中书，即谓之"宣"。中书承受，录之于籍，谓之"宣底"。今史馆中尚有故宣底二卷，如今之"圣语簿"也。梁朝初置崇政院③，专行密命。至后唐庄宗复枢密使④，使郭崇韬、安重诲为之⑤，始分领政事，不关由中书⑥，直行下者谓之"宣"，如中书之"敕"。小事则发头子、拟堂帖也⑦。至今枢密院用宣及头子，本朝枢密院亦用札子。但中书札子，宰相押字在上，次相及参政以次向下；枢密院札子，枢长押字在下，副贰以次向上，以此为别。头子，唯给驿马之类用之⑧。

【注释】

　　①史馆检讨：史馆属官，负责修整日历、国史等，经常由官员兼任。

　　②枢密院、札（zhá）子：枢密院，官署名；札子，古时公文的一种。

　　③崇政院：五代后梁时期，为了防治唐代宦官专权的弊病，而将枢密院改为崇政院，选拔文臣担任院使以及直院。

　　④后唐庄宗：李存勖，即位

之后又将崇政院改为枢密院。

⑤郭崇韬、安重诲：郭崇韬，五代后唐将领；安重诲，五代后唐将领。

⑥关由：政府机构间的文书往来。

⑦发头子、拟堂帖：是枢密院与中书省的区别，枢密院将文书称为头子，中书省将文书称为堂帖。

⑧驿马：驿站的马。

【译文】

我兼任史馆检讨时，曾参与讨论枢密院札子中所问宣、头的由来。我考究唐朝时期的先例，中书舍人负责起草诏令，都会写成四份，其中一份为底本，一份为宣本。此处的"宣"意为颁行的意思，并没有作为文书的名字。晚唐时期枢密使在宫廷内苑接受诏令，出来之后再将诏令交付给中书省，就是所谓的"宣"。中书省接受诏令，并将其抄录一份放于籍册内，称为"宣底"。而今史馆中尚且还保存有故宣底二卷，就好比现在的"圣语簿"。后梁最初设置崇政院时，主要负责传达皇帝诏令。到了后唐庄宗时期又重新恢复为枢密院，并任命郭崇韬、安重诲为枢密使，枢密院此时才开始分管政事，公文不再经由中书省，而直接传达给下级部门的便称为"宣"，如同中书省的"敕"。小事则发头子（枢密院下发）、拟堂贴（中书省下发）。到现在枢密院依然使用宣子和头子，本朝的枢密院也使用札子。不过中书省的札子，宰相的画押签在上面，而次相以及参政知事（副宰相）的画押依次签在下面；枢密院的札子，长官的签字画押在下面，副长官以及其他官员的画押依次向上排列，以此作为二者的区别。头子，也只有在驿马之类的事情上使用。

11. 百官朝见宰相的礼制

【原文】

百官于中书见宰相，九卿而下，即省吏高声唱一声"屈"①，则趋而入②。宰相揖及进茶，皆抗声赞喝，谓之"屈揖"。待制以上见③，则言"请某官"，更不屈揖，临退仍进汤④。皆于席南横设百官之位，升朝则坐，京官已下皆立⑤。后殿引臣寮⑥，则待制已上宣名、拜舞⑦；庶官但赞拜，不宣名，不舞蹈。中书略贵者⑧，示与之抗也。上前则略微者，杀礼也⑨。

【注释】

①唱："喝"，高喊。

②趋：以小碎步向前走。古时此种行为代表尊敬。

③待制：宋朝时期，在文臣正式官职之外所另加的一种官职名，地位在学士和直学士之下。

④临退仍进汤：直到离开之前依然还在上茶。

⑤京官：宋朝时期，官衔在升朝官之下的都称为京官。

⑥后殿：举行常朝的正殿之后的殿庭。古时候的皇帝通常会在后殿办公以及接见朝中大臣。

⑦宣名拜舞：是指自报官职姓名并且行拜舞的礼节。古时候，人们正式行礼时，通常会手舞足蹈，所以又称为"拜舞"。

⑧中书略贵：是指百官于中书省拜见宰相，会感觉受到了尊重。实际上是，在中书省，一些过高的官品礼节会被省去，礼节简单化，会让百官觉得受到了尊重。

⑨杀：降低礼仪等级。

【译文】

百官在中书省拜见宰相，九卿以下的官员，等到中书省的办事人员高呼一声"屈"，便迈小碎步快走而入。宰相作揖和送茶的时候，相关人员都会高声赞喝，称为"屈揖（来者屈身还揖）"。有待制以上的官员前来拜见时，则说"请某官"，也不会行屈揖礼，离开的时候还会不断地为他奉茶。在宰相坐席的南面横向设置百官的席位，来拜见的人若是升朝官就坐下，如果是京官以下则都站立。皇帝在后殿接见群臣，待制以上的官员都需要自报官衔姓名并行拜舞的礼节；普通的官员只需要行参拜礼，不用自报官衔姓名，也不用行拜舞礼。在中书省拜见宰相的礼节比较简单而使得百官受到尊重，意为群臣的身份是平等的。而在皇帝面前百官的身份略显卑微，这是降低礼仪等级的做法。

12. 笼 门 谢

【原文】

唐制，丞郎拜官即笼门谢。今三司副使已上拜官，则拜舞于阶上①；百官拜于阶下，而不舞蹈。此亦笼门故事也。

【注释】

①拜舞：跪拜，舞蹈。

【译文】

　　唐朝的制度，丞郎拜官后要前往笾门答谢。而今三司副使以上的官员拜官后，要在阶上行跪拜礼并舞蹈；三司副使以下的官员拜官后则在阶下跪拜，但不用舞蹈。这也是唐朝时期笾门谢恩的旧时制度。

13. 槐　　厅

【原文】

　　学士院第三厅①，学士阁子当前有一巨槐，素号"槐厅"。旧传居此阁者，多至入相②。学士争槐厅，至有抵彻前人行李而强据之者③。予为学士时，目观此事。

【注释】

　　①第三厅：宋朝学士院位于枢密院的北面，皇宫的南面。院门西向，入门是正厅，正厅后面有一条南北走向的主廊，北面通往学士院的后门，主廊的左右侧还有很多间阁子，东侧最北面的一间称为"承旨阁子"，其他的都称为"学士阁子"，自北向南则有第一厅、第二厅、第三厅。

　　②入相：升任为宰相。

　　③抵彻：抵制撤除。

【译文】

　　学士院的第三厅，学士阁子前面有一棵巨大的槐树，素来被称为"槐厅"。相传之前在这个阁子居住过的人，大多都升任了宰相。于是学士们争相入住槐厅，以至于出现了将别人行李强行搬出此屋而占据这个阁子的人。我做学士的时候，曾经亲眼看到过这样的事。

14. 三馆职事都称为学士

【原文】

　　《集贤院记》："开元故事，校书官许称学士①。"今三馆职事②，皆称"学士"，用开元故事也。

【注释】

①校书官：集贤书院掌管、校理图籍的官员。

②三馆：宋朝沿袭的唐朝制度，分别指史馆、昭文馆、集贤院。主管修缮史书、藏书、校书等事宜。

【译文】

《集贤院记》中记载："开元时期的旧制，校书官都被允许称为学士"。而今在三馆任职的人，都被称为"学士"，是沿用了开元年间的旧制。

15. 雌黄涂抹错字

【原文】

馆阁新书净本有误书处①，以雌黄涂之②。尝校改字之法：刮洗则伤纸，纸贴之又易脱，粉涂则字不没③，涂数遍方能漫灭。唯雌黄一漫则灭，仍久而不脱。古人谓之"铅黄"④，盖用之有素矣。

【注释】

①新书净本：馆阁内的书籍经过精心校勘定本后，再次修缮、校对、装订的新本。

②雌黄：矿物质的一种。古时候，人们使用黄纸写字，出现错误的地方，便用雌黄涂抹，错字便容易被漫灭而不留下痕迹。

③粉：铅粉。古时候，人们用铅粉当作化妆品，也用铅粉来涂写误字。特制的铅粉为黄色，所以道家也将铅丹称为黄丹。

④铅黄：是指铅粉和雌黄。

【译文】

馆阁新书重新校对定本时，如若发现有错误的地方，都会用雌黄加以涂改。我曾经对改错字的方法进行比对：用刀刮洗会损伤纸张，用纸贴的方式又容易脱落，用铅粉涂抹则字迹不容易覆盖，需要涂好几遍才能够将错字磨灭。只有用雌黄涂一遍就可以磨灭错字，时间久了也不会脱落。古人将雌黄和铅粉称为"铅黄"，大约素来就使用雌黄这种方法了。

16. 五 司 厅

【原文】

予为鄜延经略使日新一厅，谓之"五司厅"。延州正厅乃都督厅，治延州事；五司厅治鄜延路军事，如唐之使院也①。五司者，经略、安抚、总管、节度、观察也。唐制，方镇皆带节度、观察、处置三使。今节度之职，多归总管司；观察归安抚司；处置归经略司。其节度、观察两案，并支掌推官、判官，今皆治州事而已。经略、安抚司不置佐官②，以帅权不可更不专也。都总管、副总管、钤辖、都监同签书③，而皆受经略使节制。

【注释】

①使院：唐代节度使等地方军政大员的治政处所。

②佐官：副职。

③钤（qián）辖：兵马钤辖，是统兵官，位于都部署、部署下面。

【译文】

我在担任鄜延经略使时新建了一处办事的地方，称为"五司厅"。延州府的正厅是都督厅，治理延州事宜；五司厅治理鄜延路军事，好比唐朝时期的节度使。五司是指经略司、安抚司、总管司、节度司、观察司。唐朝的制度，凡是方镇的都会兼任节度使、观察使、处置使的职位。而今节度使的职位，大多归于总管司；观察使归于安抚司；处置使归于经略司。其中节度司、观察司两个机构，以及其所属的掌官、推官、判官，而今都只是管理地

方州事而已。经略司、安抚司不再设置副职，是因为地方的统帅职权不可以不专擅。都总管、副总管、钤辖、都监虽然都一起签署文书，但都受到经略使的管制。

17. 银 台 司

【原文】

银台司兼门下封驳①，乃给事中之职，当隶门下省，故事乃隶枢密院。下寺监皆行札子②；寺监具申状，虽三司，亦言"上银台"。主判不以官品，初冬独赐翠毛锦袍。学士以上，自从本品。行案用枢密院杂司人吏，主判食枢密厨，盖枢密院子司也。

【注释】

①封驳：封还皇帝不恰当的诏令，驳回大臣错误的奏章。

②寺监：是指太常寺、宗正寺、国子监、少府监。

【译文】

银台司监管门下省的封驳事务，这乃是给事中的职责，所以银台司应该隶属门下省，在以往的旧例中它则隶属枢密院。银台司的行文都采用札子的方式送往寺监；寺监送往银台司的行文则使用申状，即便是三司，向银台司行文时，也称为"上银台"。银台司的官员无论职位高低，初冬时节皇帝都要赏赐给他们翠毛锦袍。学士以上的官员，则是依据原本的官品进行赏赐。处置公务时，如果采用的是枢密院的杂司人员，那么相关主管人员还要依据枢密院的品级来发放伙食补助，这其实也是枢密院的下属机构。

18. 四处藏书

【原文】

前世藏书，分隶数处①，盖防水火散亡也。今三馆、秘阁②，凡四处藏书，然同在崇文院③。其间官书，多为人盗窃，士大夫家往往得之。嘉祐中，置编校官八员，杂雠四馆书④。给吏百人，悉以黄纸为大册写之。自此私家不敢辄藏。校雠累年，仅能终昭文一馆之书而罢。

【注释】

①分隶：分别隶属。

②秘阁：收藏珍贵书籍的地方。

③崇文院：官署名。三国时期，魏明帝设置崇文观，唐朝时期设置崇文馆，太宗太平兴国二年（977），重新选址修建，并命名为崇文院。

④杂雠（chóu）四馆书：史馆、昭文馆、集贤院、秘阁的书籍相互校对。雠，校对。

【译文】

前代藏书，分别隶属好几个地方，是为了防止因水灾、火灾而全部散亡的危险。而今三馆、秘阁，凡是藏书的地方有四处，然而全部都设置在崇文院中。其中的国家图书，大多被人盗走，而士大夫之家却往往能够得到。嘉祐年间，朝廷设置了八位编校人员，负责四馆书籍的相互校对工作。并给他们配了一百位负责抄写的官吏，都用黄纸所装订成的大册书本抄写。自此个人便不敢擅自珍藏了。这种校对方式持续了好几年，最终仅仅完成昭文馆的藏书校对工作后便停止了。

19. 旧翰林学士

【原文】

旧翰林学士地势清切①，皆不兼他务。文馆职任，自校理以上，皆有职钱②，唯内、外制不给③。杨大年久为学士④，家贫，请外，表辞千馀言，其间两联曰："虚忝甘泉之从臣⑤，终作若敖之馁鬼⑥。从者之病莫兴⑦，方朔之饥欲死⑧。"

【注释】

①地势清切：地势，地位；清切，清闲而又亲近于皇帝。

②职钱：官员在职期间因实际职务而得到的钱，也指俸禄之外加的钱。

③内、外制：官职的合称。内制是指宋朝翰林学士都加知制诰官衔，负责起草文件；外制是指翰林学士之外的官员加知制诰官衔，并履行同样的职务。

④杨大年：杨亿，自幼聪明，十一岁时被皇帝特招，进入馆阁读书，后来官拜翰林学士、户部侍郎。

⑤忝：谦词，愧居某个官位的意思。

⑥若敖：大部分的版本都将"若敖"写为"莫敖"，不过根据杨亿的《再乞解职表》中来看，应为"若敖"。

⑦从者之病莫兴：借用孔子的典故。据说孔子晚年时期周游列国，曾经被困在陈、蔡两地之间，多日无法进食，随行的弟子也大多病倒，以至于无法起身。

⑧方朔之饥欲死：借用东方朔的典故。《汉书·东方朔传》记载东方朔的俸禄还不如官中的侏儒，并说："侏儒饱欲死，臣朔饥欲死。"

【译文】

旧时翰林学士的地位清闲而又亲近于皇帝，也不能兼任其他的职务。文馆的职务，自校理以上，都有职钱，而唯有内、外两制的官员没有职钱。杨大年做了很长时间的学士，家境贫寒，请求外放任职，辞表文书写了上千字，其中有两联这样写道："空占着甘泉从臣的职位，最后却成为像若敖氏一般的饿鬼。孔子的随从弟子们饿得无法起身，东方朔也挣扎在饿死的边缘。"

20. 翰林学士敕设用乐

【原文】

京师百官上日①，唯翰林学士敕设用乐②，他虽宰相，亦无此礼。优伶并开封府点集。陈和叔除学士③，时和叔知开封府，遂不用女优。学士院敕设不用女优，自和叔始。

【注释】

①京师，上日：京师，现在的河南开封；上日，上任的日子。

②敕设：皇帝下旨安排的宴会。

③陈和叔：陈绎（1021—1088），字和叔，今河南人。

【译文】

京师百官上任的那天，只有翰林学士奉旨设宴时可以使用乐舞，其他的官员哪怕是官拜宰相，也没有这样的礼仪。优伶都是开封府亲点召集的。陈和叔任职翰林学士，当时他还兼任开封知府，于是便不用歌舞女艺人了。学士院奉旨设宴而不用女艺人的成例，便是从陈和叔开始的。

21. 礼部贡院试士

【原文】

礼部贡院试进士日①，设香案于阶前，主司与举人对拜②，此唐故事也。所坐设位供张甚盛③，有司具茶汤饮浆。至试学究，则悉彻帐幕毡席之类，亦无茶汤，渴则饮砚水，人人皆黔其吻④。非故欲困之，乃防毡幕及供应人私传所试经义。盖尝有败者，故事为之防。欧文忠有诗⑤："焚香礼进士，彻幕待经生。"以为礼数重轻如此，其实自有谓也⑥。

【注释】

①贡院，进士：贡院，宋朝时期管理科举考试的机构以及考试的场所；进士，应进士考试的举人都称为"进士"。宋朝沿袭唐朝的制度，科举考试有乡试、礼部试、殿试，殿试合格之后便授予进士及第等出身，称为登科。

②主司：知举官。

③设位：事先安排的位置。

④黔其吻：染黑了嘴巴。

⑤欧文忠：欧阳文忠，也就是欧阳修，北宋诗人，谥号文忠。

⑥谓：缘由。

【译文】

礼部贡院举行进士考试的那天，会在阶前设置香案，知举官和举人相互对拜，这是唐朝时期的旧制。为举人事先安排的位置以及一应物品的供给陈设都极其排场，相关部门还给他们准备了茶水和饮品。至于学究科的考试，则都撤去了帐幕、毡席之类的物品，也没有茶水、饮品，渴了就喝研墨的水，每个考生的嘴巴都被染黑了。这并非是故意为难考生，而是为了防止利用毡幕以及供应人私下里传递所考试的经义。大概之前有因此而败露的，所以现在便事先做好防备。欧阳修有诗说："焚香礼进士，彻幕待经生。"认为两者的待遇礼数轻重有如此的差别，其实也是有原因的。

22. 详定官得别立等

【原文】

　　嘉祐中，进士奏名讫①，未御试②，京师妄传"王俊民为状元"③，不知言之所起，人亦莫知俊民为何人。及御试，王荆公时为知制诰④，与天章阁待制杨乐道二人为详定官⑤。旧制，御试举人，设初考官先定等第，复弥之，以送覆考官，再定等第，乃付详定官，发初考官所定等以对覆考之等：如同即已；不同，则详其程文⑥，当从初考或从覆考为定，即不得别立等。是时，王荆公以初、覆考所定第一人皆未允当，于行间别取一人为状首。杨乐道守法，以为不可，议论未决。太常少卿朱从道时为封弥官⑦，闻之，谓同舍曰："二公何用力争，从道十日前已闻王俊民为状元，事必前定。二公恨自苦耳。"既而二人各以己意进禀，而诏从荆公之请。及发封，乃王俊民也。详定官得别立等自此始，遂为定制。

【注释】

①奏名：贡院将合格的举人名册上奏给皇帝。

②御试：殿试，礼部试之后，合格的举人还要再通过殿试，殿试合格后才算是登科，并由皇帝主持唱名，授予合格者出身，以表他们是"天子门生"之意。

③王俊民：字康侯，今山东莱州人。

④王荆公：王安石，字介甫，号荆公，今江西抚州人，北宋改革家、诗人，官至宰相。

⑤杨乐道：杨畋，字乐道，今山东人。

⑥程文：是指科举考试的答卷。考生需要依照一定程序作文，所以又称为"程文"。

⑦朱从道：字复之，今江苏人。

【译文】

　　嘉祐年间，贡院将合格的举人名册上奏给皇帝，还没有殿试，京城的人便开始妄传"王俊民是状元"，不知道这种言论是如何兴起的，人们也不知道王俊民是何人。等到了殿试，当时王安石为知制诰，和天章阁待制杨乐道两个人同为详定官。旧时的制度，殿试举人，设立初考官先确定合格者的等级次序，然后封弥试卷，送给覆考官审查，再确定合格者的等次，然后又交给详定官，审看初考官所定下来的等次，以和覆考官所定的等次对比：如果二者相同就确定下来；如果不同，就需要再详细阅读有不同意见的考生答卷，最后或是依从初考官，或是依从覆考官的答案，都不再另外定等次。当时，王安石认为初考官、覆考官所认定的第一名都不妥当，便想要从名册中另选一人为状首。杨乐道是个守法之人，认为王安石的决定并不合适，并未商议出结果。当时太常少卿朱从道任职封弥官，听说了这件事情，对一起主掌封弥的人说："二公何必这般力争，我十天前就已经听说王俊民为状元，看来是事先预定下来的。二公不要再自寻烦恼。"随后二人便将各自的意见上奏给皇帝，皇帝下诏依从王安石的意见。等到发榜的时候，状元果然是王俊民。详定官可以另外确定进士名次便是从此时开始的，后来就成了定制。

23. 选人乘马

【原文】

　　选人不得乘马入宫门。天圣中，选人为馆职，始欧阳永叔、黄鉴辈①，皆自左掖门下马入馆，当时谓之"步行学士"。嘉祐中，于崇文院置编校局，校官皆许乘马至院门。其后中书五房置习学公事官，亦缘例乘马赴局②。

【注释】

　　①欧阳永叔：即欧阳修。

　　②缘例：依据惯例。

【译文】

　　选人不能乘马进入宫门。天圣年间，让选人任职馆职，开始于欧阳修、黄鉴等人，他们都是从左掖门下马入馆，当时将此称为"步行学士"。嘉祐年间，在崇文院设置了编校局，校官都被允许乘马到达院门口。之后中书五房设置了学习事官，依据惯例也可以乘马进入官署。

24. 车驾行幸

【原文】

车驾行幸，前驱谓之"队"，则古之清道也①。其次卫仗，卫仗者，视阑入宫门法，则古之外仗也。其中谓之"禁围"，如殿中仗。《天官·掌舍》："无宫，则供人门。"今谓之"殿门"。天武官，极天下长人之选八人。上御前殿，则执钺立于紫宸门下；行幸则为禁围门，行于仗马之前。又有衡门十人，队长一人，选诸武力绝伦者为之。上御后殿，则执楻榢东西对立于殿前，亦古之虎贲、人门之类也。

【注释】

①清道：清除闲杂人等。

【译文】

皇帝的车驾出行时，前驱称为"队"，就是古时候负责清除闲杂人等的队伍。其次为卫仗，卫仗，为古代进入宫门的法令，是古时候的外仗。队伍的中间部分则称为"禁围"，就是殿中仗。《周礼·天官·掌舍》记载："没有宫殿，便让人站立以代表门。"而今称为"殿门"。天武官，从天底下挑选出八位个子最高的人担任。皇帝前往前殿理政时，这八个人则拿着钺站立于紫宸门下；皇帝出行的时候则站立于禁围门下，走在仪仗、马队的前面。又有衡门十个人，有一个队长，选拔出武力最为高强的人任职。皇帝在后殿听政时，这十个人则拿着楻在殿前东西对立，也就是古时候的虎贲、人门之类的卫士了。

25. 后唐案检

【原文】

予尝购得后唐闵帝应顺元年案检一通①，乃除宰相刘昫兼判三司堂检②。前有拟状云："具官刘昫。右，伏以刘昫经国才高，正君志切，方属体元之运，实资谋始之规。宜注宸衷，委司判计③，渐期富庶，永赞圣明④。臣等商量，望授依前中书侍郎、兼吏部尚书、同中书门下平章事，充集贤殿大学士，兼判三司，散官勋封如故，未审可否？如蒙允许，望付翰林降制处分，谨录奏闻。"其后有制书曰："宰臣刘昫，右，可兼判三司公事，宜令中书门下依此施行。付中书门下，准此。四月十日。"用御前新铸之印。与今政府行遣稍异。

本朝要事对禀⑤，常事拟进，入画可然后施行，谓之"熟状"。事速不及待报，则先行下，具制草奏知，谓之"进草"。熟状白纸书，宰相押字，他执政具姓名。进草即黄纸书，宰臣、执政皆于状背押字。堂检，宰、执皆不押，唯宰属于检背书日，堂吏书名用印。此拟状有词，宰相押检不印，此其为异也。大率唐人风俗，自朝廷下至郡县，决事皆有词，谓之"判"，则书判科是也。押检二人，乃冯道、李愚也⑥。状检瀛王亲笔，甚有改窜勾抹处。按《旧五代史》：应顺元年四月九日"己卯，鄂王薨。庚辰，以宰相刘昫判三司。"正是十日，与此检无差。宋次道记《开元宰相奏请》、郑畋《凤池稿草》《拟状注制集》悉多用四六⑦，皆宰相自草。今此拟状，冯道亲笔，盖故事也。

【注释】

①后唐闵帝：李从厚，明宗李嗣源的次子。

②刘昫：字耀远，今河北雄县人，后唐宰相。

③委司判计：委任他监管三司事并掌管财政。

④赞：辅佐。

⑤对禀：觐见皇帝并当面向他禀报。

⑥冯道、李愚：冯道，字可道，今河北河间人，四朝宰相（后唐、后晋、后汉、后周）；李愚，字子晦，今山东人，官至后唐宰相。

⑦宋次道，郑畋（tián）：宋次道，宋敏求，字次道，今河北赵县人，北宋著名藏书家，官至龙图阁直学士；郑畋，字台文，今河南人。唐僖宗时期的宰相。

【译文】

我曾经购买过后唐闵帝应顺元年时期的一通档案，乃是除授宰相刘昫兼任三司堂的档案。档案前面还有拟好的奏状说："具官刘昫。右，拜伏奏上，以刘昫有治国的才能，辅佐帝王的心意真切，正逢陛下登基而应该效仿天地建立功德时，实际上也依赖于他初始的谋划经营。陛下应该厚重于他，委任他监管三司事并掌管财政，期待国家可以逐步富裕起来，永远辅佐圣明的天子治理天下。臣等商议，希望可以依照刘昫旧职中书侍郎拜授，并兼任吏部尚书、同中书门下平章事，充集贤殿大学士，兼管三司的事宜，其勋爵俸禄等都和之前一样，不知道适当与否？如果蒙恩被允许，希望即刻付翰林学士院编撰进制书施行，谨录这个奏折以奏闻陛下。"之后还有制书说："宰臣刘昫，右，可以兼任三司事宜，应该让中书门下依此来施行。付中书门下，准此。四月十日。"制书使用的是唐闵帝登基之后新铸的印玺，和现在政府颁布的制书稍微有些不同。

本朝重要的事宜要面对面地奏禀皇帝，平常的一些事情则是拟好奏状送进去，皇帝认可后就可以施行，称为"熟状"。等不及上奏的事情，就可以先让部下实施，然后再拟好奏状禀报皇帝，称为"进草"。熟状要使用白纸书写，宰相画押签字，其他的执政官则是一起签名。进草则使用黄纸书写，宰相、执政大臣都需要在奏状的背面签字画押。对于政事堂的档案，宰相、执政大臣都不需要画押，只需要宰相的属官在档案背面签上日期，其他的主管人员一起署名并盖上政事堂的印。我买到的这一通档案上面有骈体文词，宰相在文件上画押签字而不使用政事堂的印章，这是和一般拟状所不同的地方。大概唐人的风俗，上至朝廷下至郡县，决断事情的时候都会使用骈体文词，此称为"判词"，也就是书判科考试时所使用的文体。这通档案中押字的有两个人，便是宰相冯道和李愚。档案是瀛王冯道的亲笔，有很多处改动、勾抹。根据《旧五代史》记载：应顺元年四月九日己卯，"鄂王薨。庚辰，以宰相刘昫判三司。"所写的日期正好是四月十日，和这通档案没什么出入。宋次道曾经记载《开元宰相奏请》以及郑畋《凤池稿草》《拟状注制集》等都用了很多四六文字，都是宰相亲自起草的。而今的这封拟状，乃是冯道亲笔所写，看来也是沿袭了旧制的缘故。

卷二·故事二

　　《故事二》卷，和《故事一》卷大抵相同，都是记述了宋朝时期的典章实例以及一些相关的掌故。

26. 三司使班序

【原文】

三司使班在翰林学士之上①。旧制，权使即与正同②，故三司使结衔皆在官职之上。庆历中，叶道卿为权三司使③，执政有欲抑道卿者，降敕时移权三司使在职下结衔，遂立翰林学士之下，至今为例。后尝有人论列，结衔虽依旧，而权三司使初除，阁门取旨，间有叙学士上者，然不为定制。

【注释】

①班：群臣朝会时，依照官位等级排列次序。

②权使即与正同：代理的三司使权使和正式的三司使职责一样。

③叶道卿：叶清臣，今江苏苏州人，官至翰林学士、权三司使。

【译文】

三司使的位次在翰林学士之上。依据旧制，代理的三司使权使公事和正式的三司使职责一样，所以"三司使"的地位要在"权使公事"官职之上。庆历年间，叶道卿是三司使权使公事，执政人有想要压制叶道卿的，因此在颁发敕书时将"三司使"移在"权"之下为"权三司使"，于是位次便在翰林学士之下，到现在已经发展为成例。后来曾经有人奏论过排列的事宜，虽然"权三司使"的官衔还是照旧，但新任命权三司使时，由阁门使下达皇帝的旨意，偶尔也有位次在翰林学士之上的，然而并没有成为固定的成例。

27. 宗子授南班官

【原文】

宗子授南班官①，世传王文正太尉为宰相日始开此议②，不然也。故事，宗子无迁官法，唯遇稀旷大庆③，则普迁一官。景祐中，初定祖宗并配南郊，宗室欲缘大礼乞推恩④，使诸王宫教授刁约草表上闻⑤。后约见丞相王沂公⑥，公问："前日宗室乞迁官表，何人所为？"约未测其意，答以不知。归而思之，恐事穷且得罪，乃再诣相府。沂公问之如前，约愈恐，不复敢隐，遂以实对。公曰："无他，但爱其文词耳。"再三嘉奖，徐曰："已得旨，别有措置。更数日，当有指挥⑦。" 自此遂有南班之授，近属自初除小将军⑧，凡七迁则为节度使，遂为定制。诸宗子以千缣谢约⑨，约辞不敢受。予与刁亲旧，刁尝出表稿以示予。

【注释】

①宗子：皇族子弟、宗亲。

②王文正：王旦，字子明，今山东人，官至宰相。

③稀旷大庆：平时很少举办的盛大庆典。

④推恩：施恩他人。此处指利用特殊的情况，皇帝给宗室升迁官阶。

⑤诸王宫教授：教育宗室子弟的学官名。

⑥王沂公：王曾，字孝先，今山东青州人，官至宰相。

⑦指挥：唐宋时期，尚书省临时解释皇帝敕令的文件。

⑧小将军：此处指将军。有上将军、大将军、将军的分别，将军在二者之下，所以又称为"小将军"。

⑨千缣（jiān）：一千匹细绢。

【译文】

皇族子弟被授予南班官衔，世人相传是王旦做宰相时提出来的，事实并非如此。依据旧制，皇族子弟并没有升迁官职的相关规定，只有遇到平日很少举行的盛大庆典时，才可以普遍都升迁一级。景祐年间，初次制定在南郊祭祀时以太

祖、太宗、真宗一并配享的制度，宗室想要借着大礼的时机向皇帝乞求升迁官级，便让诸王宫教授刁约起草奏章上奏给皇帝。随后刁约拜见丞相王沂公，王沂公问："之前宗室子弟乞求升迁官职的奏表，是什么人写的?"刁约没有猜测出他的意思，于是便回答不知道。回去之后刁约思虑这件事情，担心事情会被追查而因此获罪，于是再次拜谒丞相府。王沂公问了和之前一样的问题，刁约越发惶恐，不敢再有所隐瞒，于是便如实回答。王沂公说："没有其他的意思，只是喜欢奏表之人的文词罢了。"并且还再三表扬刁约，之后又慢慢地说："已经得到皇上旨意，对此会另有安排。几天之后，应该会有相关文件下来。"自此之后便有了授予宗室南班官衔的成例，皇帝近亲最初开始担任环卫将军，凡是有七次升迁的就可以为节度使，于是便成了固定的制度。宗室子弟用上千细绢来答谢刁约，刁约推辞不敢接受。我和刁约是亲戚故旧，刁约曾经让我看过当时奏表的文章。

28. 太宗命创方团球带

【原文】

太宗命创方团球带，赐二府文臣①。其后枢密使兼侍中张耆、王贻永皆特赐；李用和、曹郡王皆以元舅赐；近岁宣徽使王君贶以耆旧特赐。皆出异数②，非例也。

【注释】

①二府：中书省和枢密院。中书省为东府，枢密院为西府。
②异数：特殊的礼遇。

【译文】

太宗命人将创方团球带，赏赐给两府的文臣。其后枢密使兼侍中张耆、王贻永二人也都受到了特别的恩赐；李用和、曹郡王则都以元舅的身份得到了赏赐；近些年来宣徽使王君贶因为年岁已高而又德高望重也受到了特赐。这些都是特殊的礼遇，并不是成例。

29.　朝服加景

【原文】

近岁京师士人朝服乘马，以黲衣蒙之①，谓之"凉衫"，亦古之遗法也。《仪礼》"朝服加景"是也。但不知古人制度、章色如何耳。

【注释】

①黲（cǎn）衣：浅黑色的衣服。

【译文】

近些年来京师的官员穿着官服骑马时，都是在官服外面蒙上浅黑色的衣服，称为"凉衫"，这也是古代遗留下来的做法。《仪礼》中所说的"朝服加景"指的就是这个。只是不知道古人在"景"的样式、颜色方面是怎样做的。

30.　润　笔　物

【原文】

内外制凡草制除官，自给谏、待制以上①，皆有润笔物。太宗时，立润笔钱数，降诏刻石于舍人院②。每除官，则移文督之。在院官下至吏人、院驺③，皆分沾。元丰中，改立官制，内外制皆有添给④，罢润笔之物。

【注释】

①给谏、待制：泛指五品以上的官员。

②舍人院：北宋元丰之前中书省所属的官署之一。

③院驺（zōu）：舍人院看管官员马匹的官吏。

④添给：添支钱、米等物，代指给官员加俸。

【译文】

内外制中凡是起草任命官员的制书，自给谏、待制等五品以上官员，都是有润笔物的。太宗时期，确定了润笔的钱数，并下诏将它刻在舍人院的碑石上。每次任命官员时，就会发放文书督促润笔物的发放。从舍人院的官员下到吏人和马夫，都有分沾。元丰年间，改立官制，内外制便都有了添支，于是便除去了润笔的钱财。

31. 直 官

【原文】

唐制，官序未至而以他官权摄者为"直官"，如许敬宗为直记室是也①。国朝学士、舍人皆置直院。熙宁中，复置直舍人、学士院，但以资浅者为之，其实正官也。熙宁六年，舍人皆迁罢②，阁下无人，乃以章子平权知制诰③，而不除直院者，以其暂摄也。古之兼官，多是暂时摄领；有长兼者，即同正官。予家藏《海陵王墓志》谢朓文④，称"兼中书侍郎"。

【注释】

①许敬宗：字延族，今浙江富阳人，武则天时期官至中书令。

②迁罢：升迁或者是被罢免而离开职位。

③章子平：章衡，字子平，今福建人。

④谢朓（tiǎo）：字玄晖，今河南太康人，南朝时期的文学家。

【译文】

唐朝的制度，官级还没有达到担任某职位的资格而以他官暂为摄理某职位的称为"直官"，比如，许敬宗曾经所担任的"直记室"便是。本朝的学士院、舍人院都设立了直院官员。熙宁年间，又复置直舍人、学士院，不过只是一些资历比较浅的官员担任，其实就是正式任命的直院官。熙宁六年，舍人或因升迁或因罢免而离开了职位，舍人院阁下一时没有了人员，于是便以章子平暂为代理知制诰，而没有直接任命为直院官，也是因为他只是暂时代理的缘故。古时候的兼官，大多都是暂时代理某职务；有长时间兼管的，便和正式的官员没有什么区别了。我家里收藏的由尚书吏部郎谢朓所写的《海陵王墓志》，其中的落款则是"兼中书侍郎。"

32. 告喝打仗子

【原文】

三司、开封府、外州长官升厅事①，则有衙吏前导告喝。国朝之制②，在禁中唯三官得告：宰相告于中书，翰林学士告于本院，御史告于朝堂。皆用朱衣吏，谓之"三告官"。所经过处，阍吏以梃扣地警众③，谓之"打仗子"。两府、亲王自殿门打至本司及上马处；宣徽使打于本院；三司使、知开封府打于本司。近岁寺、监长官亦打，非故事。前宰相赴朝，亦有特旨，许张盖、打仗子者，系临时指挥。执丝梢鞭入内，自三司副使以上，副使唯乘紫丝暖座从入。队长持破木梃，自待制以上。近岁寺、监长官持藤杖，非故事也。百官仪范，著令之外，诸家所记，尚有遗者。虽至猥细，亦一时仪物也。

【注释】

①外州，升厅事：外州，京师之外的各州；升厅事：古时候的官员升堂处理政事。

②国朝：此处指宋朝。

③阍（hūn）吏：守门的役吏。

【译文】

三司、开封府、外州的长官升堂处理政事的时候，便有衙役在前面引路吆喝。宋朝的制度，在皇宫之内只有三种官职可以通告吆喝：宰相传呼于中书省，翰林学士传呼于翰林院，御史传呼于朝堂。通告吆喝的人全是穿着红色衣服的衙吏，称为"三告官"。官员们所经过的地方，守门的役吏都要以棍棒敲击土地来警示所有人，称为"打仗子"。两府、亲王需要从殿门一直敲击到本司或者是他们上马的地方；宣徽使则要敲击至本院；三司使、开封府则要敲击到各自的官府。近些年来寺、监长官也需要打杖吆喝，这并不是之前的成例。之前宰相上朝的时候，也有受特殊旨意，允许张华盖、打仗子的，这些都是临时性的指挥。手拿着丝梢鞭入宫，自三司副使以上才能这样做，副使只能乘坐紫丝暖座跟着入宫。仪仗的队长手里拿着旧棍杖，需要是待制之上的官员才行。近些年来寺、监长官拿着藤杖，这也不是旧时的成例。百官的仪仗典范，除了写入律令的之外，各家所记载的，尚且还有些遗漏。虽然记载的很翔实琐细，但也只是一个时期内用于礼仪的器物罢了。

33. 百官会集坐次

梦溪笔谈全鉴珍藏版

【原文】

都堂及寺观百官会集坐次①，多出临时。唐以前故事，皆不可考，唯颜真卿与左仆射定襄郡王郭英乂书云②："宰相、御史大夫、两省五品、供奉官自为一行，十二卫大将军次之③，三师、三公、令仆、少师、保傅、尚书、左右丞、侍郎自为一行④，九卿、三监对之⑤。从古以来，未尝参错。"此亦略见当时故事，今录于此，以备阙文。

【注释】

①都堂，寺观：都堂，唐朝时期的尚书省居中，东面有吏部、户部、礼部，西面有兵部、刑部、工部，分别由尚书省的左右仆射总辖，称为都省，而总办公处便称为都堂；寺观，佛寺和道观。

②颜真卿，仆射，郭英乂：颜真卿，字清臣，唐朝著名书法家，今陕西西安人，官至吏部尚书；仆射，始设于秦朝，唐宋时期的左右仆射实际是宰相的职务；郭英乂，字元武，今甘肃瓜州人。

③十二卫大将军：唐朝时期中央设置十六卫，而其中有十二卫为府兵的领导机构，而十二卫的长官都是大将军。

④三师，三公，令仆，少师，保傅，尚书，左右丞，侍郎：三师，太师、太傅、太保，官居正一品；三公，古时的三种最高官衔，不过唐宋之后的三公（太尉、司徒、司空），已经不是实职了；令仆，为尚书省的长官，是指尚书令和尚书左、右仆射；少师，保傅，少师、少傅、少保，为"三少"，从二品；尚书，所属六部的长官，分管六部，为正三品；左右丞，尚书省所属六部的副长官，为正四品；侍郎，此处指尚书省的六部侍郎。

⑤九卿，三监：九卿，古时中央的九个高级官员；三监，唐朝时期的国子监、少府监、将作监的合称。

【译文】

官员在都堂以及寺观议事时的座次，大都是临时安排的。唐朝之前的旧例，都没有办法考证了，只有颜真卿与左仆射定襄郡王郭英义的书信中说："宰相、御史大夫、中书门下两省五品以上的官员、供奉官为一行，十二卫大将军次之，三师、三公、令仆、少师、保傅、尚书、左右丞、侍郎为一行，九卿、三监的座次和他们相对设置。自古以来，便没有出过什么差错。"从此处也可以稍微知道些当时的旧制，而今记录在此，以完备记载的缺漏之处。

34."功臣"号

【原文】

赐"功臣"号始于唐德宗奉天之役①。自后藩镇②，下至从军资深者，例赐"功臣"。本朝唯以赐将相。熙宁中，因上皇帝尊号③，宰相率同列面请三四，上终不允，曰："徽号正如卿等'功臣'，何补名实？"是时吴正宪为首相④，乃请止"功臣"号，从之。自是群臣相继请罢，遂不复赐。

【注释】

①奉天之役：唐德宗四年，京师发生叛乱，唐德宗逃往奉天，第二年发布文书以检讨自己的过失，并命令各位将领平定京师之乱，并收复京师，史称"奉天之役"。

②藩镇：安史之乱以后，掌控实际政权的地方割据势力。

③尊号：古时给皇帝或者是皇后所加的名号。

④吴正宪：吴充，字冲卿，今福建人，官至宰相。

【译文】

朝中赐予大臣"功臣"的名号，开始于唐德宗奉天之役时期。此后藩镇的长官，以及跟随他们的资历比较深的官僚、参军，都被赐以"功臣"的名号。本朝只会赐予将相大臣"功臣"的名号。熙宁年间，依照旧制要给皇帝加尊号，宰相带领同僚再三请示，神宗始终不肯答应，并说："尊号和你们的'功臣'名号一样，对名誉又有何实质性的补益呢?"当时吴充为首相，于是奏请废止他"功臣"的称号，皇帝应允了。自此大臣们都相继奏请取消自己的"功臣"名号，于是便不再赏赐这个名号了。

卷三·辩证一

　　辩证，意为考证辨别之意。《辩证一》卷除了对古今文字记述的考证外，还带有作者沈括的亲身见闻以及实地考察之后的种种验证等，在他自身深厚学术修养的基础上，上至天文地理，下至人伦道德，为读者架构架了一个极具说服力而又带有自身特点的辩证体系。

35. 钧石之石

梦溪笔谈全鉴珍藏版

【原文】

钧石之石，五权之名①，石重百二十斤。后人以一斛为一石②，自汉已如此，"饮酒一石不乱"是也。挽蹶弓弩③，古人以钧石率之。今人乃以粳米一斛之重为一石。凡石者，以九十二斤半为法，乃汉秤三百四十一斤也。今之武卒蹶弩，有及九石者，计其力乃古之二十五石，比魏之武卒④，人当二人有馀；弓有挽三石者，乃古之三十四钧，比颜高之弓⑤，人当五人有馀。此皆近岁教养所成。以至击刺驰射，皆尽夷夏之术；器仗铠胄，极今古之工巧。武备之盛，前世未有其比。

【注释】

①五权：五种重量单位，铢、两、斤、钧、石。

②斛（hú）：古时候的量器。

③挽蹶弓弩：拉弓、踏弩。

④魏之武卒：战国时期，魏国经过特殊训练的勇士。

⑤颜高：春秋时期的鲁国武士。

【译文】

"钧石"的"石"，是五种重量单位的名称之一，一石有一百二十斤。后世人将一斛看作一石，自汉朝时期就已经这样了，"饮酒一石不乱"便是用"一斛"当作"一石"的例子。拉弓踏弩的力量大小，古时候的人都是以钧石来计算的。而现在的人则将一斛粳米的重量看作是一石。而一石，便是以九十二斤半为标准，也就是汉秤的三百四十一斤。而今的武士拉弓踏弩，有达到九石的，计算他的力量也就是古时候的二十五石，和魏国的勇士相比，一个人要抵两个勇士还要多；拉弓有三石力量的，相当于古时候的三十四钧，和颜高拉弓的力量相比，一个人抵五个还要有余。这些都是因为近年军事训练的结果。以至于将士们的击、刺、驰、射等，都掌握了四夷和中原的所有技术；他们的兵器和铠甲，也都穷尽古今工匠的技艺。如今武备的强盛，前代中是没有能够与之相比的。

36.“些”字

【原文】

《楚词·招魂》尾句皆曰"些"（苏个反）[①]。今夔、峡、湖、湘及南北江獠人[②]，凡禁咒句尾皆称"些"。此乃楚人旧俗，即梵语"萨嚩诃"也（萨音桑葛反，嚩无可反，诃从去声[③]）。三字合言之，即"些"字也。

【注释】

①《楚词·招魂》、苏个反：《楚词·招魂》，即《楚辞·招魂》；苏个反，为"些"字的注音。

②夔（kuí）、峡、湖、湘，南北江，獠（lǎo）人：夔、峡、湖、湘，大概是重庆东部、湖北西部以及湖南中西部地区；南北江，湖北江陵以东至洞庭湖一带；獠人，应为"僚人"，魏晋之后，对于四川、重庆、贵州、云南、湖南、湖北、广西等地部分少数民族的泛称。

③诃从去声："诃"字读"去"声（也就是四声）。

【译文】

《楚辞·招魂》的句尾都说"些"（读作苏个反）。而今夔、峡、湖、湘及南北江地区的僚人，凡是巫术咒语的句尾也都称"些"。这是楚人的旧俗，也就是梵语中的"萨嚩诃"（萨音桑葛反，嚩无可反，诃从去声）。三字合而急读，便成了"些"字。

37. 阳燧照物

【原文】

阳燧照物皆倒[①]，中间有碍故也[②]。算家谓之"格术"[③]。如人摇橹，臬为之碍故也。若鸢飞空中，其影随鸢而移，或中间为窗隙所束，则影与鸢遂相违，鸢东则影西，鸢西则影东。又如窗隙中楼塔之影，中间为窗所束，亦皆倒垂，与阳燧一也。阳燧面洼，以一指迫而照之则正，渐远则无所见，过此遂倒。其无所见处，正如窗隙、橹臬、腰鼓碍之[④]，本末相格，遂成摇橹之势。故举手则影愈下，下手则影愈上，此其可见。（阳燧面洼，向日照之，光皆聚向内。离镜一二

寸，光聚为一点，大如麻菽，著物则火发，此则腰鼓最细处也。）岂特物为然，人亦如是，中间不为物碍者鲜矣。小则利害相易，是非相反；大则以己为物，以物为己。不求去碍，而欲见不颠倒，难矣哉！（《酉阳杂俎》谓"海翻则塔影倒"⑤，此妄说也。影入窗隙则倒，乃其常理。）

【注释】

①阳燧（suì）：古人利用日光取火而使用的凹面铜镜。

②碍：焦点。

③格术：格物之术，是指研究凹面铜镜成像的道理。

④腰鼓：此处指细腰处。

⑤《酉阳杂俎》：杂技类的书，由唐代人段成式所撰写。

【译文】

用凹面铜镜照射物体而物体成像是颠倒的，这是因为物镜之间有"碍"的缘故。算术家将此称为"格术"。就好比人们摇橹撑船，是因为有臬作为橹之"碍"的缘故。就好比鹘鹰翱翔空中，它的影子会跟随鹘鹰移动，如若中间被窗户的缝隙所约束，那么影子和鹘鹰就会背道而行，鹘鹰向东那么影子则会向西，鹘鹰向西那么影子就会向东。又比如窗户缝隙中楼塔的影子，中间被窗孔所约束，楼塔的影子也都是倒立的，和阳燧一样。阳燧的镜面是凹下去的，将一个手指靠近镜面而成像是正面的，如若渐渐远离镜面那么成像也就看不到了，再超过这个距离而手指成像就是倒立的了。其无法看到手指成像的地方，就好比窗隙、檐栿、腰鼓的"碍"处一样，本末相互牵制相互背离，所以才会造成摇檐时檐首尾翻转的样子。所以手指越往上那么手指的影子就会越往下，手指越往下而手指的影子就会越往上，这是能够看到的情况。（阳燧镜面低凹，镜面对着太阳照，日光就会都聚集在镜面的凹形里。在距离镜面一、二寸的地方，日光都聚为一个点，如麻籽、豆粒一般大，放一些可燃烧的物品在此处就可以引燃，这个点就是腰鼓形状中最细的地方。）岂止是外物如此，人也是如此，中间没有"碍"这种焦点的事物太少了。"小碍"会致使利益混乱，是非颠倒；"大碍"会致使以自我为外物，以外物为自我的混乱关系。不乞求能够去除"碍"，而只想自己的所见所闻不会有所颠倒，这是很困难的！（《酉阳杂俎》称"海翻则塔影倒"，这是非常狂妄荒谬的说法。影子通过窗户的缝隙就会颠倒，这是常理。）

38. 正阳之月

【原文】

先儒以日食正阳之月止谓四月，不然也。正、阳乃两事，正谓四月，阳谓十月。"岁亦阳止"是也。《诗》有"正月繁霜""十月之交，朔月辛卯。日有食之，亦孔之丑"二者①，此先王所恶也。盖四月纯阳，不欲为阴所侵②；十月纯阴，不欲过而干阳也。

【注释】

①正月繁霜：出自《诗·小雅》"正月繁霜，我心忧伤。"

②为阴所侵：古时候，人们认为太阳受到阴气侵蚀而导致日食的出现。

【译文】

先儒认为日食所出现的正阳之月只指四月，其实并不是这样。正、阳是两回事，正指的是四月，阳指的是十月。"岁亦阳止"指的就是这样了。《诗·小雅》中有"正月繁霜""十月之交，朔月辛卯。日有食之，亦孔之丑"这两句，是先王所厌恶的。大概是四月属纯阳，不想被阴所侵蚀；十月为纯阴，不想太过于强盛而侵犯了阳。

39. 高祖玄孙一事

【原文】

予为《丧服后传》，书成，熙宁中欲重定五服敕，而予预讨论。雷、郑之前，阙谬固多，其间高祖、玄孙一事①，尤为无义。《丧服》但有曾祖齐衰三月，曾孙缌麻三月，而无高祖、玄孙服。先儒皆以谓"服同曾祖、曾孙，故不言，可推而知"，或曰"经之所不言则不服"，皆不然也。曾，重也。由祖而上者，皆曾祖也；由孙而下者，皆曾孙也：虽百世可也。苟有相逮者，则必为服丧三月。故虽成王之于后稷，亦称曾孙。而祭礼祝文，无远近皆曰曾孙。《礼》所谓"以五为九"者，谓旁亲之杀也。上杀、下杀至于九，旁杀至于四，而皆谓之族。（族昆弟父母、族祖父母、族曾祖父母）过此则非其族也。非其族，则为之无服。唯正统不以族名②，则是无绝道也。

【注释】

①玄孙：宋太祖赵匡胤的始祖为玄朗，所以称为玄孙。

②正统：皇族。

【译文】

我编撰《丧服后传》，书已经写成，熙宁年间朝中想要重新修订丧服制度，而我也参与了对此事的讨论。雷、郑之前的学说，缺漏、错误的地方固然很多，其中所说的高祖、玄孙的事情，尤其没有道理。《礼仪·丧服》中只记载了曾祖齐衰三月，曾孙缌麻三月，而并没有记载高祖、玄孙所使用的丧服。先儒也都因此认为"服装和为曾祖、曾孙守丧时候的一样，所以没有记载，也可以推测得知"，有人也说"经书上没有提到的就是不服丧的意思"，这些都是不正确的。曾，也就是重的意思。由祖父之上，都称为曾祖；由孙子之后，都称为曾孙：即便是延续一百世也是如此。如若有可能的话，都需要为其服丧三个月。所以即便是周成王之于后稷，也是称为曾孙。而祭祀的祝文中，不管远近都称为曾孙。《礼记》所说的"以五为九"，指的是为旁系亲属服丧的时候应该要降低等次。上杀、下杀至于九代，旁杀至于四代，都称为同族。（族昆弟父母、族祖父母、族曾祖父母）在这个范围之外的就不是同族了。不是同族，就不用为其服丧。只有皇族才不会以族来命名，因为皇族是绵延不绝的。

40. 舜　妃

【原文】

旧传黄陵二女，尧子舜妃。以二帝道化之盛始于闺房，则二女当具任、姒之德①。考其年岁，帝舜陟方之时②，二妃之齿已百岁矣。后人诗骚所赋，皆以女子待之，语多渎慢，皆礼义之罪人也。

【注释】

①任，姒：任，太任，生卒年不详，周文王姬昌的母亲；姒，太姒，生卒年不详，周武王姬发的母亲。

②陟（zhì）方：巡视，此处指的是舜帝在巡视过程中去世。

【译文】

旧时所说的黄陵中所祀奉的两位女性，是尧帝的女儿、舜帝的妃子。以尧帝、舜帝用道德来教化世人的伟绩始于治家上来看，那么这两位女性应当都具备太任、太姒般的美德。考究她们的年龄，舜帝死于南巡过程中时，两位妃子的年龄已经有一百岁了。后人的诗赋作品中对她们二人的描写，都是将她们看作是少妇，言语间多有亵渎轻慢，都是礼义的罪人。

41. 謻　门

【原文】

历代宫室中有謻门①，盖取张衡《东京赋》"謻门曲榭"也。说者谓"冰室门"。按《字训》："謻，别也。"《东京赋》但言别门耳，故以对"曲榭"，非有定处也。

【注释】

①謻（yí）门：宫殿的旁门。

【译文】

历代的宫室中都有謻门，大概是取自张衡《东京赋》中"謻门曲榭"一句。注释的人解释为"冰室门"。根据《字训》考证："謻，是别的意思。"《东京赋》中说的也只是边门而已，所以才和"曲榭"相对应，并没有固定的位置。

42. 水以漳名、洛名者最多

【原文】

水以漳名、洛名者最多，今略举数处：赵、晋之间有清漳、浊漳①，当阳有漳水，赣上有漳水②，郡郡有漳江③，漳州有漳浦④，亳州有漳水⑤，安州有漳水⑥。洛中有洛水⑦，北地郡有洛水⑧，沙县有洛水⑨。此概举一二耳，其详不能具载。予考其义，乃清浊相蹂者为漳⑩。章者，文也，别也。漳谓两物相合，有文章且可别也。清漳、浊漳，合于上党⑪。当阳即沮、漳合流，赣上即漳、滇合流，漳州予未曾目见，郡郡即西江合流，亳漳即漳、涡合流⑫，云梦即漳、郧合流⑬。此数处皆清浊合流，色理如螳蛛⑭，数十里方混如。璋亦从章，璋，王之左右之臣所执，《诗》云："济济辟王，左右趣之。济济辟王，左右奉璋。"璋，圭之半体也。合之则成圭。王左右之臣，合体一心，趣乎王者也。又诸侯以聘女⑮，取其判合也⑯。有事于山川⑰，以其杀宗庙礼之半也。又牙璋以起军旅⑱，先儒谓"有钼牙之饰于剡侧"，不然也。牙璋，判合之器也，当于合处为牙，如今之合契⑲。牙璋，牡契也，以起军旅，则其牝宜在军中，即虎符之法也。洛与落同义，谓水自上而下，有投流处。今浥水、沱水⑳，天下亦多，先儒皆自有解。

【注释】

①赵、晋，清漳、浊漳：赵、晋，今山西、河北地区；清漳、浊漳，漳河源于山西长治西部和北部山区，有清漳、浊漳两个水源。清漳河大多流经太行山的石灰岩和石英岩区域，河水比较清澈，泥沙较少；浊漳河，流经黄土地区，多泥沙，水流浑浊。

②赣（gàn）：县名，今江西赣州。

③郡郡：秦朝的郡名。

④漳州：州名，今福建漳州。

⑤亳州：州名，今安徽亳州。

⑥安州：州名，今湖北安陆。

⑦洛中：今河南洛阳一带。

⑧北地郡：秦昭襄王灭了义渠之后所设置的，是秦朝初期三十六郡之一，今甘肃庆阳市。

⑨沙县：县名，今福建沙县。

⑩蹂：混合。

⑪上党：县名，今山西长治市。

⑫涡：涡水，今河南开封。

⑬云梦：县名，今湖北云梦。

⑭螮蝀（dì dōng）：虹的别称。

⑮诸侯以聘女：诸侯之间互相聘问，并以圭璋作为礼物。

⑯判合：配合，这里指两个璋可以合成一个圭。

⑰有事于山川：祭祀山川。

⑱牙璋：古时候的一种兵符。

⑲合契：对合符契。

⑳淝水，沱水：淝水，肥水，源头在肥西、寿县之间的将军岭，古时候淝水之战中的淝水指的就是这里；沱水，对支流的通称，所以称为"沱水"的有很多。

【译文】

水流中以"漳"字、"洛"字命名的有很多，而今略微列举几处：赵、晋之间有清漳河、浊漳河，当阳有漳水，赣上有漳水，郫郡有漳江，漳州有漳浦，亳州有漳水，安州有漳水。洛中有洛水，北地郡有洛水，沙县有洛水。在此也就列举一二，无法一一记载翔实。我考察"漳"字和"洛"字的意思，清浊混合乃为漳。"章"，花纹的意思，区别的意思。漳指的是两种事物相互混合，有花纹，并且可以区分的意思。清漳河、浊漳河，在上党汇合。当阳的漳水是沮水、漳水的合流，赣水的上流也就是漳水和湳水的合流，我还不曾亲眼看到过漳州，郫

郡的漳水为西江的合流，亳州的漳水则是漳水、涡水的合流，云梦地区的漳水则是漳水、郧水的合流。这几处地方的漳水都属于清浊合流，色彩、纹理好像虹一般，绵延数十里才会混合到一起。比如"璋"字也有从"章"字旁的，璋，君主左右之人手中所拿的器物，《诗经》中说："济济辟王，左右趣之。济济辟王，左右奉璋。"璋，是圭的一半。两个"璋"合在一起便是圭，这也是帝王左右的大臣，同心协力，尽心服侍君王的意思。又比如诸侯之间聘问时会以璋作为礼物，便是要相互配合的意思。祭祀山川使用璋，是为了要和祭祖之礼所使用的圭有等差。又有在起兵时候所用的"牙璋"，先儒称为"刃口有锯齿状的鉏牙"，其实并不是这个样子的。牙璋，是需要互相配合的器物，应该在它们契合的地方制作鉏牙，就好比现在的合契一般。牙璋，凸牙的一部分，可以调动部队，那么凹牙的一部分就应该留在军中，便是和虎符一样的用法。"洛"字和"落"字是一个意思，意为水自上而下流，并且有流注的地方。现在命名为淝水、沱水的河流，天下间也是非常多的，先儒对此都各有解释。

43. 解州盐泽

【原文】

解州盐泽①，方百二十里。久雨，四山之水悉注其中，未尝溢；大旱未尝涸。卤色正赤②，在版泉之下，俚俗谓之"蚩尤血"③。唯中间有一泉，乃是甘泉，得此水然后可以聚。又其北有尧梢（音消）水，一谓之"巫咸河"。大卤之水，不得甘泉和之，不能成盐。唯巫咸水入则盐不复结，故人谓之"无咸河"，为盐泽之患，筑大堤以防之，甚于备寇盗。原其理，盖巫咸乃浊水，入卤中，则淤淀卤脉④，盐遂不成，非有他异也。

【注释】

①解州：今山西运城解州镇。

②卤：带有盐分的水。指的是盐池里面的水。

③蚩尤：上古传说人物。

④卤脉：带有盐分的水源源头。

【译文】

解州的盐池，方圆一百二十里。经过长时间的雨期后，四周山里面的水便都注入盐池中，但还没有满溢出来；大旱时期盐池也没有干涸过。盐池里面水的颜色为正红色，又因为在版泉之下，所以俗语也称为"蚩尤血"。只有盐池中间的一处泉眼，是淡水泉，有了这口泉眼，卤水才可以凝聚成盐。盐池的北面有尧梢（音消）水，一说是"巫咸河"。盐分含量很高的泉水，（如果）无法和淡水混合，就不能制成盐。只要巫咸河内的水注入盐池后，便不会再结晶成盐了，所以人们又称为"无咸河"，是盐池的祸患，人们便筑起大堤来防备它，甚至比防备盗贼还要严厉。究其道理，大概是巫咸河的水是浊水，进入盐池之后，其中的淤淀会堵塞盐池的源头，使得盐池无法结晶制盐，并没有其他的原因了。

44. 程 生 马

【原文】

《庄子》云："程生马。"尝观《文字注》①："秦人谓豹曰程。"予至延州，人至今谓虎豹为"程"，盖言"虫"也。方言如此，抑亦旧俗也。

【注释】

①《文字注》：疑为唐朝人张参所撰写的《五经文字》。

【译文】

《庄子》中说："程生马。"我曾经看到过《文字注》中说："秦人谓豹曰程。"我前去延州任职的时候，那里的人们至今还将虎豹称为"程"，大约说的就是"虫"。这样的方言，或许也是沿袭了旧时的风俗。

45. 澒河之义

【原文】

《唐六典》述五行①，有"禄""命""驿马""澒河"之目②。人多不晓澒河之义。予在鄜延，见安南行营诸将阅兵马藉，有称"过范河损失"。问其何谓"范河"？乃越人谓淖沙为"范河"③，北人谓之"活沙"。予尝过无定河④，度活沙，人马履之，百步之外皆动，颎颎然如人行幕上⑤。其下足处虽甚坚，若遇其一陷，则人马驼车应时皆没，至有数百人平陷无孑遗者。或谓此即流沙也。又谓沙随风流，谓之流沙。澒，字书亦作"㙀"（蒲滥反）。按古文，㙀，深泥也。

本书有"涊河"者，盖谓陷运，如今之"空亡"也⑥。

【注释】

①《唐六典》：唐玄宗时期的官修书，记录的是唐代官制。

②涊（bàn）：和"埿（ní）"为异体字，见下文。

③淖（nào）沙：像泥淖那般容易下陷的流沙。

④无定河：今陕西省北部，向东流入黄河。

⑤濒濒（hòng）然：空洞、烦闷而又连续不断地声音，

⑥空亡：古时候的人迷信，将十二地支多出十天干的两个时辰，看作是不吉利，故称为"空亡"。

【译文】

《唐六典》里讲述的阴阳五行，有"禄""命""驿马""涊河"等条目。大多数人都不知道"涊河"的意思。我在鄜延的时候，见到过安南行营诸将阅兵的军籍簿，里面有说到"过范河的时候损失了人马"。我问他们什么是"范河"？才知道南方人将淖沙称为"范河"，北方人称为"活沙"。我曾经路过无定河，渡过活沙，人马在上面行走，一百步之外都有动静，声音沉闷就好比人行走在幕布上。虽然下脚的地方都比较坚实，可一旦遇到一处塌陷，那么人马车辆立刻就会全部沉没，以至于几百个人都被淹没而没有一个幸存下来的。或者说这便是流沙。又说沙子随着风而流动，称为流沙。涊，字典中也写作"埿"（蒲滥反）。根据古文，埿，意为深泥。术数书（用来预测吉凶的书籍）中所有有"涊河"的条目，大概是命运陷没（厄运）的意思，就好比现在术数书中所讲的"空亡"。

46. 古人藏书，辟蠹用芸

【原文】

古人藏书，辟蠹用芸①。芸，香草也，今人谓之"七里香"者是也。叶类豌豆，作小丛生，其叶极芬香，秋后叶间微白如粉污，辟蠹殊验。南人采置席下，能去蚤虱。予判昭文馆时，曾得数株于潞公家②，移植秘阁后，今不复有存者。香草之类，大率多异名，所谓兰荪，荪，即今菖蒲是也；蕙，今零陵香是也；茝，今白芷是也。

【注释】

①蠹（dù）：蛀虫。

②潞公：文彦博，字宽夫，今山西人，官至宰相。

【译文】

古时候的人藏书时，用芸草来防治蛀虫。芸草，是一种香草，现在人所说的"七里香"便是芸草。芸草的叶子和豌豆一般，为小丛生长，它的叶子非常芳香，秋后的叶子有些发白就如同被白粉染过一样，（用这种叶子）防止蛀虫尤为灵验。南方人将其采来放在席子下面，能够除去跳蚤和虱子。我任职昭文馆判官的时候，曾经从文彦博那里得到过几株，将其移植在秘阁的后面，而今已经没有留存下来的了。香草之类的，大多还有其他的名字，比如所说的兰荪，荪，就是现在的菖蒲；蕙，便是如今的零陵香；茝，便是现在的白芷。

47. 祭礼有腥、燅、熟三献

【原文】

祭礼有腥、燅、熟三献①。旧说以谓腥、燅备太古、中古之礼，予以为不然。先王之于死者，以之为无知则不仁，以之为有知则不智。荐可食之熟，所以为仁；不可食之腥、燅，所以为智。又一说，腥、燅以鬼道接之，馈食以人道接之，致疑也。或谓鬼神嗜腥、燅，此虽出于异说，圣人知鬼神之情状，或有此理，未可致诘。

【注释】

①腥，燅（xún）：腥，生肉；燅，古时祭祀时，煮的半熟的肉类。

【译文】

祭礼有生肉、半熟的肉、熟肉三种祭祀献品。旧时的说法认为生肉、半熟的肉具备了太古、中古时期的礼仪，我认为并不是这样的。先王之于死者，认为他们无知就不能称为仁，他们有知就不能称为智。献祭能够食用的熟食，所以为仁；献祭不可以食用的生肉、半熟的肉，所以为智。又有一种说法，生肉、半熟的肉是以鬼神的规范来对待，献祭熟食是以人的规范来对待，我对此非常疑惑。有人说鬼神喜好吃生肉、半熟的肉，这种说法虽然是异说，不过圣人了解鬼神的情况，或许有这般的道理，无法怀疑否定它。

48. 玄乃赤黑色

世以玄为浅黑色，璊为赭玉①，皆不然也。玄乃赤黑色，燕羽是也，故谓之玄鸟。熙宁中，京师贵人戚里，多衣深紫色，谓之黑紫，与皂相乱，几不可分，乃所谓玄也。璊，赭色也。"毳衣如璊（音门）②"。稷之璊色者谓之虋。（虋字音门，以其色命之也。《诗》："有虋有芑。"今秦人音糜，声之讹也）虋色在朱、黄之间，似乎赭，极光莹，掬之粲泽，熠熠如赤珠。此自是一色，似赭非赭。盖所谓"璊"，色名也，而从玉，以其赭而泽，故以谕之也。犹"鶣"以色名而从鸟③，以鸟色谕之也。

【注释】

①璊（mén）：玉赤色。

②毳（cuì）衣：古时候的一种礼服，上衣彩绘，下裳刺绣，无色具备。

③鶣（biǎn）：青黄色。

【译文】

世人都将玄看作是浅黑色，将璊看作是赭色的玉，这些认知都是错误的。玄是赤黑色，燕子的羽毛就是这个颜色，所以称为玄鸟。熙宁年间，京师的贵人、国戚，大都穿着深紫色的衣服，称为黑紫，并和黑色相混，几乎无法分别出来，这也是所谓的玄色。璊，为赭色。《诗经》中说"毳衣如璊（读音为门）"。有一种璊色的稷子称为虋。（虋字读音为门，是以它的颜色来命名的《诗经》中说："有虋有芑。"

而今秦人将糜读为糜，是因为读音发生了讹传）糜色在朱黄之间，和赭色比较相像，极其光洁莹白，捧在手里比较有光泽，其闪亮的模样犹如赤色的珍珠。这自然又是一种颜色，和赭色相似而又不是赭色。人们所说的"璊"，大概也是一种颜色的名字，而"璊"字从的是玉字旁，是因为它和赭色相似而又富有光泽，所以以玉来比喻它。就如同"鶉"这一颜色名所从的是鸟字旁，也是用鸟的羽色作比喻的。

49. 锻　钢

【原文】

　　世间锻铁，所谓钢铁者，用柔铁屈盘之[①]，乃以生铁陷其间，泥封炼之，锻令相入，谓之"团钢"，亦谓之"灌钢"。此乃伪钢耳，暂假生铁以为坚，二三炼则生铁自熟，仍是柔铁。然而天下莫以为非者，盖未识真钢耳。予出使至磁州锻坊观炼铁[②]，方识真钢。凡铁之有钢者，如面中有筋，濯尽柔面，则面筋乃见。炼钢亦然，但取精铁锻之百馀火，每锻称之，一锻一轻，至累锻而斤两不减，则纯钢也，虽百炼不耗矣。此乃铁之精纯者，其色清明，磨莹之则黯黯然青且黑，与常铁迥异。亦有炼之至尽而全无钢者，皆系地之所产。

【注释】

　　①柔铁：熟铁，熟铁比较柔软，所以又称为柔铁。
　　②磁州：今河北磁县。

【译文】

　　世间的锻铁，其所谓的钢铁，就是将柔铁弯曲盘起来之后，再把生铁陷入里面，用泥巴封好后烧炼，锻打以使熟铁、生铁相互混合融入，便称为"团钢"，也称为"灌钢"。这是一种假钢铁，暂时借着生铁的硬度以提高它的坚实度，烧炼两三次之后，生铁自然就变成了熟铁，依然是柔铁。然而天下的人都没有认为这办法是不对的，大概因为不认识真钢的缘故。我曾经出使前往河北的磁州锻坊观看炼铁的过程，才认识到了真钢。凡是铁内有钢的，就好比面里面有面筋一样，洗干净软面，才能够得到面筋。炼钢也是这样，只用比较精纯的熟铁锻打百余次火，每锻打一次便称量一番，每一次锻打重量便会跟着轻一次，直到数次锻打而斤两不再有改变时，那得到的就是纯钢了，即便再锻打一百次也不会再有丝毫损耗了。这便是铁里面最为精纯的部分，颜色清明，将它们打磨之后颜色又呈现暗青色并且会发黑，和一般的铁迥然不同。当然也有炼尽之后而没有得到钢的情况，这便和铁的产地有关系了。

50. 唐秦府十八学士多与旧史不同

【原文】

予家有阎博陵画唐秦府十八学士①，各有真赞②，亦唐人书，多与旧史不同③。姚柬字思廉，旧史乃姚思廉字简之。苏台、陆元朗、薛庄④，《唐书》皆以字为名。李玄道、盖文达、于志宁、许敬宗、刘孝孙、蔡允恭，《唐书》皆不书字。房玄龄字乔年，《唐书》乃房乔字玄龄。孔颖达字颖达，《唐书》字仲达。苏典签名从日从九⑤，《唐书》乃从曰从助⑥。许敬宗、薛庄官皆直记室，《唐书》乃摄记室。盖《唐书》成于后人之手，所传容有讹谬，此乃当时所记也。以旧史考之，魏郑公对太宗云⑦："目如悬铃者佳⑧。"则玄龄果名，非字也。然苏世长，太宗召对玄武门⑨，问云："卿何名长意短？"后乃为学士，似为学士时方更名耳。

【注释】

①阎博陵，秦府，十八学士：阎博陵，阎立本，唐朝时期著名的画家，官至宰相；秦府，唐太宗李世民登基之前所住的府邸；十八学士，秦王李世民，登基之前，曾经广纳人才，并开设文学馆，并任命十八人为学士：杜如晦、房玄龄、苏世长、苏勖、李玄道、薛收、李守素、盖文达、薛元敬、许敬宗、蔡允恭、虞世南、孔颖达、颜相时、于志宁、褚亮、姚思廉、陆德明。

②真：画像。

③旧史：《旧唐书》。

④苏台、陆元朗、薛庄：苏台，苏世长；陆元朗，字德明，《旧唐书》里面的记载写为陆德明；薛庄，薛元敬。

⑤苏典签，从日从九：苏典签，苏勖，典签是职位名；从日从九，旭，苏勖本名为苏旭。

⑥从日从助："勖"。

⑦魏郑公：魏徵，字玄成，今河北人，官至宰相。

⑧悬铃："玄龄"，魏徵用此作比喻以表明房玄龄适合做宰相。

⑨太宗：应该是"高祖"，依据考证，召对苏世长的人是唐高祖，并不是唐太宗。

【译文】

我家里有阎立本所画的唐朝秦王府的十八学士像，每幅画里面都各有其姓名爵位以及画像赞（正面的画像评语），都是唐人所写，大多和《旧唐书》的记载有所不同。姚柬字思廉，《旧唐书》中则写为姚思廉字简之。苏台、陆元朗、薛庄三人，《旧唐书》中则都以他们的字为名。李玄道、盖文达、于志宁、许敬宗、刘孝孙、蔡允恭，《旧唐书》中都没有记载他们的字。房玄龄字乔年，《旧唐书》中则写为房乔字玄龄。孔颖达字颖达，《旧唐书》中字仲达。苏典签名旭，《旧唐书》写为勖。许敬宗、薛庄的职位都是直记室，《旧唐书》则记载为摄记室。大概是因为《旧唐书》出自后人之手，所记载的东西免不了有讹谬之处，而这十八学士图和文字便是当时的人所记录下来的。通过考证旧史，魏征曾经对唐太宗说："目如悬铃者佳。"那么玄龄确实是房玄龄的名，而非字。然而苏世长，唐高祖曾经在玄武门召见他，问他说："你为何名字是长而见识却比较短呢？"之后苏世长成了十八学士之一，好像是在做学士的时候才将名字改为台的。

51. 杜若与紫薇花

【原文】

唐正观中①，敕下度支求杜若②，省郎以谢朓诗云③："芳洲采杜若。"乃责坊州贡之④。当时以为嗤笑。至如唐故事，中书省中植紫薇花⑤，何异坊州贡杜若？然历世循之，不以为非。至今舍人院紫微阁前植紫薇花，用唐故事也。

【注释】

①正观：贞观，唐太宗的年号。沈括为了避讳而采用"正"字代替"贞"字。

②度支，杜若：度支，户部度支司；杜若，香草的名字。

③谢朓：南朝著名诗人。

④坊州：今陕西黄陵东南。文中所记述的事情是，因为诗人谢朓有诗"芳洲采杜若"一句，一些省郎便以"芳洲"和"坊州"同音为由，命令坊州地区进贡杜若，坊州则回禀说："坊州不出杜若，应由谢朓诗误"。为当时人所嗤笑。

⑤中书省中植紫薇花：唐玄宗时期，深信紫薇花为帝居之义，再加上中书省多种紫薇花，于是便将中书省改为紫薇省，成为史上唯一一个以花命名的官署名，其中的官员也伴以紫薇的名号，如中书郎称为紫薇郎等。不过这种命名也仅存活了几年，后又改为中书省。但在中书省种植紫薇花的习惯却沿袭下来。

【译文】

唐朝贞观年间，皇帝命令度支司寻找杜若，省郎因谢朓诗中说："芳洲采杜若。"便责令坊州进贡杜若。当时人都嗤笑这件事情。至于一些唐朝的旧例，比如中书省种植紫薇花，又和坊州进贡杜若的事情有什么不同呢？然而却被历代遵循，并不认为这有什么不对。而今舍人院中的紫薇阁前依然种植紫薇花，也是沿袭了唐朝旧例的缘故。

52. 数石不乱疑无此理

【原文】

汉人有饮酒一石不乱。予以制酒法较之①，每粗米二斛，酿成酒六斛六斗。今酒之至醨者②，每秫一斛③，不过成酒一斛五斗，若如汉法，则粗有酒气而已。

能饮者饮多不乱，宜无足怪。然汉之一斛，亦是今之二斗七升。人之腹中亦何容置二斗七升水邪？或谓石乃钧石之石，百二十斤，以今秤计之，当三十二斤，亦今之三斗酒也。于定国食酒数石不乱[4]，疑无此理。

【注释】

①较：通"校"，校验。

②醨（lí）：薄酒，不浓烈的酒。

③秫（shú）：高粱米。

④于定国：西汉后期的大臣，官至宰相。

【译文】

汉朝时有一个人饮酒一石而不醉。我曾经以酿酒法来校验这件事情，（汉朝时期）每二斛粗米，可以酿成六斛六斗酒。而今的薄酒，每一斛高粱米，也不过酿成一斛五斗酒，如若像汉朝那样的酿酒方法，那么也只是徒有一些酒味罢了。能喝酒的人喝再多也不醉，应该也不足为奇。不过汉朝时期的一斛，也就是现在的二斗七升。人的肚子又如何能容下二斗七升的水？或者说石是钧石的石，一石则为一百二十斤，换算成今天的计量单位，应为三十二斤，也就是现在的三斗酒。史书上记载于定国饮酒数石而不醉的事情，恐怕是没有这等道理的。

53. 济水伏流地中

【原文】

古说济水伏流地中①，今历下凡发地皆是流水②，世传济水经过其下。东阿亦济水所经，取井水煮胶，谓之"阿胶"；用搅浊水则清。人服之，下膈、疏痰、止吐③，皆取济水性趋下、清而重，故以治淤浊及逆上之疾④。今医方不载此意。

【注释】

①济水：古水名，现今已经不存在。

②历下：济南市区，此处自古以泉水多而闻名。

③下膈：疏通食气，治疗不思饮食的症结。

④淤浊及逆上之疾：食气浑浊，无法通下的症结。

【译文】

古时候说消失的济水潜流于地下，而今历下地区凡是挖掘土地就能够看到流水，世人传说是济水在其下经过。东阿也是济水的流经之地，人们用井水煮胶，称为"阿胶"；用阿胶搅动浑浊的水，那么浑浊的水就会变清。人们服用阿胶，有下膈、疏痰、止吐的功效，都是因为济水性质趋下、水清而不滞、水重而不浊的缘故，所以能够治疗食气浑浊瘀滞以及不能通下的病症。但现在的医方书中并没有记载这个意思。

54. 宗庙之祭西向

【原文】

宗庙之祭西向者，室中之祭也。藏主于西壁，以其生者之处奥也。即主祏而求之①，所以西向而祭。至三献则尸出于室，坐于户西、南面，此堂上之祭也。（户西谓之宸②，设宸于此。左户、右牖，户牖之间谓之宸。坐于户西，即当宸而坐也。）上堂设位而亦东向者，设用室中之礼也。

【注释】

①主祏（shí）：古代宗庙中所藏的神主。

②扆（yǐ）：古代宫殿内门和窗之间的地方。

【译文】

宗庙祭祀的时候会朝着西面行礼，这属于室内的祭奠。将神主收藏于西面的墙壁，是因为那里是活人居住的地方。对着收藏神主的石室祝祷，所以要向西边行礼。三献以后神尸便会从石室中出来，坐在门户西侧、面朝南方，这属于堂上的祭祀。（门户的西面称为扆，也是因为扆设置在这里的缘故。门户的左边、窗子的右边，门户和窗子之间便称为扆。坐在门户的西面，也就是背靠着扆坐的。）在堂上设置位次时也应朝向东面，是用了在室内祭奠时设置位次的礼节。

55.《周南》《召南》

【原文】

"人而不为《周南》《召南》，其犹正墙面而立也。"①《周南》《召南》，乐名也。"胥鼓南""以《雅》以《南》"是也②。《关雎》《鹊巢》，二《南》之诗，而已有乐有舞焉。学者之事，其始也学《周南》《召南》，末至于舞《大夏》《大武》③。所谓"为《周南》《召南》"者，不独诵其诗而已。

【注释】

①人而不为《周南》《召南》，其犹正墙面而立也：出自孔子之语。

②胥鼓南：胥为古时候的乐官，鼓南是教习乐舞。出自《礼记·文王世子》篇。

③末，《大夏》《大武》：末，最终；《大夏》《大武》，周朝时期所存留的古时乐舞名。据说《大夏》是大禹之乐，《大武》是周武王之乐。

【译文】

孔子说："做人而不学习《周南》《召南》，就好比面墙而立（什么都看不到）。"《周南》《召南》，为乐舞的名字。"胥鼓南""以《雅》以《南》"便是以"南"字为乐舞载体的。《关雎》《鹊巢》，也是二《南》里面的诗歌，原本是有音乐和舞蹈的。学者的事情，开始时也要学习《周南》《召南》，最后还要掌握《大夏》《大武》等乐舞。所说的"为《周南》《召南》"，并非只单单诵读其中的诗篇。

56. 野马尘埃，乃是两物

【原文】

《庄子》言："野马也，尘埃也。"乃是两物。古人即谓"野马"为尘埃，如吴融云①："动梁间之野马。"又韩偓云②："窗里日光飞野马。"皆以尘为"野马"，恐不然也。"野马"乃田野间浮气耳，远望如群马，又如水波，佛书谓"如热时野马、阳焰③"，即此物也。

【注释】

①吴融：唐朝末期的官员、诗人。

②韩偓：唐末时期的官员、诗人。

③野马、阳焰：出自隋朝释慧远《维摩经疏》中的"阳焰浮动，相似野马"。

【译文】

《庄子》说："野马也，尘埃也。"这说的是两种物体。古人有将"野马"认作是尘埃的，比如吴融说："动梁间之野马。"又比如韩偓说："窗里日光飞野马。"都认为尘埃便是"野马"，恐怕不是这样的。"野马"是田野间的浮气，远望如群马，又如水波，佛经中称酷热时的阳焰犹如野马，说的就是它了。

57. 杨溥手教有疑

【原文】

予嘉祐中客宣州宁国县①，县人有方玙者，其高祖方虔为杨行密守将，总兵戍宁国，以备两浙。虔后为吴人所擒，其子从训代守宁国，故子孙至今为宁国人。玙有杨溥与方虔、方从训手教数十纸，纸札皆精善。教称"委曲"②，书押处称"使"，或称"吴王"。内一纸报方虔云："钱镠此月内已亡殁。"纸尾书"正月二十九日"。按《五代史》，钱镠以后唐长兴三年卒，杨溥天成二年已僭即伪位，岂得长兴三年尚称"吴王"？溥手教所指挥事甚详，翰墨、印记极有次序，悉是当时亲迹。今按，天成五年岁庚寅，长兴三年岁壬辰，计差五年。溥手教予得其四纸，至今家藏。

【注释】

①客：客居。

②委曲：唐朝时期，长官给下属的手谕中，一般都是以"委曲"作为结束语的。

【译文】

嘉祐年间我客居在宣州宁国县，县里有一个叫方玙的人，他的高祖方虔为杨行密的守将，带兵驻守宁国县，以防备两浙地区的吴越国。后来方虔被吴人擒获，他的儿子方从训代他驻守宁国县，所以至今其后世子孙都为宁国县人。方玙还有杨溥与方虔、方从训亲笔所写的几十封指示信，纸札都非常精美。手教称为"委曲"书，签名的地方称为"使"，或者是称为"吴王"。其中有一封是通报方虔说："钱镠此月内已亡殁"。纸尾书"正月二十九日"。根据《五代史》，钱镠在后唐长兴三年去世，杨溥天成二年就已经自称为帝，怎么还会在长兴三年称为"吴王"？杨溥手教中所写的事情都非常详尽，字迹和印记都极其有次序，全部都是当时的亲笔。而今考察，天成五年为丁亥年，长兴三年是壬辰年，中间相差五年。杨溥的手教，我曾经得到了四封，至今仍收藏在家中。

卷四 · 辩证二

　　《辩证二》卷和《辩证一》卷相同，都是对古今文字的考证，以及沈括对此的种种验证等。

58. 辩太湖之水

【原文】

司马相如《上林赋》叙上林诸水曰："丹水、紫渊，灞、浐、泾、谓，八川分流，相背而异态，灏溔潢漾，东注太湖。"八川自入大河[①]，大河去太湖数千里，中间隔太山及淮、济、大江[②]，何缘与太湖相涉？郭璞《江赋》云："注五湖以漫潫，灌三江而漰沛。"墨子曰："禹治天下，南为江、汉、淮、汝，东流注之五湖。"孔安国曰："自彭蠡江分为三，入于震泽，遂为北江而入于海。"此皆未尝详考地理。江、汉至五湖自隔山，其末乃绕出五湖之下，流径入于海，何缘入于五湖？淮、汝径自徐州入海，全无交涉。《禹贡》云："彭蠡既潴[③]，阳鸟攸居。三江既入，震泽底定。"以对文言，则彭蠡水之所潴，三江水之所入，非入于震泽也。震泽上源皆山环之，了无大川[④]；震泽之委[⑤]，乃多大川，亦莫知孰为三江者。盖三江之水无所入，则震泽壅而为害；三江之水有所入，然后震泽底定。此水之理也。

【注释】

①大河：黄河。

②太山：泰山。

③潴（zhū）：水聚集的地方。

④了无：完全没有。

⑤委：水的下游。

【译文】

司马相如的《上林赋》中记叙了上林苑各个水流说："丹水、紫渊，灞、浐、泾、谓，八川分流，相背而异态，灏溔潢漾，东注太湖。"这八条河流原本流入黄河，而黄河和太湖相距几千里，中间还隔着泰山以及淮水、济水、长江，怎么会和太湖扯上联系呢？郭璞的《江赋》中说："注五湖以漫潫，灌三江而漰沛。"《墨子》中又说："禹治天下，南为江、汉、淮、汝，东流注之五湖。"孔安国说："自彭蠡江分为三，入于震泽，遂为北江而入于海。"这些都不曾详细考察过地理情况。长江、汉水到太湖中间还隔着大山，其下游又绕过了太湖而流向下方，径直流入大海，又怎么会流入到太湖呢？淮水、汝水则直接从徐州境内流入大海，其间更是和太湖一点联系都没有。《禹贡》中记载："彭蠡既潴，阳鸟攸居。三江既入，震泽底定。"从语言的对应关系上来说，彭蠡是水流停留积聚的地方，三江是水流注入的地方，并不是说流入太湖。太湖的上游被群山环绕，完全没有比较大的河流；太湖的下游，则有很多大的河流，也不知道哪些是所谓的三江。如果三江的水没有地方可以注入，那么太湖水便会堵塞而成为祸害；如果三江的水有地方可以注入，那么太湖就可以安定。这是水的本性吧。

59. 东海县之误

【原文】

海州东海县西北有二古墓，《图志》谓之"黄儿墓"。有一石碑，已漫灭不可读[1]，莫知黄儿者何人。石延年通判海州，因行县见之，曰："汉二疏，东海人，此必其墓也。"遂谓之"二疏墓"，刻碑于其傍，后人又收入《图经》。予按，疏广，东海兰陵人，兰陵今属沂州承县；今东海县乃汉之赣榆，自属琅琊郡，非古之东海也。今承县东四十里自有疏广墓，其东又二里有疏受墓。延年不讲地志，但见今谓之东海县，遂以"二疏"名之，极为乖误。大凡地名如此者至多，无足纪者。此乃予初仕为沐阳主簿日，始见《图经》中增此事，后世不知其因，往往以为实录。谩志于此，以见天下地书皆不可坚信。其北又有"孝女冢庙"，貌甚盛，著在祀典。孝女亦东海人，赣榆既非东海故境，则孝女冢庙亦后人附会县名为之耳。

【注释】

①漫灭：是指石碑上的字迹已经模糊不清。

【译文】

海州东海县的西北方向有两座古墓，《图志》中称为"黄儿墓"。墓旁有一块石碑，石碑上的字迹已经模糊不清而无法阅读，所以不知道黄儿是什么人。石延年任职海州通判的时候，因巡视属县的时候看到了这两座古墓，说："汉代的疏广、疏受就是东海人，这一定是他们的墓地。"于是便将此称为"二疏墓"，并在旁边刻了石碑，后人又将其收录入《图经》中。根据我的考证，疏广是东海兰陵人，兰陵现在属于沂州承县；而现在的东海县乃是汉朝时期的赣榆，原本属于琅琊郡，而不是古时候的东海郡。而今承县东面四十里的地方便有疏广墓，再向东二里又有疏受墓。石延年不考察地方志，只因为现在这里称为东海县，便以"二疏"为这两座墓碑命名，这是非常错误的。但凡地名像这般情况的有很多，数不胜数。这是我刚刚任职沭阳主簿的时候，才看到《图经》中增加了这件事情，后世人不知道其中的原因，经常认为是据实记录的。所以随手将这件事情记录在此，由此可以知道天下间的地理书籍都不可以完全相信。古墓的北面还有"孝女冢庙"，很是壮观，隶属于官府的祭祀庙宇。孝女也是东海人，现在的东海既然不是古时东海的边境，那么孝女的墓地和庙宇也是后人为了附和县名而捏造的吧。

60. 桂枝之下无杂木

【原文】

《杨文公谈苑》记江南后主患清暑阁前草生①，徐锴令以桂屑布砖缝中②，宿草尽死③。谓：《吕氏春秋》云"桂枝之下无杂木"，盖桂枝味辛螫故也④。然桂之杀草木，自是其性，不为辛螫也。《雷公炮炙论》云⑤："以桂为丁，以钉木中，其木即死。"一丁至微，未必能螫大木，自其性相制耳。

【注释】

①《杨文公谈苑》，江南后主：《杨文公谈苑》，记述北宋名家杨亿言论的著作；江南后主，南唐后主李煜，著名词人。

②徐锴（kǎi）：字楚金，今江苏扬州人，官至内史舍人，著名的文学家。

③宿草：来年生的草。

④辛螫（shì）：毒蛇或者是毒虫用刺蜇人。

⑤《雷公炮炙论》：古时的医方书。

【译文】

《杨文公谈苑》记述说南唐后主李煜因为厌恶清暑阁前面的杂草，徐锴便让人将桂屑撒在地面上的砖缝里，多年生长的杂草便都死光了。并称：《吕氏春秋》中记载"桂枝之下无杂木"，大概是说桂枝的味道能够蜇死草木的缘故。不过桂枝之所以能够杀掉草木，是因为它的自然习性，而不是用气味蜇死草木。《雷公炮炙论》中说："将桂枝切成小丁状，并将小丁钉在其他的树木上，那么树木就会死去。"一个小丁是极其微小的，未必能够将大的树木蜇死，自然是因为它的本性和草木相互牵制的原因。

61. 楚章华台与乾溪

【原文】

天下地名错乱乖谬，率难考信。如楚章华台，亳州城父县、陈州商水县、荆州江陵、长林、监利县皆有之。乾溪亦有数处。据《左传》，楚灵王七年"成章华之台，与诸侯落之"。杜预注："章华台在华容城中。"华容即今之监利县，非岳州之华容也。至今有章华故台在县郭中，与杜预之说相符。亳州城父县有乾溪，其侧亦有章华台，故台基下往往得人骨，云楚灵王战死于此。商水县章华之侧亦有乾溪，薛综注张衡《东京赋》引《左氏传》乃云："楚子成章华之台于乾溪。"皆误说也，《左传》实无此文。章华与乾溪元非一处。楚灵王十一年，"王狩于州来，使荡侯、潘子、司马督、嚚尹午、陵尹喜帅师围徐以惧吴，王次于乾溪"。此则城父之乾溪。灵王八年许迁于夷者，乃此地。十二年，公子比为乱，使观从从师于乾溪，王众溃，灵王亡，不知所在；平王即位，杀囚，衣之王服，而流诸汉①，乃取葬之，以靖国人，而赴以乾溪。灵王实缢于芊尹申亥氏，他年申亥以王枢告，乃改葬之，而非死于乾溪也。昭王二十七年，吴伐陈，王帅师救陈，次于城父；将战，王卒于城父，而《春秋》又云："弑其君于乾溪。"则后世谓灵王实死于是，理不足怪也。

【注释】

①汉：汉水。

【译文】

天下间的地名错乱混杂，很难加以考证。比如楚王的章华台，亳州城父县、陈州商水县、荆州江陵、长林、监利县都有。乾溪也有几处。根据《左传》记载，楚灵王七年"成章华之台，与诸侯落之"。杜预注解说："章华台在华容城中。"华容就是现在的监利县，并不是岳州的华容。至今有章华台的旧址在县城内，和杜预的说法相符合。亳州城父县有乾溪，它的旁边也有章华台，在其旧址中常常会挖掘到人骨，传说楚灵王便是在这个地方战死的。商水县章华的附近也有乾溪，薛综注张衡《东京赋》引《左氏传》乃云："楚子成章华之台于乾溪。"都是错误的说法，实际上《左传》中并没有这段文字。章华和乾溪原本就不是一个地方。楚灵王十一年，"王狩于州来，使荡侯、潘子、司马督、嚚尹午、陵尹喜帅师围徐以惧吴，王次于乾溪"。这里指的是城父的乾溪。楚灵王八年将许国迁到了夷地，便是这个地方了。楚灵王十二年，公子比作乱，楚灵王便派遣观从跟随部队驻扎在乾溪，楚灵王的部众崩溃，楚灵王逃亡在外，不知所踪；楚平王即位，杀掉了一个囚犯，并给他穿上楚灵王的衣服，又将其丢入汉水中，然后又派人打捞上来安葬，以此来安抚民心，并将灵柩运回到乾溪。实际上楚灵王是在芋尹申亥氏的家里自缢而死的，后来申亥将楚灵王的灵柩位置告诉给了楚平王，于是又重新改葬，楚灵王并不是死在乾溪的。楚昭王二十七年，吴国讨伐陈国，楚昭王率领部队救援陈国，并在城父驻扎；快要交战的时候，楚昭王在城父去世，而《春秋》中又说："弑其君于乾溪。"那么后世认为楚灵王死在了这里，也就不奇怪了。

62. 建麾之称的由来

【原文】

今人守郡，谓之"建麾"，盖用颜延年诗①："一麾乃出守"，此误也。延年谓"一麾"者，乃指麾之"麾"②，如武王"右秉白旄以麾"之"麾"③，非旌麾之"麾"也。延年《阮始平》诗云"屡荐不入官，一麾乃出守"者④，谓山涛荐咸为吏部郎⑤，三上武帝不用⑥，后为荀勖一挤⑦，遂出始平，故有此句。延年被摈，以此自托耳。自杜牧为《登乐游原》诗云⑧："拟把一麾江海去，乐游原上望昭陵。"始谬用"一麾"，自此遂为故事。

【注释】

①颜延年：颜延之，字延年，今山东人，东晋时期文学家，官至金紫光禄大夫。

②指麾：指挥。"麾"和"挥"通用。

③武王：周武王。

④阮始平：阮咸，字仲容，今河南人，西晋名士，竹林七贤之一。

⑤山涛：字巨源，今河南人，官至司徒。

⑥武帝：晋武帝，西晋的第一个皇帝。

⑦荀勖：字公曾，今河南许昌人，晋初时期的大臣。

⑧杜牧：字牧之，今陕西西安人，晚唐时期著名诗人。

【译文】

现在的人将任职地方州郡的长官，称为"建麾"，大概是借用了颜延年的诗："一麾乃出守"一句，这是错误的用法。颜延年所说的"一麾"，乃是指麾的"麾"，也就是周武王"右秉白旄以麾"的"麾"，而不是旌麾的"麾"。颜延年在其《阮始平》一诗中说"屡荐不入官，一麾乃出守"，说的是山涛举荐阮咸为吏部郎的事情，为此事三次禀奏晋武帝而晋武帝都没有采纳，之后阮咸被荀勖排挤，于是便出任为始平太守，所以颜延年才写下了这句诗。颜延年也是因为被排挤而出任始平太守的，所以他也以此来寄托自己的情志。自从杜牧作了《登乐游原》一诗："拟把一麾江海去，乐游原上望昭陵。"才开始出现谬用"一麾"的情况，从这个时候开始将地方州郡长官称为"建麾"成了一种典故。

63. 除　字

【原文】

除拜官职，谓除其旧籍①，不然也。"除"犹"易"也，以新易旧曰除，如新旧岁之交谓之"岁除"。《易》："除戎器，戒不虞②。"以新易弊，所以备不虞也。阶谓之"除"者③，自下而上，亦更易之义。

【注释】

①旧籍：旧的典册，此处指在任职新官职之前的旧职。

②戎器：兵器。

③阶，除：阶，台阶；除，宫殿前的高台阶。

【译文】

现在人所说的除拜官职，其中的"除"指的是解除其原先的旧官职的意思，其实不是这样的。"除"犹如"易"，以新的事物更换旧的事物称为除，比如新旧岁交替的那天就称为"岁除"。《易经》中说："除戎器，戒不虞。"意为用新的兵器来更换旧的兵器，以备意外情况的发生。而之所以将台阶称为"除"，是因为登上台阶需要自下而上，也有着更换的意思。

64. 世传韩退之画像实为韩熙载

【原文】

世人画韩退之①，小面而美髯，著纱帽。此乃江南韩熙载耳②，尚有当时所画，题志甚明。熙载谥文靖，江南人谓之"韩文公"，因此遂谬以为退之。退之肥而寡髯。元丰中，以退之从享文宣王庙，郡县所画皆是熙载。后世不复可辩，退之遂为熙载矣。

【注释】

①韩退之：韩愈，字退之，今河南人，唐朝时期著名的文学家，官至吏部侍郎，世人又将其称为韩文公。

②韩熙载：字叔言，今山东潍坊人，官至中书侍郎。

【译文】

世人画韩愈的像，脸小而有美须，戴着纱帽。这画的其实乃是南唐时期的韩熙载，如今尚且还有当时所画的韩熙载的像，题词也是很明确的。韩熙载谥号文靖，南唐人将其称为"韩文公"，也因此被人们误认为是韩愈。韩愈长相肥胖而胡须较少。元丰年间，因为韩愈配享文宣王庙，郡县各处的人为其所画的肖像都是韩熙载。后世人对此无法再加以辩明，于是韩愈便成了韩熙载。

65. 陌

【原文】

今之数钱，百钱谓之"陌"者，借"陌"字用之，其实只是"百"字，如"什"与"伍"耳。唐自皇甫镈为垫钱法①，至昭宗末乃定八十为陌。汉隐帝时②，三司使王章每出官钱③，又减三钱，以七十七为陌，输官仍用八十。至今输官钱有用八十陌者。

【注释】

①皇甫镈（bó），垫钱法：皇甫镈，唐朝中期时候的官员，主要掌管财政，官至宰相；垫钱法，实际上是宋朝人所说的省陌法。唐朝中后期，钱币比较缺乏，实际开支不足百钱的称为"陌"，比如九十二钱当作百钱，并称为"垫陌"。宋太宗时期，曾经规定以七十七钱为"陌"，又称为"省陌"。

②汉隐帝：五代时期后汉君主刘承祐。

③王章：后汉时期，汉隐帝的宰相。

【译文】

如今在计算钱币的数量时，一百钱称为"陌"，虽然借用了"陌"这个字，其实也就是"百"字，就好比十钱用"什"字和五钱用"伍"字一样。唐朝自皇甫镈开始使用垫钱法，到昭宗末期才规定八十钱为陌。汉隐帝时期，三司使王章每次开支官钱时，又减去了三钱，以七十七钱为陌，收入国库的钱币依然使用八十钱为陌。到现在收入国库的钱币还有以八十钱为陌的。

66.《蜀道难》之误

【原文】

前史称严武为剑南节度使，放肆不法①，李白为之作《蜀道难》。按孟棨所记②，白初至京师，贺知章闻其名③，首诣之，白出《蜀道难》，读未毕，称叹数四。时乃天宝初也，此时白已作《蜀道难》。严武为剑南乃在至德以后肃宗时，年代甚远。盖小说所记，各得于一时见闻，本末不相知，率多舛误，皆此文之类。李白集中称"刺章仇兼琼④",与《唐书》所载不同,此《唐书》误也。

【注释】

①前史,严武:前史,《新唐书》;严武,字季鹰,今陕西华县人。此处指严武不满前宰相房琯,又因为房琯对杜甫非常礼遇,所以严武便想要杀害杜甫,李白很是担心房琯和杜甫,所以才写下《蜀道难》来斥责严武,不过这些事情都来自于野史,没有依据,所以沈括才会写文辩证。

②孟棨(qǐ):唐朝后期人。

③贺知章:字季真,今浙江绍兴人。

④章仇兼琼:姓章仇,字兼琼,今山东济宁人,官至户部尚书。

【译文】

《新唐书》记载严武为剑南节度使时,为人骄横不遵守法制,李白便为此写下《蜀道难》一诗来斥责他。根据孟棨《本事诗》中的记载,李白刚开始到京师时,贺知章听说了他的大名,最先去拜访了他,李白给他出示了《蜀道难》这首诗,贺知章还没有读完,就再三赞叹。当时是天宝初年,这个时候的李白已经写出了《蜀道难》。严武任职剑南节度使时乃是在至德之后唐肃宗时期,年代相差甚远。这大概是野史小说所记录的事情,也都是依据各自一时的见闻罢了,对事情的始末并不清楚,所以大多都是谬传,都是类似于此种记载。在李白的文集中说"《蜀道难》是为了斥责章仇兼琼的",和《新唐书》的记载有所不同,这是《新唐书》的误写。

67. 云梦泽考证

【原文】

旧《尚书·禹贡》云:"云梦土作乂。"太宗皇帝时得古本《尚书》,作"云土梦作乂",诏改《禹贡》从古本。予按孔安国注①:"云梦之泽在江南。"不然也。据《左传》:"吴人入郢,楚子涉睢济江,入于云中。王寝,盗攻之,以戈击王……王奔郧。②"楚子自郢西走涉睢,则当出于江南;其后涉江入云中,遂奔郧,郧则今之安州。涉江而后至云,入云然后至郧,则云在江北也。《左传》曰:"郑伯如楚③,王以田江南之梦。"杜预注云④:"楚之云梦,跨江南、北。"曰"江南之梦",则云在江北明矣。元丰中,予自随州道安陆入于汉口,有景陵主簿郭思者⑤,能言汉沔间地理⑥,亦以谓江南为梦、江北为云。予以《左传》

验之，思之说信然。江南则今之公安、石首、建宁等县，江北则玉沙、监利、景陵等县，乃水之所委，其地最下。江南二浙，水出稍高，方士而梦已作乂矣，此古本之为允也。

【注释】

①孔安国：西汉学者，是孔子的后裔。魏晋时期之后，世人所传阅的《尚书》出现了旧注，传说是孔安国所注，其实并非出自孔安国之手。

②吴人入郢一句：吴国联合唐国、蔡国攻打楚国，楚军败亡后，攻入楚国的都城郢都，楚昭王逃入了云梦泽中，后又逃往郧地、随地。第二年，越国攻打吴国，吴国从楚国退兵，楚昭王才得以返回郢都。

③郑伯如楚：郑简公访问楚国。

④杜预：字元凯，今陕西西安人。西晋时期著名的政治家、军事家。

⑤景陵，主簿，郭思：景陵，县名，今湖北天门；主簿，官名，县令的佐官，负责文书事务；郭思，疑为北宋末年的郭思，字得之，今河南人。

⑥汉沔（miǎn）间：今汉水和长江的交汇之处。古人有时将汉水统称为沔水，有时也把汉水注入长江之后称为沔水。

【译文】

之前的《尚书·禹贡》中记载："云梦士作乂。"太宗皇帝时期得到了古本《尚书》，里面记载为"云土梦作乂"，于是便将《尚书·禹贡》中的这句话改为古本。我考证孔安国的

注："云梦之泽在江南。"其实是不对的。根据《左传》记载："吴人入郢，楚子涉睢济江，入于云中。王寝，盗攻之，以戈击王……王奔郧。"楚昭王从郢都西逃并涉过睢水，那么应该是逃到了长江以南地区；之后他又涉过长江而进入云泽，后又奔入郧地，郧地就是现在的安州。先是涉过长江而后进入云泽，进入云泽后又到达郧地，那么云泽就是在长江以北地区。《左传》中记载："郑简公前往楚国访问，楚王和他一起在江南的梦泽处狩猎。"杜预注解说："楚国的云梦泽，横跨长江南北地区。"不过《左传》中说"江南之梦"，那么云泽在长江以北地区是显而易见的事情。元丰年间，我从随州途经安陆而进入汉口地区，景陵主簿郭思，能够谈论汉沔间的地理问题，也认为在长江以南地区的为梦泽，在长江以北地区的是云泽。我以《左传》来检验这件事情，郭思的说法还是比较可信的。长江以南地区就是现在的公安、石首、建宁等县，长江以北地区则是现在的玉沙、监利、景陵等县，这一带是众多水流的汇聚之地，其中又以云梦地区为最下。而长江以南地区的湿地，当水流退去后要比长江以北地区的地势稍微高出一些，所以云泽的土地刚从水面露出而梦泽的土地已然能够耕种了，对此古本的记述应该更为恰当。

卷五·乐律一

    《乐律一》卷的内容非常丰富，主要包括对十二律的解读，对古曲源头的追溯，以及对唐宋时期每种乐曲的构成和调试，还有对钟口、羌笛、琴等乐器的描述，以及古时善歌者的故事等。在此卷内容的基础上，本书只节选了一部分通俗易懂的内容。

68. 三钟三吕

【原文】

六吕，三曰钟，三曰吕。（夹钟、林钟、应钟，大吕、中吕、南吕。）钟与吕常相间，常相对，六吕之间复自有阴阳也。纳音之法，申、子、辰、巳、酉、丑为阳纪，寅、午、戌、亥、卯、未为阴纪。亥、卯、未，曰夹钟、林钟、应钟，阴中之阴也。黄钟者，阳之所钟也①；夹钟、林钟、应钟，阴之所钟也。故皆谓之钟。巳、酉、丑曰大吕、中吕、南吕，阴中之阳也。吕，助也，能时出而助阳也，故皆谓之吕。

【注释】

①钟：聚集。

【译文】

六吕，其中的三个称为钟，另外三个称为吕。（钟有夹钟、林钟、应钟，吕为大吕、中吕、南吕。）钟和吕通常是相互间隔，相互对应的，六吕之间又区分出了阴阳。纳音的方法，申、子、辰、巳、酉、丑为阳纪，寅、午、戌、亥、卯、未为阴纪。亥、卯、未，分别为夹钟、林钟、应钟，是阴中之阴。黄钟，是阳气聚集而来的钟；夹钟、林钟、应钟，为阴气所汇聚起来的。所以都称为钟。巳、酉、丑，指的是大吕、中吕、南吕，为阴中之阳。吕，"助"的意思，可时常出来辅助阳，所以都称为吕。

69. 胫庙之说

【原文】

《汉志》言数曰①："太极元气②，函三为一③。极，中也；元，始也。行于十二辰，始动于子，参之于丑得三。又参之于寅得九。又参之于卯得二十七。历十二辰，得十七万七千一百四十七。此阴阳合德，气钟于子，化生万物者也。"殊不知此乃求律吕长短体算立成法耳④，别有何义？为史者但见其数浩博，莫测所用，乃曰"此阴阳合德，化生万物者也"。尝有人于土中得一朽弊捣帛杵⑤，不识，持归以示邻里，大小聚观，莫不怪愕，不知何物。后有一书生过，见之曰："此灵物也。吾闻防风氏身长三丈[6]，骨节专车。此防风氏胫骨也[7]。"乡人皆喜，筑庙祭之，谓之"胫庙"。班固此论[8]，亦近乎"胫庙"也。

【注释】

①《汉志》：《汉书·律历志》。

②太极：古时哲学家将最原始的混沌之气称为太极。认为太极分化出阴阳，阴阳生四季变化，进而会出现各种自然现象。

③函三为一：包括天、地、人，三者混合为一。

④律吕：古时候校正乐律的器具。

⑤杵：舂米或者是捶衣所用的木棒。

⑥防风氏：远古防风国的创始人。

⑦胫骨：小腿内侧的长形骨。

⑧班固：东汉著名的史学家、文学家，今陕西咸阳人。

【译文】

《汉书·律历志》中说天文历数："初始时天地间的混沌之气，包括天、地、人三者混合为一。极，就是包含万象的意思；元，便是初始的意思。混沌之气在十二辰之间流传，从子开始启动，于丑有三倍子数而得三。于寅又三倍子数得九。于卯又三倍而得二十七。游转于十二辰，得十七万七千一百四十七。这时阴阳会合，气在子凝聚，从而演化出万物。"殊不知这只是计算律吕长短的方法而已，还有什么其他的意义呢？史书的作者仅仅看到了数字的庞大，却不知道它到底有什么用处，便说"此阴阳合德，化生万物者也"。曾经有一个人从土中挖出了一个已经枯朽的捣衣棒，他不认识这个东西，便拿回去给邻里看，男男女女的人都聚过来围观，没有不惊愕的，都不知道是什么东西。后来有一个书生路过，看到之后说："这是个珍奇之物。我听说防风氏身高三丈，一节骨头可以装满一辆车，这是防风氏的胫骨呀。"乡人听后都比较欢喜，并特意建筑了寺庙来祭祀它，称为"胫庙"。班固的这一说法，和"胫庙"这个故事比较接近。

70. 羯鼓遗音已绝

【原文】

吾闻《羯鼓录》序羯鼓之声[1]，云"透空碎远，极异众乐"。唐羯鼓曲，今唯有邠州一父老能之^②，有《大合蝉》《滴滴泉》之曲。予在鄜延时，尚闻其声。泾原承受公事杨元孙因奏事回，有旨令召此人赴阙。元孙至邠，而其人已死，羯鼓遗音遂绝。今乐部中所有，但名存而已，"透空碎远"，了无馀迹。唐明帝与李龟年论羯鼓^③，云"杖之弊者四柜"。用力如此，其为艺可知也。

【注释】

①《羯鼓录》：由唐朝人南卓编撰，记述的主要是开元、天宝年间的羯鼓以及相关的事情。

②邠（bīn）州：今陕西彬县。

③唐明帝，李龟年：唐明帝，唐明皇，唐玄宗；李龟年，唐玄宗时期的乐工。

【译文】

我听说《羯鼓录》记述羯鼓的声音，说"透空碎远，极异众乐"。唐朝时期的羯鼓曲，如今只有邠州的一个老人还可以演奏，有《大合蝉》《滴滴泉》等曲目。我在鄜延的时候，还听到过他的演奏。泾原承受公事杨元孙因奏事入京返回后，有诏令让这个老人入朝。杨元孙到达邠州时，这个老人已经死了，于是羯鼓遗音就此失传。而今乐府中所存的羯鼓曲，也只是徒有虚名罢了，"透空碎远"，已经全无痕迹。唐明皇和李龟年谈论羯鼓时，说"敲坏的鼓杖就有四柜"。用力到这般程度，其羯鼓精湛的技艺也由此可见。

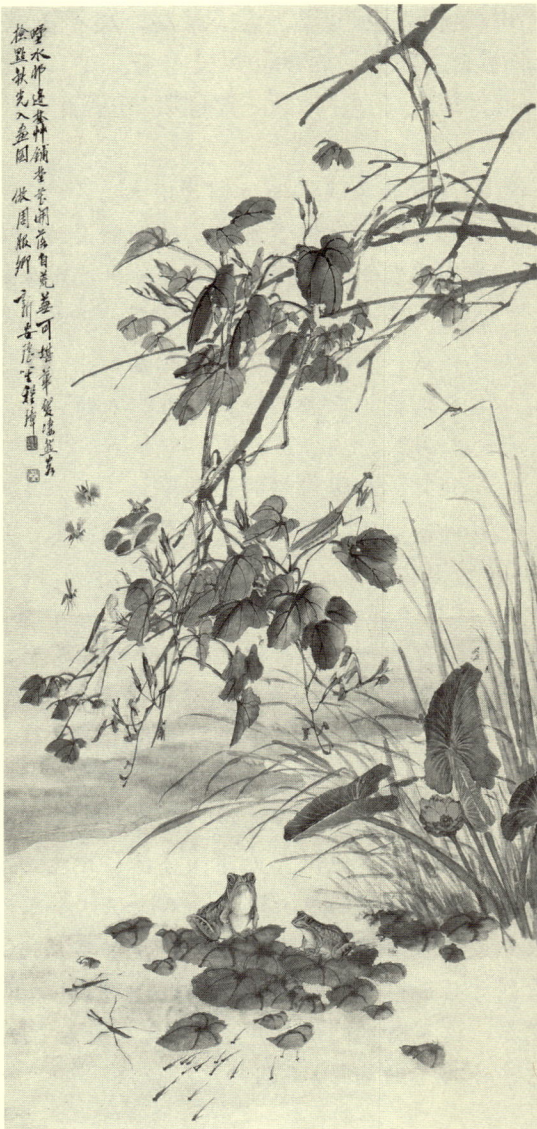

71. 杖　鼓　曲

【原文】

唐之杖鼓①，本谓之"两杖鼓"，两头皆用杖。今之杖鼓，一头以手拊之，则唐之"汉震第二鼓"也，明帝、宋开府皆善此鼓②。其曲多独奏，如鼓笛曲是也。今时杖鼓，常时只是打拍，鲜有专门独奏之妙。古典悉皆散亡。顷年王师南征③，得《黄帝炎》一曲于交趾，乃杖鼓曲也。（"炎"或作"盐"）。唐曲有《突厥盐》《阿鹊盐》。施肩吾诗云④："颠狂楚客歌成雪，妩媚吴娘笑是盐。"盖当时语也。今杖鼓谱中，有"炎杖声"。

【注释】

①杖鼓：唐朝时期，将羯鼓又称为"杖鼓"或者是"两杖鼓"。

②宋开府：宋璟，开元初时的宰相。

③王师南征：指的是宋灭南汉的事情。

④施肩吾：字希圣，今江西南昌人。

【译文】

唐朝时期的杖鼓，本来称为"两杖鼓"，两头都用鼓槌敲打。而今的杖鼓，一头用鼓槌，另一头则用手击打，这便是唐朝人所说的"汉震第二鼓"，唐明皇、宋开府都擅长两杖鼓。其曲目也大多是独奏，比如鼓笛曲便是。而今的杖鼓，通常只是用来击打节拍的，很少再有专门独奏时的精妙。古典悉数散亡。当初王师南征的时候，在交趾得到了《黄帝炎》一曲，就是杖鼓曲。（"炎"字或者写为"盐"）。唐朝时期的杖鼓曲有《突厥盐》《阿鹊盐》。施肩吾的诗中说："颠狂楚客歌成雪，妩媚吴娘笑是盐。"大概（鼓曲写为"盐"）就是那个时候的用语。而今的杖鼓谱中，尚且还有"炎杖声"的曲目。

72. 凯旋之歌

【原文】

边兵每得胜回，则连队抗声凯歌，乃古之遗音也。凯歌词甚多，皆市井鄙俚之语。予在鄜延时，制数十曲，令士卒歌之，今粗记得数篇。其一："先取山西十二州，别分子将打衙头①。回看秦塞低如马，渐见黄河直北流。”其二：“天威卷地过黄河，万里羌人尽汉歌。莫堰横山倒流水，从教西去作恩波。”其三：“马尾胡琴随汉车，曲声犹自怨单于。弯弓莫射云中雁，归雁如今不寄书。”其四：“旗队浑如锦绣堆，银装背嵬打回回②。先教净扫安西路，待向河源饮马来。”其五：“灵武、西凉不用围，蕃家总待纳王师。城中半是关西种，犹有当时轧吃（根勿反）儿③。”

【注释】

①子将，衙头：子将，小将；衙头，山名，今甘肃通渭南部。

②银装，背嵬：银装，银饰的铠甲；背嵬，大将的亲兵。

③轧吃儿：新生儿，也指汉人的后代。

【译文】

驻守边境的士兵每回得胜归来时，就会成群结队地高唱凯旋之歌，凯旋之歌也是古时候遗留下来的曲调。凯旋之歌的词有很多，都是些市井鄙俚之语。我在郧延的时候，也曾经创作了几十首，让士卒们歌唱，如今还粗略的记得几篇。其一：“先取山西十二州，别分子将打衙头。回看秦塞低如马，渐见黄河直北流。”其二：“天威卷地过黄河，万里羌人尽汉歌。莫堰横山倒流水，从教西去作恩波。”其三：“马尾胡琴随汉车，曲声犹自怨单于。弯弓莫射云中雁，归雁如今不寄书。”其四：“旗队浑如锦绣堆，银装背嵬打回回。先教净扫安西路，待向河源饮马来。”其五：“灵武、西凉不用围，蕃家总待纳王师。城中半是关西种，犹有当时轧吃儿。”

73. 柘 枝 曲

【原文】

柘枝旧曲①，遍数极多②，如《羯鼓录》所谓“浑脱解”之类，今无复此遍。寇莱公好柘枝舞③，会客必舞柘枝，每舞必尽日，时谓之“柘枝颠”。今凤翔有一老尼，犹是莱公时柘枝妓，云：“当时柘枝尚有数十遍。今日所舞柘枝，比当时十不得二三。”老尼尚能歌其曲，好事者往往传之。

【注释】

①柘（zhè）枝：古时的一种舞曲名，原是两个女伎对舞，后来发展为多个人的舞队，称为“柘枝队”。

②遍数：舞曲的章节。

③寇莱公：寇准，字平仲，今陕西渭南人，官至宰相。

【译文】

柘枝旧时的曲目，章节非常多，比如《羯鼓录》中所说的"浑脱解"之类，而今已经没有这个章节了。寇莱公喜好柘枝舞，会客的时候一定会让舞伎跳柘枝舞，每一次跳舞都要跳一整天，当时人称其为"柘枝颠"。而今凤翔有一个老尼姑，原本是寇莱公府中跳柘枝舞的舞伎，说："当时的柘枝舞尚且还有几十个章节。而今天所跳的柘枝舞，还比不上当时的十分之二三。"老尼姑尚且还能够歌唱当时的一些曲目，对这些有兴趣的人也经常为之传唱。

74. 古之善歌者有语

【原文】

古之善歌者有语，谓"当使声中无字，字中有声"。凡曲，止是一声清浊高下如萦缕耳①，字则有喉、唇、齿、舌等音不同。当使字字举本皆轻圆，悉融入声中，令转换处无磊磈，此谓"声中无字"，古人谓之"如贯珠"②，今谓之"善过度"是也。如宫声字而曲合用商声③，则能转宫为商歌之，此"字中有声"也，善歌者谓之"内里声"。不善歌者，声无抑扬，谓之"念曲"；声无含韫④，谓之"叫曲"。

【注释】

①清浊：音乐的清音和浊音。

②如贯珠：比喻声音圆润、贯通。

③宫声字：中国传统的音乐中有五声音阶，又称为五声，是以五度的相生顺序排列，从宫音到羽音，为宫、商、角、徵、羽。

④含韫（yùn）：含蓄。

【译文】

古时候擅长唱歌的人有一种说法，称"唱歌的时候应该使声中无字，字中有声"。凡是歌曲，旨在清浊高下、曲折连贯的发声，字则有喉音、唇音、齿音、舌音等不同的发音部位。唱歌的时候应该让字字都发自本位而又可以轻松圆润，要全部都融入曲调当中，要让声音转换的地方没有障碍，这就是所谓的"声中无字"，古人也将其称为"如贯珠"，也就是现在人们所说的"善过度"。比如宫声的字而要使用商声的曲调，那么就能够转宫音而为商音歌唱，而这就是"字中有声"，擅长歌唱的人将其称为"内里声"。而不善于唱歌的人，声音没有抑扬顿挫之分，只能称为"念曲"；声音没有内涵，就称为"叫曲"。

75. 雅乐、清乐、宴乐

【原文】

外国之声，前世自别为四夷乐。自唐天宝十三载，始诏法曲与胡部合奏①。自此乐奏全失古法，以先王之乐为雅乐，前世新声为清乐，合胡部者为宴乐。

【注释】

①法曲，胡部：法曲，乐曲种类的名称，晋朝之前原为佛教法会的乐曲，传入中原之后，和汉族的清商乐相互结合，发展为以清商乐为主的隋代法曲。盛唐时期，隋代法曲又和道教的乐曲相互结合，使得乐曲的发展到达极盛时代，《霓裳羽衣曲》便是非常著名的法曲；胡部，指的是中原北方以及西方少数民族的音乐。隋朝时期的音乐有九部，后来唐太宗时期又加入了一部为十部，唐玄宗时期又加入了胡部。

【译文】

中原之外的音乐，以前是和中原地区有区别的四夷乐。自唐天宝十三年间，才下诏命令法曲和胡部合奏。自此后乐曲演奏就已经完全失去了古时候的法度，而是将先王遗留下来的乐曲看作是雅乐，将后世（指的是汉魏六朝时期）新创的乐曲称为清乐，和胡部一起演奏的乐曲称为宴乐。

76. 霓裳羽衣曲

【原文】

《霓裳羽衣曲》①，刘禹锡诗云②："三乡陌上望仙山，归作《霓裳羽衣曲》。"又王建诗云③："听风听水作《霓裳》。"白乐天诗注云④："开元中，西凉府节度使杨敬述造⑤。"郑嵎《津阳门诗》注云⑥："叶法善尝引上入月宫⑦，闻仙乐。及上归，但记其半，遂于笛中写之。会西凉府都督杨敬述进《婆罗门曲》，与其声调相符，遂以月中所闻为散序⑧，用敬述所进为其腔，而名《霓裳羽衣曲》。"

诸说各不同。今蒲中逍遥楼楣上有唐人横书⑨，类梵字，相传是《霓裳》谱，字训不通，莫知是非。或谓今燕部有《献仙音曲》⑩，乃其遗声。然《霓裳》本谓之道调法曲，今《献仙音》乃小石调耳。未知孰是。

【注释】

①《霓裳羽衣曲》：唐朝时期的乐曲名，本名为《婆罗门曲》，经过唐玄宗润色后而改名为《霓裳羽衣曲》。

②刘禹锡：字梦得，洛阳人，唐朝时期的著名诗人。

③王建：字仲初，今河南许昌人，唐朝后期诗人。

④白乐天：白居易，字乐天，今陕西渭南人，唐朝著名诗人。

⑤杨敬述：开元年间的羽林大将军。

⑥郑嵎（yú）：字宾先，唐宣宗时期的进士。

⑦叶法善：唐朝初期的道士。

⑧散序：很多乐器次第发声而又没有节拍的序曲。因为没有节拍，所以也没有伴舞。

⑨蒲，横书：蒲，地名，今山西永济市；横书，横行写的字。

⑩燕部：唐宋时期的音乐部类之一。

【译文】

《霓裳羽衣曲》，刘禹锡诗中说："三乡陌上望仙山，归作《霓裳羽衣曲》。"又有王建诗中说："听风听水作《霓裳》。"白居易的诗中有注解说："开元中，西凉府节度使杨敬述造。"郑嵎的《津阳门诗》又注解说："叶法善曾经指引着皇帝进入月宫，听到了仙乐。等到皇帝从月宫归来后，却只记得仙乐的一半，于是便试着用笛子将其吹奏出来并加以记录。当时正逢西凉府都督杨敬述进献了一本《婆罗门曲》，和仙乐的曲调相似，于是便将在月宫听到的乐曲作为没有节拍的序曲，用杨敬述所进献的乐曲当作有节拍的曲调，而又重新命名为《霓裳羽衣曲》。"各种说法都不相同。而今蒲州逍遥楼的门楣上还有唐人横行所书写的文字，类似于梵文，相传是《霓裳》谱，只是因为看不懂这种字体，所以不知道真假。又有人说现在的燕乐中还有《献仙音曲》，乃是《霓裳羽衣曲》的遗声。只是《霓裳羽衣曲》本属于道家的法曲，而今的《献仙音曲》乃是小石调。不知道哪一种说法才是正确的。

77. 唐昭宗《菩萨蛮》

【原文】

《新五代史》书唐昭宗幸华州①，登齐云楼，西北顾望京师，作《菩萨蛮》辞三章，其卒章曰："野烟生碧树，陌上行人去。安得有英雄，迎归大内中②？"今此辞墨本犹在陕州一佛寺中③，纸札甚草草。予顷年过陕曾一见之，后人题跋多，盈巨轴矣。

【注释】

①《新五代史》，唐昭宗幸华州：《新五代史》，北宋文学家欧阳修所著，为二十四史之一；唐昭宗幸华州，公元896年，凤翔节度使李茂贞带兵围攻京师，唐昭宗出逃到华州。

②大内：皇宫。

③陕州：今河南陕县。

【译文】

《新五代史》中记载了唐昭宗逃到华州时，曾经登上齐云楼，并望向西北方向的京师，作了三首《菩萨蛮》，最后的一首词说："野烟生碧树，陌上行人去。安得有英雄，迎归大内中？"而今陕州的一座佛寺中还依然保存着这首词的手稿，纸张草草字迹也比较潦草。我之前路过陕州时看到过这篇手稿，上面后人的题跋非常多，已经写满了一大卷轴。

78. 世称善歌者皆曰"郢人"

【原文】

世称善歌者皆曰"郢人"，郢州至今有白雪楼。此乃因宋玉《问》曰[1]："客有歌于郢中者，其始曰《下里巴人》，次为《阳阿薤露》，又为《阳春白雪》，引商刻羽，杂以流徵[2]。"遂谓郢人善歌，殊不考其义。其曰"客有歌于郢中者"，则歌者非郢人也。其曰"《下里巴人》，国中属而和者数千人；《阳阿薤露》，和者数百人；《阳春白雪》，和者不过数十人；引商刻羽，杂以流徵，则和者不过数人而已。"以楚之故都，人物猥盛，而和者止于数人，则为不知歌甚矣。故玉以此自况，《阳春白雪》皆郢人所不能也。以其所不能者明其俗，岂非大误也？《襄阳耆旧传》虽云："楚有善歌者，歌《阳菱白露》《朝日鱼丽》，和之者不过数人。"复无《阳春白雪》之名。又今郢州，本谓之北郢，亦非古之楚都。或曰："楚都在今宜城界中，有故墟尚在。"亦不然也。此鄢也，非郢也。据《左传》，楚成王使斗宜申"为商公，沿汉泝江，将入郢，王在渚宫下见之"。沿汉至于夏口，然后泝江，则郢当在江上，不在汉上也。又"在渚宫下见之"，则渚宫盖在郢也。楚始都丹阳，在今枝江，文王迁郢，昭王迁都，皆在今江陵境中。杜预注《左传》云："楚国，今南郡江陵县北纪南城也。"谢灵运《郢中集》诗云[3]："南登宛郢城。"今江陵北十二里有纪南城，即古之郢都也，又谓之南郢。

【注释】

①宋玉：战国时期的楚辞作家，屈原之后的最为著名的代表人物。

②引商刻羽，杂以流徵：唱歌的时候，并不是依据传统的商声下转为羽声的方法，而是以克制羽声的方法来逆流入徵声。

③谢灵运：今浙江会稽人，是东晋名将谢玄的孙子，著名的山水诗人。

【译文】

世人都将善于唱歌的人称为"郢人"，至今郢州还有白雪楼。这是因为宋玉的《对楚王问》中有："客有歌于郢中者，刚开始唱了《下里巴人》，其次又唱了《阳阿薤露》，后又唱了《阳春白雪》，引商刻羽，杂以流徵。"所以世人便都认为郢州人都擅长唱歌，却没有考究其中真正的含义。其中所说的"客有歌于郢中者"，那么唱歌的人是"客"而非郢州人；又说"客唱《下里巴人》，郢州中有几千人都跟着唱；唱《阳阿薤露》的时候，有几百人跟着唱；唱《阳春白雪》的时候，跟着唱的不过只有几十人；引商刻羽，杂以流徵，跟着唱的只不过有几个人罢了。"郢都为楚国的故都，人物繁盛，可能够跟着唱的却只有几个人，那么不擅长歌唱的人就很多了。所以这篇文章也只是宋玉的一种比况，《阳春白雪》这首曲子是郢州人所无法唱的。以郢州人所不能唱的歌曲来作为代名词，这岂不是大错吗？《襄阳耆旧传》虽然说："楚有善歌者，歌《阳菱白露》《朝日鱼丽》，和之者不过数人。"却并没有提到《阳春白雪》这首曲名。又说现在的郢州，原本称为北郢，也并不是古时楚国的都城。有人说："楚国的都城在今宜城界中，尚且还有都城的遗址存在。"这也是不对的。这个地方是鄢，而非郢。根据《左传》中说，楚成王使斗宜申"为商公，沿汉沂江，将入郢，王在渚宫下见之"。沿着汉水到达夏口，然后又追溯长江而上，那么郢都应该在长江的岸边，而不是在汉水的旁边。又因为是"楚成王从渚宫出来见他"，那么渚宫的位置大约就在郢都。楚国最初是在丹阳建都，就在现在的枝江，后楚文王时期迁都郢都，楚昭王时期又迁都到鄀，都在现在的江陵地区。杜预注解《左传》说："楚国，今南郡江陵县北纪南城也。"谢灵运在其《邺中集》中有诗说："南登宛郢城。"而今江陵地区向北十二里的地方有纪南城，也就是古时候的郢都，又称为南郢。

79.《抛球曲》

【原文】

海州士人李慎言，尝梦至一处水殿中，观宫女戏球。山阳蔡绳为之传，叙其事甚详。有《抛球曲》十馀阕，词皆清丽。今独记两阕："侍燕黄昏晚未休，玉阶夜色月如流。朝来自觉承恩醉，笑倩傍人认绣球。""堪恨隋家几帝王，舞裀揉尽绣鸳鸯[①]。如今重到抛球处，不是金炉旧日香。"

【注释】

①舞裀（yīn）：跳舞的时候所铺的地毯。

【译文】

海州士人李慎言，曾经梦到自己来到了一处临水的殿庭中，观看宫女们玩抛球的游戏。山阳人蔡绳还为此作了传，将这件事情叙述得非常详细。总共作了十多首《抛球曲》，词句清丽。而今只记得其中的两首："侍燕黄昏晚未休，玉阶夜色月如流。朝来自觉承恩醉，笑倩旁人认绣球。""堪恨隋家几帝王，舞裀揉尽绣鸳鸯。如今重到抛球处，不是金炉旧日香。"

80.《广陵散》

【原文】

《卢氏杂说》："韩皋谓嵇康琴曲有《广陵散》者①，以玉陵、毌丘俭辈皆自广陵败散，言魏散亡自广陵始，故名其曲曰《广陵散》。"以予考之，"散"自是曲名，如操、弄、掺、淡、序、引之类。故潘岳《笙赋》："辍张女之哀弹，流广陵之名散。"又应璩《与刘孔才书》云②："听广陵之清散。"知"散"为曲名明矣。或者康借此名以谏讽时事，"散"取曲名，"广陵"乃其所命，相附为义耳。

【注释】

①韩皋：字仲闻，韩滉的儿子。

②应璩（qú）：字休琏，三国时曹魏文学家，今河南汝南人，善于书记。

【译文】

《卢氏杂说》中记载："韩皋谓嵇康琴曲有《广陵散》者，以玉陵、毌丘俭辈皆自广陵败散，言魏散亡自广陵始，故名其曲曰《广陵散》。"根据我的考证，"散"应该是曲名，犹如操、弄、掺、淡、序、引之类。所以潘岳的《笙赋》中记载："辍张女之哀弹，流广陵之名散。"又有应璩《与刘孔才书》中说："听广陵之清散。"由此可以知道"散"确实是曲名。或者是嵇康想要借曲名来谏讽当时的时事，"散"取自曲名，而"广陵"则是他自己定名的，以使二者结合起来有某种意义而已。

81. 簻 之 误

【原文】

马融《笛赋》云①："裁以当簻便易持②。"李善注谓③："簻，马策也。裁笛以当簻，故便易持。"此谬说也。笛安可为马策？簻，管也。古人谓乐之管为"簻"。故潘岳《笙赋》云："修簻内辟，馀箫外逶。""裁以当簻"者，馀器多裁众簻以成音，此笛但裁一簻，五音皆具。当簻之工不假繁猥，所以便而易持也。

【注释】

①马融：字季长，东汉时期著名经学家，今陕西兴平人，东汉名将马援的从孙。

②簻（zhuā）：乐管。

③李善：唐代知名学者。

【译文】

马融的《长笛赋》中记载："裁以当簻便易持。"李善对此注解说："簻，马策也。裁笛以当簻，故便易持。"这是很荒谬的说法。笛子如何可以用作马鞭呢？簻，指的是乐管。古人将乐管称为"簻"。所以潘岳的《笙赋》中说："修簻内辟，馀箫外逶。""裁以当簻"，其他的乐器大都是由很多乐管同时演奏成音的，笛子仅仅有一个乐管，却五音俱全。演奏它的乐工并不需要有过于烦琐的技法，所以说它演奏起来比较方便而又容易掌握。

82. 笛

【原文】

笛有雅笛，有羌笛，其形制所始，旧说皆不同。《周礼》："笙师掌教篴籥①。"或云汉武帝时丘仲始作笛。又云起于羌人。后汉马融所赋长笛，空洞无底，剡其上，孔五，孔一出其背，正似今之尺八。李善为之注云："七孔，长一尺四寸。"此乃今之横笛耳，太常鼓吹部中谓之"横吹"，非融之所赋者。融赋云："《易》京君明识音律，故本四孔加以一。君明所加孔后出，是谓商声五音毕。"沈约《宋书》亦云："京房备其五音。"《周礼·笙师》注："杜子春云：'篴乃今时所吹五空竹篴。'"以融、约所记论之，则古篴不应有五孔，则子春之说亦未为然。今《三礼图》画篴，亦横设而有五孔，又不知出何典据。

【注释】

①篪（chí）、篴（zhú）：篪，古时一种横吹竹制的吹管乐器；篴，笛子。

【译文】

笛子有雅笛，有羌笛，其形状和起源，旧时的说法都不一样。《周礼》中记载："笙师掌教篪篴。"有人说汉武帝时期丘仲开始制造笛子。又有说法是笛子是由羌人始创的。后汉的马融所吟咏的长笛赋，中间是空洞的而没有底，削上面的管口，并在笛身开五个孔，还有一个孔是开在五个孔背面的，正如现在的尺八。李善为此作注说："七孔，长一尺四寸。"这乃是现在的横笛，太常的鼓吹部将其称为"横吹"，并不是马融所吟咏的那种长笛。马融的赋中说："《易》京君明识音律，故本四孔加以一。君明所加孔后出，是谓商声五音毕。"沈约在其《宋书》中也说："京房备其五音。"《周礼·笙师》又注说："杜子春云：'篴乃今时所吹五空竹篴。'"以马融、沈约所记述的事情来看，那么古时候的笛子不应有五个孔，那么子春的说法也就不一定是正确的。而今《三礼图》中所画的古笛，也是横吹而且有五个孔的，这又不知道有什么典据。

83. 制琴材料

琴虽用桐，然须多年，木性都尽，声始发越。予曾见唐初路氏琴，木皆枯朽，殆不胜指，而其声愈清。又尝见越人陶道真畜一张越琴，传云古冢中败棺杉木也，声极劲挺。吴僧智和有一琴，瑟瑟徽碧①，纹石为轸②，制度、音韵皆臻妙。腹有李阳冰篆数十字③，其略云："南溟岛上得一木，名伽陀罗，纹如银屑，其坚如石，命工斲为此琴。"篆文甚古劲。琴材欲轻、松、脆、滑，谓之四善。木坚如石，可以制琴，亦所未谕也。《投荒录》云："琼管多乌樠、呿陀④，皆奇木。"疑"伽陀罗"即"呿陀"也。

【注释】

①瑟瑟徽碧：黑绿色。瑟瑟，深绿色；徽，疑为霉，发黑的颜色。

②纹石为轸：用带有花纹的石料制作弦柱。

③李阳冰：字少温，今河北赵县人，唐朝时期著名的文学家、书法家。

④琼管，乌樠（mán）、呿陀（qù tuó）：琼管，琼州；乌樠、呿陀，都是树名。

【译文】

琴虽然是用桐木制作的，然而必须是生长多年的桐木才行，等到桐木的质性都散失殆尽后，再用其制作出来的琴声音才激扬清脆。我曾经见过唐朝初期的路氏琴，桐木都已经枯朽了，似乎无法承受住手指弹拨的力量，而它发出的声音却是越加的清亮。又曾经看到过越人陶道真收藏的一把越琴，相传是用古墓中的破烂棺材杉木制作而成的，琴声极其劲挺。吴地的僧人智和有一张琴，黑绿色，用带有花纹的石料制作弦柱，样式、音韵都达到了极致的境地。琴身腹部还有李阳冰篆书的几十个字，大概意思为："从南海的一座岛上得到了一种木材，名为伽陀罗，花纹犹如银屑，质地坚硬如石头，命令工匠削制成的这把琴。"篆文非常古朴强劲。制琴的材料都希望轻、松、脆、滑，称为四善。上述李阳冰所说的木头坚硬如石头，也可以制作成琴，这是让人不明白的地方。《投荒录》中说："琼州地区多乌槠、呋陀，都是比较珍奇的木材"。我怀疑"伽陀罗"就是"呋陀"。

84.《虞美人操》

【原文】

高邮人桑景舒性知音[①]，听百物之声，悉能占其灾福，尤善乐律。旧传有虞美人草，闻人作《虞美人曲》，则枝叶皆动，他曲不然。景舒试之，诚如所传，乃详其曲声，曰："皆吴音也。"他日取琴，试用吴音制一曲，对草鼓之，枝叶亦动，乃谓之《虞美人操》。其声调与《虞美人曲》全不相近，始末无一声相似者，而草辄应之，与《虞美人曲》无异者，律法同管也。其知者臻妙如此。景舒进士及第，终于州县官。今《虞美人操》盛行于江吴间，人亦莫知其如何者为吴音。

【注释】

①性：生来，本性，天性。

【译文】

高邮人桑景舒生来就知晓音律，听了百物的声音后，便能够预知它们的吉凶，尤为擅长乐律。旧时传有一种虞美人草，听人弹奏《虞美人曲》的时候，它的枝叶会跟着左右摇动，弹奏其他的曲子则不会这样。桑景舒尝试了一下，确实如传说中的那样，于是便详细地考察它的音调，并说："都是吴地的音调。"过了几天他拿来琴，试着用吴地的音调制作了一首曲子，对着虞美人草弹奏，草的枝叶也跟着晃动，于是便称为《虞美人操》。其声调和《虞美人曲》完全不接近，从头到尾几乎没有一处相似的声调，然而虞美人草依然会跟着晃动，和弹奏《虞美人曲》时的情况一样；这是因为乐律相同的缘故。他知晓音乐竟然到了如此臻妙的地步。桑景舒进士及第，后来在州县官的任期内去世。而今的《虞美人操》盛行于江浙之间，人们也不知道为什么它会属于吴地的音调。

卷六·乐律二

　　《乐律二》卷只收录了一篇文章，主要讲的是古时的用乐方法，和《乐律一》相应和。

85. 有声同者即应

梦溪笔谈
全鉴
珍藏版

【原文】

古法，钟磬每虡十六①，乃十六律也。然一虡又自应一律，有黄钟之虡，有大吕之虡，其他乐皆然。且以琴言之，虽皆清实，其间有声重者，有声轻者。材中自有五音，故古人名琴，或谓之清徵，或谓之清角。不独五音也，又应诸调。予友人家有一琵琶，置之虚室，以管色奏双调②，琵琶弦辄有声应之，奏他调则不应，宝之以为异物，殊不知此乃常理。二十八调但有声同者即应，若徧二十八调而不应，则是逸调声也。古法，一律有七音，十二律共八十四调。更细分之，尚不止八十四，逸调至多。偶在二十八调中，人见其应，则以为怪，此常理耳。此声学至要妙处也。今人不知此理，故不能极天地至和之声③。世之乐工，弦上音调尚不能知，何暇及此？

【注释】

①钟磬每虡（jù）十六：钟、磬各自悬挂十六件为一架。

②管色：用于定音和记谱的一种管乐器。

③天地至和之声：出于天地自然之间的最为和谐的声音。

【译文】

古时候的用乐方法，钟、磬各自悬

挂十六件为一架，这便是十六律。这样一来一架就只能对应一律，有黄钟律的架，有大吕律的架，其他的乐曲都是这个样子的。且用琴来说，虽然琴声都比较清实，其中有琴声比较重的，也有琴声比较轻的。乐器的材质里原本就包含五音，所以古人将其命名为琴，或者称为清徵，或者称为清角。乐曲不单单和五音相应，而且还和各个曲调相应。我朋友家里有一张琵琶，放在了空房子里，并以管色吹奏双调的曲目，琵琶的弦则有声音来应和，弹奏其他的调子时则不应，朋友将其看作宝贝并认为它并非寻常的事物，殊不知这只是音乐上的常理罢了。燕乐的二十八调中只要有音色相同的它便会相应，如若二十八个音调都奏遍了而它却没有相应，那么就是常用调式之外了。根据古时候的乐法，一律有七个音调，十二律一共有八十四个音调。更加细分之后，尚且就不止八十四个，失传的音调会更多。偶尔在二十八调中，人们见到过相互应和的情况，都认为非常奇怪，其实这只是常理而已。这也是声学中至为精妙的地方。现在的人不知道这个道理，所以无法弹奏出于天地自然之间最为和谐的声音。世间的乐工，尚且还不能知道弦上的音调，又如何有时间来研究这些呢？

卷七·象数一

  象数为古时的卜筮之术，主要包括两个方面的内容：龟甲占卜，以龟甲上的纹路形象来占卜吉凶；以蓍草占卜，以蓍草数目组合变化来占卜吉凶。古时的《易》学讲的就是象数，而发展到后来，象数有了更为宽泛的内容，上至天文，下至风水，凡是涉及"术数"的东西，都和象数有些关系。而此卷主要谈论的是天文历法方面的内容，有些是作者沈括个人研究的结果，有些则是对传统象数中迷信部分的批评和辩论。

86.《大衍历法》与《奉元历》

【原文】

开元《大衍历法》最为精密①，历代用其朔法②。至熙宁中考之，历已后天五十馀刻③，而前世历官皆不能知。《奉元历》乃移其闰朔。熙宁十年，天正元用午时④，新历改用子时，闰十二月改为闰正月。四夷朝贡者用旧历，比来款塞⑤，众论谓气至无显验可据⑥，因此以摇新历，事下有司考定。凡立冬晷景与立春之景相若者也。今二景短长不同，则知天正之气偏也。凡移五十馀刻，立冬、立春之景方停⑦。以此为验，论者乃屈。元会使人亦至⑧，历法遂定。

【注释】

①《大衍历法》：唐代开元年间僧一行制定的历法。

②朔法：朔策之法，推算每个月的平均长度以此来确定朔日的方法。朔日，每月初一。

③刻：古时候的计时单位，一昼夜分为一百刻。

④天正：冬至日的临界时分。

⑤比来，款塞：比来，接连到来；款塞，原义是扣塞门，古时中原王朝对周边部族政权前来通好的称呼，带有蔑视的意味。

⑥气至：节气。

⑦停：均匀。

⑧元会：元旦当天皇帝朝会群臣以及外宾的典礼。

【译文】

开元时期所制定的《大衍历法》最为精密，世代都沿用了其中推算朔策的方法。到了熙宁年间而进行考校，现在的历法已经落后于实际天象五十多刻，而前世的历法官员都没有察觉到这一错误。于是《奉元历》便更改了闰月和朔日的设置。熙宁十年，冬至日的临界时分原本用的是午时，新历改为了子时，闰十二月改为闰正月。四方前来朝贡的各部落都沿用的旧时历法，依据以往的节日接连派遣使者前来通好，朝中大臣便议论所谓的节气并没有显著的气象来当作可检验的依据，所以对新历制度产生了怀疑，并让相关部门对这件事情进行考定。凡是立冬的晷影，和立春时候的晷影是比较相似的。而今依据旧例推算出来的二景长短各不相同，由此可以知道旧时历法对冬至节气的确定还是有偏差的。移动五十余刻，立冬、立春的晷影才算是均匀。以此验证，那些对新历有异议的人才能够无话可说。元旦朝会时各国使臣也都根据新历日期到来，于是新历便确定了下来。

87. 斗建有岁差

【原文】

正月寅，二月卯，谓之"建"①，其说谓斗杓所建②，不必用此说。但春为寅、卯、辰③，夏为巳、午、未，理自当然，不须因斗建也。缘斗建有岁差④，盖古人未有岁差之法。《颛帝历》⑤："冬至日宿牛初⑥。"今宿斗六度。古者正月斗杓建寅，今则正月建丑矣。又岁与岁合⑦，今亦差一辰⑧。《尧典》曰⑨："日短星昴⑩。"今乃日短星东壁⑪。此皆随岁差移也。

【注释】

①建：北斗的斗柄初昏（黄昏开始的时候）所指的方位。

②斗杓（biāo）：斗柄。

③春为寅、卯、辰：春季为三个月，一月、二月、三月。斗柄所指的方位所对应的是十二时辰中的寅、卯、辰，所以说春为寅、卯、辰。

④岁差：太阳和月亮的引力会对地球赤道带来微弱的影响，使得地轴围绕黄道轴做圆锥形运动，慢慢向西移动，大概26000年会环绕一周，使得春分点以每年50.2角秒的速度向西移动，此现象被称为岁差。

⑤《颛帝历》：古时六历之一，秦朝统一之后，颁发于全国。

⑥冬至日宿牛初：指的是冬至时太阳会停留在牛宿零度。

⑦岁与岁合：将古时候和现在每年正月斗柄所指的方位作对比。

⑧一辰：一辰大概是30°，一天有十二个时辰。

⑨《尧典》：《尚书》的篇目之一，主要记述了唐尧的功德和言行举止。

⑩日短星昴（mǎo）：冬至日时黄昏时刻昴宿在天顶。日短，白天最短的一天，也就是冬至日。

⑪东壁：即壁宿。

【译文】

正月指的是寅，二月指的是卯，称为"建"，一般认为这是斗柄所指的方向，其实大可不必采用这种说法。不过春为寅、卯、辰，夏为巳、午、未，这是理所当然的，不用依据斗柄所指的方向来确认。因为斗柄所指的方向会有岁差，大概古时候的人并不知道岁差之法。《颛帝历》："冬至日宿牛初。"而今的冬至日太阳会停留在斗宿六度的地方。古时候的正月斗柄所指的位置在寅，而今正月斗柄所指的位置在丑。又将古时候和现在每年正月斗柄所指的方位作对比，现在的位置也相差了一个辰位。《尧曲》中说："日短星昴。"而今冬至日时却是壁宿在天顶。这些都是因为岁差的缘故。

88. 测量极星

【原文】

天文家有浑仪①，测天之器，设于崇台②，以候垂象者，则古玑衡是也③。浑象④，象天之器，以水激之，或以水银转之，置于密室，与天行相符，张衡、陆绩所为⑤，及开元中置于武成殿者，皆此器也。皇祐中，礼部试《玑衡正天文之器赋》，举人皆杂用浑象事，试官亦自不晓，第为高等。汉以前皆以北辰居天中⑥，故谓之"极星"。自祖亘以玑衡考验天极⑦，不动处乃在极星之末犹一度有馀⑧。熙宁中，予受诏典领历官，杂考星历，以玑衡求极星。初夜在窥管中，少时复出，以此知窥管小，不能容极星游转，乃稍稍展窥管候之。凡历三月，极星方游于窥管之内，常见不隐，然后知天极不动处，远极星犹三度有馀。每极星入窥管，别画为一图。图为一圆规⑨，乃画极星于规中。具初夜、中夜、后夜所见各图之，凡为二百馀图，极星方常循圆规之内，夜夜不差。予于《熙宁历奏议》中叙之甚详。

【注释】

①浑仪：浑天仪，古时候观测天体位置的仪器。

②崇台：高台。

③玑衡：浑天仪的前身。后人也用其代指浑天仪。

④浑象：和天球仪类似。

⑤张衡，陆绩：张衡，字平之，今河南召县人，著名的科学家、文学家，制造了浑象、地动仪等；陆绩，字公纪，今江苏人，精通天文历法。

⑥北辰：北极星。

⑦祖亘：祖晅，南朝时期著名的天文历算家祖冲之的儿子。

⑧极星之末：北极星所在的天区最末端。

⑨圆规：用圆规画出来的正圆形。

【译文】

　　天文学家有浑天仪，是测量天文现象的仪器，被设置于高台上，以观察天文现象，古时候的玑衡就是现在的浑天仪。浑象和天球仪类似，用水冲激它，或者是用水银来作为动力以旋转，放置于密室内，和天球仪的运行也比较相似，张衡、陆绩所制造的仪器，以及开元年间放置于武成殿的仪器，都是这样的器物。皇祐年间，礼部将《玑衡正天文之器赋》作为会试的题目，参加考试的人都混用了浑象的例子，而考试官也不知道其中的道理，于是这些举人被列为及第高等。汉朝之前都认为北极星位于天区的尽头，所以称为"极星"。自从祖亘以玑衡验证了北天极点不动的位置后，才发现是在北极星天区的尽头，距离北极星的视觉距离犹且还有一度有余。熙宁年间，我接受诏命以统领历法官员，曾经考察过星象历法的事宜，并以浑天仪来求证北极星的位置。初夜时北极星的位置还在窥管之中，没多久便游移出窥管之外了，由此可见窥管是非常小的，无法容纳北极星的游移转动，便稍稍将窥管扩大并以此来继续观测。这般经过了三个月，北极星才可以完全在窥管内游动了，一直可以看到而不会再隐去，然后才知道北天极点不动的地方，和北极星的距离还有三度有余。北极星每次进入窥管时，都会另外画上一张图。这张图是用圆规画出的正圆形，并将北极星画在圆形中。只要在初夜、中夜、后夜时看到北极星后都会画在图上，以此总共画了二百多张图，北极星才按照设定的尺度移动，每夜都没有误差。我在《熙宁历奏议》中讲述的已经很详细了。

89. 刻　　漏

【原文】

　　古今言刻漏者数十家[①]，悉皆疏谬[②]。历家言晷漏者，自《颛帝历》至今，见于世谓之大历者，凡二十五家。其步漏之术[③]，皆未合天度[④]。予占天候景[⑤]，以至验于仪象，考数下漏，凡十馀年，方粗见真数，成书四卷，谓之《熙宁晷漏》，皆非袭蹈前人之迹。其间二事尤微：一者，下漏家常患冬月水涩、夏月水利，以为水性如此；又疑冰澌所壅[⑥]，万方理之，终不应法。予以理求之，冬至日行速，天运未期而日已过表[⑦]，故百刻而有馀；夏至日行迟，天运已期而日未至表[⑧]，故不及百刻。既得此数，然后覆求晷景、漏刻，莫不脗合，此古人之所未知也。二者，日之盈缩[⑨]，其消长以渐，无一日顿殊之理。历法皆以一日气短长之中者播为刻分，累损益，气初日衰，每日消长常同，至交一气，则顿易刻衰。故黄道有觚而不圆，纵有强为数以步之者，亦非乘理用算，而多形数相诡。大凡物有定形，形有真数。方圆端斜，定形也；乘除相荡，无所附益，泯然冥会者，真数也。其术可以心得，不可以言喻。黄道环天正圆，圆之为体，循之则其妥至均，不均不能中规衡；绝之则有舒有数，无舒数则不能成妥。以圆法相荡而得衰，则衰无不均；以妥法相荡而得差，则差有疏数。相因以求从，相消以求负；从、负相入，会一术以御日行。以言其变，则秒刻之间，消长未尝同；以言其齐，则止用一衰，循环无端，终始如贯，不能议其隙。此圆法之微，古之言算者有所未知也。以日衰生日积，反生日衰，终始相求，迭为宾主。顺循之以索日变，衡别之求去极之度⑩，合散无迹，泯如运规。非深知造算之理者，不能与其微也。其详具予《奏议》，藏在史官，及予所著《熙宁晷漏》四卷之中。

【注释】

①刻漏：中国古时候的计时器。

②疏谬：疏忽错误。

③步漏之术：用刻漏来计算时间的方法。

④天度：周天的度数。

⑤占天，侯景：占天，观测天象；侯景，测量日影。

⑥冰澌（sī）所壅（yōng）：流水结冰而阻塞了漏嘴。

⑦天运未期而日已过表：天象还没有运行一个周期（还没有运行一天），而日影已经越过了圭表（刻漏已经计时一昼夜）。"未"原作中为"已"。

⑧天运已期而日未至表：原作为"天运未期而日已至表"。

⑨日之盈缩：太阳运行速度的快慢。

⑩去极之度：太阳在黄道时距离北极的度数。

【译文】

　　古今所谈论刻漏的有几十家，都有很多的疏漏和错误。历法家谈论晷漏的，从《颛帝历》至今，见于世人而被称为"大历"的，总共有二十五家。其中用来计算时间的方法，都不合乎天体运行。我曾经观测天象、测量日影，并用相关的浑仪、浑象去验证，参考这些数据并操作刻漏，这般经历了十几年，才得到了初步的接近于真实的数据，并写成了四卷书，称为《熙宁晷漏》，都没有沿袭前人的足迹。其中有两件事比较精妙：第一，操作刻漏的人经常忧患于冬天水流迟缓、夏天水流滑利，并认为水性原本就是这样；又怀疑是因为流水结冰后而堵住了漏嘴，想方设法地想要去调理，却最终没有达到要求。我根据理论对此进行了探讨，冬至日时太阳的运行速度比较快，天象还没有运行一个周期，而刻漏已经计时一昼夜，所以说一天已经超过了一百刻；夏至日的时候太阳运行速度比较

慢，天象运行一个周期，而刻漏计时还没有到一昼夜，所以说这一天还没有到一百刻。既然得到了这些数据，然后再核对晷景、漏刻所得到的数据，没有不吻合的，这一点是古人所不知道的。第二，太阳运行速度的快慢，都是逐渐增长和消减的，没有一天是突然间变动的道理。历法都是依据节气中每天长短的平均值来划分为刻和分，并将每日多余和减少的累积起来，节气刚开始的时候，每天的增长和消减量都是一样的，到了下一个节气，就会突然开始改变差量。所以黄道有了棱角而不再是圆形，即便勉勉强强用这些数据来进行推算，也并不是合乎道理的运算，而大多数都是和数值不相符的。但凡是物体都有明确的形状，每一种形状都有其实际的数值。方、圆、正、斜，都是明确的形状；通过乘除等相关的推算，不会附加任何其他的东西，形状和数值可以完全吻合的，就是和实际数值相符的。这一种运算方法只能在心中领会，而不可以言语相传。黄道围绕着天空为一个正圆，圆这个形体，天体围绕它来运行时盈缩就会达到最为均等的状态，不均等的话就不符合圆的量度；如若不沿着这个轨迹运行那么就会有快有慢，没有快慢也就无法有盈缩。以圆法法度来进行运算，得到的差额没有不均等的；以盈缩的法度来进行运算，得到的差额则是有大有小。将其相乘而求得总值，相除以求得差额；将总值和差额汇总，则衍变成一种计算太阳运行的数学方法。从太阳的运行变化上来谈论，那么每时每秒之间，其增减都不一样；从太阳运行的一致上来看，那么只用一个差额，就可以不停地循环，终始如贯，不能找出其中间断的地方。这一种圆形法度的精微之处，是之前谈论运算的人所不知道的事情。以日差来求得日积差，然后又得到了日差，如此反反复复地运算，宾主交替。顺应着计算就能够得到每日长短的变化，差别推算就可以得出太阳在黄道时距离北极的度数，不管是合算还是分开来算都没有任何的破绽，就好比用圆规画圆一般吻合。如若不是精通推算的人，是无法知道其中的精微之处的。其详细的内容都已经记录在了我的《奏议》中，并被史官所收藏，而且在我所写的《熙宁晷漏》四卷中也记载了这些内容。

90. 二十八宿星

【原文】

予编校昭文书时，预详定浑天仪①。官长问予：“二十八宿，多者三十三度，少者止一度，如此不均，何也？”予对曰：“天事本无度，推历者无以寓其数，乃以日所行分天为三百六十五度有奇②。（日平行三百六十五日有馀而一期天，故以一日为一度也。）既分之，必有物记之，然后可窥而数，于是以当度之星记之。循黄道，日之所行一期，当者止二十八宿星而已。（度如伞橑，当度谓正当伞橑上者。故车盖二十八弓，以象二十八宿。则予《浑仪奏议》所谓‘度不可见，可见者星也’。日月五星之所由，有星焉。当度之画者凡二十有八，谓之‘舍’。“舍”所以挈度，所以生数也。）今所谓‘距度星’者是也。非不欲均也，黄道所由当度之星，止有此而已。”

【注释】

①预：参与。
②奇：零头。

【译文】

我编校昭文馆中的书籍时，曾经参与过浑天仪的详细审定工作。长官问我：“二十八星宿之间的距离，多的有三十三度，少的只有一度，这般不均匀，为什么呢？”我回答说：“天体的事情原本就没有度，推算历法的人没办法使用他们的推算数据，所以只能运用太阳运行的轨道而将周天划分为三百六十五度多一点点。（太阳的运行周期平均为三百六十五天多一点，所以周天便以太阳一天所运行的距离作为一度。）既然要划分周天，那么就必须要有参照物来记述，然后才可以去测量和计算，于是便以正在黄道周围的星体作为分度界点的标志。遵循着黄道，太阳运行一周，那么能够作为分度界点的也只有二十八星宿而已。（分度界点如同伞的弓形架条，所谓当度是正好处于伞的弓上。所以车盖会有二十八个弓架，以象征二十八个星宿。就是我在《浑仪奏议》说的‘度是不可以看到的，可以看到的是星星。'日月五星所经过的地方，也有很多能够看到的星星。而可以作为分度界点的大概只有二十八星宿的星官，称为'舍'。'舍'能够提携分度，又能够生度数的。）而今所谓的'距度星'说的就是这种星。并不是天文家不想将它们均匀划分，而是在太阳所运行的黄道上能够当作分度界点的，也就只有这些而已了。"

91. 日月之形

【原文】

又问予以"日月之形如丸邪？如扇也？若如丸，则其相遇，岂不相碍？"予对曰："日月之形如丸。何以知之？以月盈亏可验也。月本无光，犹银丸，日耀之乃光耳。光之初生，日在其傍，故光侧而所见才如钩；日渐远，则斜照，而光稍满。如一弹丸，以粉涂其半，侧视之，则粉处如钩；对视之，则正圆，此有以知其如丸也。日、月，气也，有形而无质，故相值而无碍①。"

【注释】

①值：相遇。

【译文】

长官又问我说"太阳和月亮的形状是像个球呢，还是像把扇子呢？如果像个圆球，那么它们相遇的时候，岂不是要相互妨碍？"我回答说："太阳、月亮的形状犹如圆球，是从何知道的呢？通过月亮的盈亏便可以验证。月亮原本是没有光的，就好比一个银球一样，太阳照射它时它才会发光。月光初生时，太阳在它的旁边，所以光源在它的一侧，人们所见到的月亮就如同一个弯钩；太阳渐渐远离月亮，光源斜照过来，那么月光就开始变得圆满。犹如一个圆球，用粉涂抹它表面的一半，从侧面看它，那么涂粉的地方就好比弯钩；和它对视，那么就是一个正圆，由此可以知道太阳、月亮都是一个圆球。太阳、月亮，是气体的凝结，有形状而没有实质，所以在相遇的时候也不会相互妨碍。"

92. 日食月食

【原文】

又问："日月之行，月一合一对①，而有蚀不蚀，何也？"予对曰："黄道与月道②，如二环相叠而小差。凡日月同在一度相遇，则日为之蚀；在一度相对，则月为之亏。虽同一度，而月道与黄道不相近，自不相侵；同度而又近黄道、月道之交，日月相值，乃相凌掩。正当其交处，则蚀而既③；不全当交道，则随其相犯浅深而蚀。凡日蚀，当月道自外而交入于内，则蚀起于西南，复于东北；自内而交出于外，则蚀起于西北而复于东南。日在交东，则蚀其内；日在交西，则蚀其外。蚀既，则起于正西，复于正东。凡月蚀，月道自外入内，则蚀起于东南，复于西北；自内出外，则蚀起于东北，而复于西南。月在交东，则蚀其外；月在交西，则蚀其内。蚀既，则起于正东，复于西。交道每月退一度馀，凡二百四十九交而一期。故西天法罗睺、计都皆逆步之④，乃今之交道也。交初谓之'罗睺'，交中谓之'计都'⑤。"

【注释】

①一合一对：一次会合，一次正对。天文学上，将月亮和太阳的黄经相等称为"合"，又称为"日月交会"等，两者的黄经相差180°，则称为"望"，"望"便是"对"。

②月道：天文学上一般称为白道，月亮的视运动在天球上的运行轨迹。

③蚀而既：指的是日全食或者是月全食。

④罗睺（hóu）、计都：古时候星占家所说的二星名。

⑤交初、交中：古时候的天文学中所说的黄道和白道的两个交点的名称。

【译文】

又问我说："太阳和月亮的运行，每个月都会发生一次会合、一次正对，有时会发生日食、月食，有时又不会发生，这是什么原因呢？"我回答说："黄道和月道，就好比两个圆环相互重叠而又相互有所偏差。但凡太阳和月亮在同一个经度相遇的时候，那么就会出现日食；在同一个经度正对的时候，就会发生月食。虽然在同一个经度，如若月道和黄道不相近的话，太阳和月亮自然也就不会相互侵犯；在同一经度而又接近于黄道、月道的交点，太阳和月亮相遇的时候，就会互相侵犯遮掩。当它们正好在黄道、月道的交点相遇时，就会发生日全食或者月全食；如若它们在相遇的时候没有在这个交点上，那么就会随着它们相互侵犯的深浅而发生偏食。凡是日食，月亮通过交点自黄道以南而进入黄道以北，那么日食就会在交点的西南方向出现，太阳则在交点的东北方向；如若月亮通过交点自黄道以北而进入黄道以南，那么日食就会在交点的西北方向出现，而太阳则位于交点的东南方向。太阳如果在交点的东面，那么日食便会在交点的北面出现；如果太阳在交点的西面，那么日食就会出现在交点的南面。如果是日全食，那么就会在交点的正西面出现，而太阳又在交点的正东方向出现。凡是月食，月亮从黄道以南进入到黄道以北的时候，那么月食就会出现在交点的东南方向，月亮则在交点的西北方向；如若月亮是从黄道以北而进入到黄道以南，那么月食则会在交点的东北方向出现，而月亮则又复原于交点的西南方向。月亮在交点的东面，那么月食就会出现在交点的南面；月亮在交点的西面，那么月食就会发生在交点的北面。月全食，则是交点的正东方向，而月亮则又在交点西面复原。每月黄道和白道的交点都会西退一度多，但凡二百四十九次交会时为一个周期。所以在西天印度历法中，罗睺、计都两星都是依据其逆行来设定运算的，此二星便是我们现在的黄道和白道的两个交点。交初点称为'罗睺'，交中点称为'计都'。"

93.《崇天历》和《明天历》

【原文】

庆历中①，有一术士姓李，多巧思。尝木刻一"舞钟馗"②，高二三尺，右手持铁简③，以香饵置钟馗左手中。鼠缘手取食，则左手扼鼠，右手运简毙之。以献荆王④，王馆于门下。会太史言月当蚀于昏时，李自云："有术可禳。"荆王试使为之，是夜月果不蚀。王大神之，即日表闻，诏付内侍省问状。李云："本善历术，知《崇天历》蚀限太弱⑤，此月所蚀，当在浊中。以微贱不能自通，始以机巧干荆邸，今又假禳禬以动朝廷耳⑥。"诏送司天监考验。李与判监楚衍推步日月蚀，遂加蚀限二刻，李补司天学生。至熙宁元年七月，月辰蚀东方，不效。却是蚀限太强，历官皆坐谪。令监官周琮重修⑦，复减去庆历所加二刻。苟欲求熙宁月蚀，而庆历之蚀复失之，议久纷纷，卒无巧算，遂废《明天》⑧，复行《崇天》。至熙宁五年，卫朴造《奉元历》⑨，始知旧蚀法止用日平度，故在疾者过之，在迟者不及。《崇》《明》二历加减，皆不曾求其所因，至是方究其失。

【注释】

①庆历：宋仁宗赵祯的年号。

②钟馗：古时候民间传说中捉鬼驱邪的判官。

③铁简：狭长的铁板子。

④荆王：宋英宗赵曙的第四个儿子。

⑤《崇天历》：宋朝时期的历法之一。

⑥禳禬（ráng guì）：为了消除灾祸、祛除疾病而举行的祭祀。

⑦周琮：宋英宗时期的殿中丞判司天监事。

⑧《明天》：《明天历》。

⑨卫朴：淮南人，原为普通百姓，后被沈括推荐，编制《奉元历》。

【译文】

庆历年间，有一个姓李的术士，善于巧思。曾经雕刻了一个木头人"舞钟馗"，高二三尺，右手拿着狭长的铁板子，钟馗的左手放着很香的饵料。老鼠顺着香味去吃饵料的时候，那么它的左手便会抓住老鼠，右手会用铁板将老鼠打死。这个术士将它献给了荆王，荆王便让他当了自己的门客。恰逢太史说黄昏时候发生了月食，李姓术士自己出来回答："有方法可以消除。"荆王让他试着去消除月食这一现象，当天晚上果然就没有发生月食了。荆王感觉很是神奇，当天便将这件事情上奏给了皇帝，皇帝下诏交给内侍省询问这件事情的来龙去脉。李姓术士说："我原本就擅长历法、法术，知道《崇天历》的月食食限很弱，这次的月食，应该是在地平线以下。以我自身的卑微而无法上奏给官府，所以开始才会用一个小木头人投机取巧于荆王的府邸，而今又假借去除月食的事情来吸引朝廷的注意而已。"于是皇帝诏令将他送往司天监以验证他的说法。李姓术士和判监楚衍推算日食和月食，随后在食限上又添加了两刻，李姓术士便被授予司天学生。到熙宁元年七月，根据推算日食应该会在东方出现，却没有应验。这是因为食限过强的原因，各位历法官员都遭到了贬谪。皇帝命令监官周琮重新修订历法，又减去了庆历年间所加上的二刻。这样一来想要算清熙宁年间的这次月食，那么庆历年间的那次月食便是不准确的了，对此争论很多，最终也没有得出一个巧妙的算法，于是便废除了《明天历》，又推行《崇天历》。到了熙宁五年，卫朴编制出了《奉元历》，才开始知道旧时推算日食月食的方法仅仅使用了太阳运行时的平均速度，所以太阳运行快时就会超时，运行的慢时便会不足。对《崇天历》《明天历》两种历法所使用的加减食限的方法，都不曾考究过其中真正的原因，直到现在才算是知道了其中失误的地方。

卷八·象数二

　　《象数二》只收录了三篇，是对《象数一》的补充，主要有月有九道非实有、五星行度、天文院与司天监之弊等内容。

94. 月有九道非实有

【原文】

历法，天有黄、赤二道，月有九道。此皆强名而已，非实有也。亦由天之有三百六十五度，天何尝有度？以日行三百六十五日而一期，强为之"度"，以步日月五星行次而已。日之所由，谓之"黄道"；南北极之中度最均处①，谓之"赤道"。月行黄道之南，谓之"朱道"；行黄道之北，谓之"黑道"。黄道之东，谓之"青道"；黄道之西，谓之"白道"。黄道内外各四，并黄道为九。日月之行，有迟有速，难可以一术御也。故因其合散，分为数段，每段以一色名之，欲以别算位而已。如算法用赤筹、黑筹，以别正、负之数。历家不知其意，遂以为实有九道，甚可嗤也。

【注释】

①中度最均处：天球赤道平面。天球赤道在北极、南极的中间，所以说是"中度最均处"。

【译文】

历法上，天球上有黄道、赤道两道，月球上有九道。这些都是人类为其命名的，并非是它们实际的运行轨道。就好比人们认为天有三百六十五度，只是天又何尝有度数呢？以太阳运行的周期为三百六十五天，人们便将其强称为"度"，只不过是为了测量日月五星运行的位置罢了。太阳所运行的轨道，称为"黄道"；南北两极的最中间位置，称为"赤道"。月亮在黄道之南运行，称为"朱道"；在黄道之北运行，称为"黑道"；在黄道之东运行，称为"青道"；在黄道之西运行，称为"白道"。黄道内外还有四条运行轨道，再加上黄道本身就是九条轨道。太阳、月亮的运行，有时慢有时快，很难用一种方式去测量。所以依据它们的合散，来划分为几段，每一段都以一种颜色来命名，只是为了区分测量的方位罢了。就好比算法上用赤筹、黑筹，以此来区分正、负数。历法家不知道其中的含义，于是便认为月亮确实有九道，实在是让人耻笑啊。

95. 五星行度

【原文】

予尝考古今历法，五星行度①，唯留逆之际最多差。自内而进者，其退必向外②；自外而进者，其退必由内。其迹如循柳叶，两末锐，中间成还之道，相去甚远。故两末星行成度稍迟，以其斜行故也；中间成度稍速，以其径绝故也。历家但知行道有迟速，不知道径又有斜直之异。熙宁中，予领太史，令卫朴造历，气朔已正，但五星未有候簿可验③。前世修历，多只增损旧历而已，未曾实考天度。其法须测验每夜昏、晓、夜半月及五星所在度秒，置簿录之，满五年，其间剔去云阴及昼见日数外，可得三年实行，然后以算术缀之。古所谓"缀术"者，此也。是时司天历官，皆承世族，隶名食禄，本无知历者，恶朴之术过己，群沮之，屡起大狱。虽终不能摇朴，而候簿至今不成。《奉元历》五星步术，但增损旧历，正其甚谬处，十得五六而已。朴之历术，今古未有，为群历人所沮，不能尽其艺，惜哉。

【注释】

①五星：金、木、水、火、土。

②内，外：内，黄道以北；外，黄道以南。

③候簿：记录天文现象的簿子。

【译文】

我曾经考究古今历法中五星运行的度数，只有五星留逆的时候误差是最多的。从黄道以北向北前行的五星，它退行的时候一定趋向于黄道以南；从黄道以南向南运行的，它退行的时候一定会趋向于黄道以北。五星的运行轨迹犹如柳叶的形状，两边尖锐，中间往来的轨道，则是相距甚远。所以五星在运行轨迹的末端运行速度比较慢，这是因为它们斜行的原因；五星在中间的运行速度会稍微快一些，这也是因为它们直行的缘故。历法家只知道五星运行的速度有快有慢，但不知道五星运行的轨迹还有斜、直之分。熙宁年间，我任职太史，让卫朴编制历法、节气等，一些事物已经修正过来，但是五星并没有供以检验的天文观测记录。前世修整的历法，大多只是增损旧历上的文字罢了，未曾切实地考察天象。这种方法便是要在每天的黄昏、拂晓、半夜时分测验月亮以及五星所在的度数时分，并记录在簿内，如此坚持五年，其间剔掉阴天以及白天出现五星的天数，可以得到三年的实际运行数据，然后再根据这个数据来计算连接。古人所说的"缀术"，指的就是这样了。当时司天监的历法官员，大多是继承家族的事业，徒享俸禄名号，原本都是一些不知道历法的人，他们厌恶卫朴的历法算术超过了自己，便群起而攻之，多次制造大案想要陷害卫朴。虽然最终都没能动摇卫朴，但是记录五星运转的事情至今还一无所成。《奉元历》中五星的运算方法，也只是增损了旧历，纠正了其中比较荒谬的地方，准确率也不过十之五六而已。卫朴的历法算术，古今人从未有过，被一群历法人所排挤、阻碍，无法将他全部的才能发挥出来，真是非常可惜啊！

96. 天文院与司天监之弊

【原文】

国朝置天文院于禁中①，设漏刻、观天台、铜浑仪，皆如司天监，与司天监互相检察。每夜天文院具有无谪见、云物、祯祥及当夜星次②，须令于皇城门未发前到禁中。门发后，司天占状方到，以两司奏状对勘，以防虚伪。近岁皆是阴相计会③，符同写奏，习以为常，其来已久，中外具知之④，不以为怪。其日月五星行次，皆只据小历所算躔度誊奏⑤，不曾占候，有司但备员安禄而已。熙宁中，予领太史，尝按发其欺⑥，免官者六人。未几，其弊复如故。

【注释】

①国朝，天文院，禁中：国朝，宋朝；天文院，宋朝时期专门进行天文观测的研究机构；禁中，皇帝所处的宫内。

②星次：五星运行的位置。

③阴相计会：私下里商量好。

④中外：宫内和宫外。

⑤小历，躔（chán）度：小历，开始于唐朝末期时的一种民间历法；躔度，日月星辰运行的度数。

⑥按发：揭发。

【译文】

宋朝将天文院设置在皇宫内，设有漏刻、观天台、铜浑仪，都和司天监一样，和司天监相互检验查验。每天晚上天文院都要记录下星云的变换情况、星云的颜色、吉祥的征兆以及当天晚上五星运行的位置等，而且必须在皇城门还没有打开之前送往

宫中。皇城门打开之后，司天监的星象监测结果才送达宫中，然后再把这两个机构的监测结果相互对比检验，以此来防止弄虚作假的现象。近些年来这两个部门都是私下里商议好，将上奏的结果都写的一模一样，并都习以为常，这样的做法已经很久了，宫内宫外都知道，并不为此感到奇怪。他们所上奏的日月五星运行的位置，都只是根据民间的历法来推算出来的日月五星的运行度数，都不曾进行过实际的监测，有相关部门只是安置了人员空享俸禄罢了。熙宁年间，我任职太史令，曾经揭发了他们的欺骗行为，被因此免官的有六个人。没多久，这种弊病就又和之前一样了。

卷九·人事一

  《人事一》卷，所记述的人物逸事大多都是比较正面的，并没有过多地涉及人事利害。不过，对于人事正面的叙述，也仅限于逸事的本身，记录了一些对人有所启发的事情，所以并没有阿谀奉承的话语，也没有过多的猎奇之心。

97. 寇忠愍镇物

【原文】

景德中，河北用兵，车驾欲幸澶渊，中外之论不一，独寇忠愍赞成上意①。乘舆方渡河②，虏骑充斥至于城下，人情恟恟③。上使人微觇准所为④，而准方酣寝于中书，鼻息如雷。人以其一时镇物，比之谢安⑤。

【注释】

①寇忠愍（mǐn）：寇准。

②乘舆：古时候皇帝的车驾。

③恟恟（xiōng）：凶凶，心情浮躁不安。

④微觇（chān）：暗中窥探。

⑤谢安：东晋孝武帝时期的宰相。

【译文】

景德年间，河北地区发生了战事，皇帝想要御驾亲征澶渊，对此朝中内外争论不一，唯独寇准赞成皇帝御驾亲征的主意。皇帝的车驾刚刚渡过黄河，敌军的铁骑已经兵临澶渊城下，人心惶恐不安。皇上暗中派人观察寇准的所作所为，而寇准正在中书省酣睡，鼾声如雷。人们便认为寇准在危机时候可以镇住人心，堪比东晋宰相谢安。

98. 张谔约仕至县令则致仕而归

【原文】

武昌张谔好学能议论①，常自约仕至县令则致仕而归，后登进士第，除中允。谔于所居营一舍，榜为"中允亭"，以志素约也。后谔稍稍进用，数年间为集贤校理、直舍人院、检正中书五房公事、判司农寺。皆要官，权任渐重，无何坐事夺数官，归武昌，未几捐馆②，遂终于太子中允。岂非前定？

【注释】

①张谔：唐朝人士。

②捐馆：去世。一种委婉的说法。

【译文】

武昌人张谔好学而且喜欢发表意见，自己曾经给自己约定做官做到县令的时候便辞官回乡，后来登进士第，授予中允职位。张谔在自己的房舍处又营造了一间房子，并题为"中允亭"，以此来昭示之前的约定。后来张谔逐渐被提拔重用，几年间便做了集贤校理、直舍人院、检正中书五房公事、同判司农寺。都是要职，权力也慢慢地加重，没多久又因事而被罢免了这些官职，回到了武昌，没过多长时间他便去世了，于是其最终的官位是太子中允。这难道不是冥冥之中所注定的吗？

99. 许怀德之礼

【原文】

许怀德为殿帅①，尝有一举人，因怀德乳姥求为门客，怀德许之。举子曳襕拜于庭下②，怀德据座受之。人谓怀德武人，不知事体，密谓之曰："举人无没阶之礼③，宜少降接也。"怀德应之曰："我得打乳姥关节秀才，只消如此待之！"

【注释】

①许怀德：字师古，今河南开封人，曾任职殿前指挥使。

②襕（lán）：上下衣相连的服饰。

③无没阶之礼：迎送宾客的礼仪。此处指接见举人的时候，主人不必从堂前台阶上走下来，但也应该象征性地走下几个台阶，以表示对举人的尊重。

【译文】

许怀德做殿帅的时候，曾经有一个举人，因为许怀德的乳母为其说情让他做门客，许怀德答应了。举人穿着襕衣在庭下拜见许怀德，许怀德坐在堂中接受了他的礼仪。人们说许怀德这个人只是一介武夫，不识大体，便有人私下里对他说："您接见举人的时候虽然不用从台阶上完全走下去，但也应该稍微走下几个台阶接见他。"许怀德回应说："我得到的是一个通过我乳母介绍而来的秀才，也只需要以这样的礼节来对待他。"

100. 夏文庄禀赋异于人

【原文】

夏文庄性豪侈①，禀赋异于人：才睡，即身冷而僵，一如逝者；既觉，须令人温之，良久方能动。人有见其陆行，两车相连，载一物巍然，问之，乃绵帐也，以数千两绵为之。常服仙茅、钟乳、硫黄，莫知纪极。晨朝每食钟乳粥。有小吏窃食之，遂发疽，几不可救。

【注释】

①夏文庄：夏竦，字子乔，北宋大臣、古文字学家，最初的谥号为"文正"，之后改为了"文庄"。

【译文】

夏文庄生性喜欢豪华奢侈，禀赋异于常人：才刚入睡，其身体便立即变冷而且很僵硬，犹如死人一般；等到睡醒的时候，需要让人上前暖着他，如此很长时间才能够活动。有人看到过他出行的场面，两辆车相互连接在一起，车上装着一个巍然大物，问了之后，原来是绵帐，是用几千两绵制作而成的。他经常服用仙茅、钟乳、硫黄，不知道其用药的极限在哪里。每天早上上朝的时候都需要吃钟乳粥。有个小吏偷偷地吃了一点，于是便引发了恶疮，差点为此丢了性命。

101. 郑毅夫以第一名及第

【原文】

郑毅夫自负时名①，国子监以第五人选，意甚不平。谢主司启词，有"李广事业，自谓无双；杜牧文章，止得第五"之句。又云："骐骥已老，甘驽马以先之；臣鳌不灵，因顽石之在上。"主司深衔之。他日廷策，主司复为考官，必欲黜落，以报其不逊。有试业似獬者，枉遭斥逐，既而发考卷，则獬乃第一人及第。

【注释】

①郑毅夫：郑獬（xiè），字毅夫，号云谷，今江西宁都梅江镇西门人。

【译文】

郑毅夫自以为当时颇有盛名，却被国子监列为选送的第五名，心中恨意难平。便在辞别主考官的书信中，写有"李广事业，自谓无双；杜牧文章，止得第五"的句子。又说："骐骥已老，甘驽马以先之；臣鼊不灵，因顽石之在上。"主考官员因此对他深恶痛绝。到了皇帝御试的这天，这个主考官再次担任考官，心想一定要让郑毅夫落榜，以此来报复他的出言不逊。有试卷风格比较像郑毅夫的，便白白遭到排斥、落榜；最后开始揭示考卷封上的名字时，郑毅夫却以第一名的成绩被录取了。

102. 欧阳修弃黜新文

【原文】

又嘉祐中，士人刘几①，累为国学第一人。骤为怪崄之语，学者翕然效之，遂成风俗。欧阳公深恶之。会公主文，决意痛惩，凡为新文者，一切弃黜，时体为之一变，欧阳之功也。有一举人论曰："天地轧，万物茁，圣人发。"公曰："此必刘几也。"戏续之曰："秀才刺，试官刷。"乃以大朱笔横抹之，自首至尾，谓之"红勒帛"，判大纰缪字榜之。既而果几也。复数年，公为御试考官，而几在庭。公曰："除恶务力，今必痛斥轻薄子，以除文章之害。"有一士人论曰："主上收精藏明于冕旒之下。"公曰："吾已得刘几矣。"既黜，乃吴人萧稷也。是时试《尧舜性仁赋》，有曰："故得静而延年，独高五帝之寿；动而有勇，形为四罪之诛。"公大称赏，擢为第一人，及唱名，乃刘辉。人有识之者曰："此刘几也，易名矣。"公愕然久之。因欲成就其名，小赋有"内积安行之德，盖禀于天"，公以谓"积"近于学，改为"蕴"，人莫不以公为知言。

【注释】

①刘几：字伯寿，今河南人。

【译文】

又有嘉祐年间，士人刘几，多次被国子监选为第一名。他特意写一些怪诞晦涩的语言，学者们也都纷纷效仿，于是便渐渐变成了风俗。欧阳修对此非常厌恶。正好轮到欧阳修主持考试的事宜，他便决定利用这次机会严惩这种现象，凡是以这种风格写文的人，通通都被剔除。当时的文风为之一变，这是欧阳修的功劳。有一个举人策论说："天地轧，万物茁，圣人发。"欧阳修说："这个人必定是刘几。"继而戏谑地续写道："秀才剌，试官刷。"随后就用大红笔横向涂抹了这篇文章，从头到尾，称为"红勒帛"，并把批示出来的大批缪字全部公布出去。最后这个人果然就是刘几。又过了几年，欧阳修为御试考官，而刘几也正好参加考试。欧阳修说："除恶务力，而今一定要痛斥言语轻薄之人，以此来去除文章的弊端。"有一个士人策论说："主上收精藏明于冕旒之下。"欧阳修说："我已经找到刘几了。"既而将其罢黜，之后才发现是吴人萧稷。当时的考试题目是《尧舜性仁赋》，有人写道："故得静而延年，独高五帝之寿；动而有勇，形为四罪之诛。"欧阳修大加赞赏，并将其提拔为第一名，等到公布姓名的时候，此人乃是刘辉。有认识的人说："这是刘几，只是改了名字。"欧阳修为此愕然了很久。因而想要帮刘几成就名声，小赋中有"内积安行之德，盖禀于天"的句子，欧阳修便认为"积"和学的含义接近，应该改为"蕴"，人们都认为欧阳修是明白他的文意的。

103. 王东城善知人

【原文】

古人谓贵人多知人，以其阅人物多也。张邓公为殿中丞，一见王东城，遂厚遇之，语必移时①。王公素所厚唯杨大年，公有一茶囊，唯大年至，则取茶囊具茶，他客莫与也。公之子弟，但闻"取茶囊"，则知大年至。一日公命"取茶囊"，群子弟皆出窥大年，及至，乃邓公。他日，公复取茶囊，又往窥之，亦邓公也。子弟乃问公："张殿中者何人，公待之如此？"公曰："张有贵人法，不十年当据吾座。"后果如其言。

【注释】

①王东城：王旦，字子明，今山东人，北宋名相，谥号文正。

【译文】

古人称贵人大多都善于识人，是因为他们阅人无数的缘故。张邓公任职殿中丞，一见到他，王东城便对他厚待有加，和他谈话的时间也非常长。王东城向来只厚待杨大年，他有一个茶囊，只有杨大年来的时候，才会取出茶囊泡茶，其他的客人不会受到这样的待遇。王东城家的子弟，只要听"取茶囊"，就知道是杨大年来了。一天王东城命人"取茶囊"，众子弟都出来看杨大年，等到之后，才发现是邓公。又有一日，王东城又取茶囊，众子弟又前去窥视，还是邓公。于是子弟便问王东城："张某人是什么人，您要如此厚待他？"王东城说："张邓公有贵人的模样，不出十年定会接替我的职位。"后来果然如他所言。

104. 德一而报效之不同

【原文】

王延政据建州①，令大将章某守建州城，尝遣部将刺事于军前，后期当斩；惜其材，未有以处，归语其妻。其妻连氏有贤智，私使人谓部将曰："汝法当死，急逃乃免。"与之银数十两，曰："径行，无顾家也。"部将得以潜去，投江南李主，以隶查文徽麾下。文徽攻延政，部将适主是役。城将陷，先谕城中："能全连氏一门者，有重赏。"连氏使人谓之曰："建民无罪，将军幸赦之。妾夫妇罪当死，不敢图生。若将不释建民，妾愿先百姓死，誓不独生也。"词气感慨，发于至诚。不得已为之，戢兵而入，一城获全。至今连氏为建安大族，官至卿相者相踵，皆连氏之后也。

又李景使大将胡则守江州②，江南国下，曹翰以兵围之三年③，城坚不可破。一日，则怒一饔人鲙鱼不精④，欲杀之。其妻遽止之曰："士卒守城累年矣，暴骨满地，奈何以一食杀士卒耶？"则乃舍之。此卒夜缒城，走投曹翰，具言城中虚实。先是，城西南依崄，素不设。卒乃引王师自西南攻之。是夜城陷，胡则一门无遗类。二人者，其为德一也，何其报效之不同？

【注释】

①王延政：人称十三郎，今河南固始人。

②李景：南唐后主李璟。

③曹翰：今河北大名人。

④饔（yōng）人：厨师。

【译文】

王延政占据建州，命令大将章某驻守建州城，章某曾经派遣自己的部将前去打探军情，却因为延误了日期而理应受到斩刑；章某爱惜他的才能，并没有将他处斩，章某回去之后将这件事情告诉了妻子。他的妻子连氏是个贤能智慧的人，她私下里对这个部将说："依法你应该会被处死，还是快快逃走以免杀身之祸。"并给了他几十两银子，说："你直接走吧，不需要顾及家里。"这个部将得以潜逃，投奔江南李主，隶属于查文徽的帐下。查文徽带兵攻打王延政，这个部将恰好是这一次进攻的主将。建州城将要被攻陷的时候，他对城中的人说："能够保全连氏一门的人，有重赏。"连氏派人对他说："建州城的百姓没有罪，请将军赦免他们。我罪该当死，不敢图生。如果不释放建州城的百姓，我愿意先死在百姓前面，誓死不会独活。"这些话语让人感慨万千，尤为至诚。这个部将不得已为之，约束进城的部下，整个城池的百姓才得以保全。至今连氏一族乃是建安的大族，官至卿相的人绵延不断，都是连氏的后人。

又有李璟派遣大将胡则驻守江州，国都被攻陷之后，曹翰带兵围攻江州三年，江州城牢不可破。一天，胡则因一个厨师烹煮的鱼味道不好而发怒，想要将这个厨师杀掉。他的妻子急忙阻止他说："士兵们坚守城池已经有好几年了，尸骨满地，又怎能因为一道食物而将士兵杀死呢？"胡则这才放了他。这个士兵连夜用绳子出城，投奔到曹翰帐下，将城中的虚实一一告之。之前，因为城西南地势险要，所以向来没有设防。这个士兵便引着曹翰的部队从西南方向攻城。当夜便攻下了城池，胡则一门没有一个存活下来的。他们二人的妻子，给予别人的恩惠都是一样的，为何回报却又如此的不同呢？

105. 王文正太尉局量宽厚

【原文】

王文正太尉局量宽厚，未尝见其怒。饮食有不精洁者，但不食而已。家人欲试其量，以少埃墨投羹中①，公唯啖饭而已。问其何以不食羹？曰："我偶不喜肉。"一日，又墨其饭，公视之曰："吾今日不喜饭，可具粥。"其子弟愬于公曰："庖肉为饔人所私②，食肉不饱，乞治之。"公曰："汝辈人料肉几何③？"曰："一斤，今但得半斤食，其半为饔人所废④。"公曰："尽一斤可得饱乎？"曰："尽一斤固当饱。"曰："此后人料一斤半可也。"其不发人过皆类此。尝宅门坏，主者彻屋新之，暂于廊庑下启一门以出入。公至侧门，门低，据鞍俯伏而过，都不问。门毕，复行正门，亦不问。有控马卒，岁满辞公，公问："汝控马几时？"曰："五年矣。"公曰："吾不省有汝。"既去，复呼回，曰："汝乃某人乎？"于是厚赠之。乃是逐日控马，但见背，未尝视其面，因去见其背，方省也。

【注释】

①埃墨：使……变黑的灰土，此处指的是锅灰。
②饔（yōng）人：厨师。

③料肉：定量供应的肉。

④庾（sōu）：藏。

【译文】

王文正太尉为人宽厚有器量，从未见过他发怒的模样。饮食如若有不干净的情况，他也只是不吃罢了。家人便想要试试他的肚量，于是便在他的肉羹中投入了少量的锅灰，王文正便只把米饭吃掉了。家人问他为什么不吃肉羹？王文正回答说："我偶尔不想吃肉。"又有一次，把他的饭弄上了锅灰，王文正看到后说："我今天不喜欢吃饭，可以只吃粥。"他的弟子曾经对王文正诉说："肉都让厨师私下里拿了，肉吃不饱，乞求惩治厨师。"王文正说："你们每天应得的肉量是多少？"回答说："一斤，今天却只得到了半斤，另外半斤让厨师藏起来了。"王文正说："如若给够你们一斤肉可以吃得饱吗？"弟子回答说："给够一斤肉自然是吃得饱。"王文正说："此后每个人可以分得一斤半的肉。"王文正不喜欢揭发别人过失的故事大都类似于此。曾经王文正的宅门坏掉了，管家拆掉之后想要重新修缮，暂时从门廊下面开启了一扇侧门以供人出入。王文正来到侧门，侧门比较低，便趴在马鞍上过去，什么都没有问。宅门修好后，才又从正门走，他还是什么都不问。有一个负责牵马的士兵，服役满了之后来向王文正辞行，王文正说："你牵马多长时间了？"士兵回答说："五年。"王文正说："我却不记得你。"士兵离去时，王文正又将他叫回来，说："你是某人吗？"于是便赠给了这个士兵不少的财物。原来这个士兵每天牵马时，王文正只看到了他的后背，而从未看到过他的正面，当士兵告别离开的时候看到了他的后背，才想起来他是谁。

106. 蔡河下曲有一豪家

【原文】

石曼卿居蔡河下曲，邻有一豪家，日闻歌钟之声。其家僮仆数十人，常往来曼卿之门。曼卿呼一仆，问："豪为何人？"对曰："姓李氏，主人方二十岁，并无昆弟，家妾曳罗绮者数十人。"曼卿求欲见之，其人曰："郎君素未尝接士大夫，他人必不可见。然喜饮酒，屡言闻学士能饮酒，意亦似欲相见，待试问之。"一日，果使人延曼卿，曼卿即著帽往见之。坐于堂上，久之方出。主人者头巾，系勒帛，都不具衣冠。见曼卿，全不知拱揖之礼。引曼卿入一别馆，供张赫然。

坐良久，有二鬟妾各持一小槃至曼卿前，槃中红牙牌十馀。其一槃是酒名，凡十余品，令曼卿择一牌；其一槃肴馔名，令择五品。既而二鬟去，有群妓十馀人，各执肴果、乐器，妆服、人品皆艳丽粲然。一妓酌酒以进，酒罢乐作；群妓执果肴者，萃立其前，食罢则分列其左右，京师人谓之"软槃"。酒五行，群妓皆退，主人者亦翻然而入，略不揖客，曼卿独步而出。曼卿言："豪者之状，懵然愚駥①，殆不分菽麦，而奉养如此，极可怪也。"他日试使人通郑重，则闭门不纳，亦无应门者。问其近邻，云："其人未尝与人往还，虽邻家亦不识面。"古人谓之"钱痴"，信有之。

【注释】

①愚駥（ái）：愚笨痴呆。

【译文】

石曼卿居住在蔡河下曲，邻居是一个富豪之家，每天都可以听到从里面传出的乐器声。这家有几十个童仆，经常从石曼卿的家门口路过。石曼卿叫住一个童仆，问："这个富豪是什么人？"童仆回答说："李氏，主人刚刚二十岁，没有兄弟，穿着罗绮的家妾有几十个人。"石曼卿想要见见他，这个童仆说："我们家主人连士人都未曾来往过，其他人等一定是不可以见的。不过主人喜欢喝酒，多次听说您也能饮酒，他也想和您见面，等我试着去询问一下吧。"一天，这个富豪果然派人去请石曼卿，石曼卿即刻戴好帽子便前去了。石曼卿坐在这家人的客厅里，很久之后主人才出来招待他。主人戴着头巾，系着丝腰带，连会客时的服装都没有穿。看到石曼卿，全然都不知道行拱揖之礼。他将石曼卿带到另一个房间内，陈设很是富丽堂皇。坐了很久之后，有两个丫鬟各自拿着一个小盘子来到石曼卿面前，盘子里放着十几枚红牙牌。其中的一个盘子里写的是酒名，共有十几种，让石曼卿选择其中的一种；另一个盘子里装的是菜肴名，让石曼卿选择五种。既而两个丫鬟离开，又有十几个女子，各自拿着肴果、乐器，妆服、人品都艳丽粲然。一个女子斟好酒送上来，喝完酒后便开始奏乐；其他的女子拿着水果菜肴，簇拥在他们两个人面前，用完餐后这些女子又分列在他们左右，京师的人称为"软盘"。酒过五巡，这些女子就全部退下了，主人也翩然进去，并没有行送客之礼，石曼卿独自从他家里离开。石曼卿说："富豪的样子，懵然而又愚呆，大概连豆子和麦子都分不清，而却又有如此优厚的待遇，是极为奇怪的事情。"他日石曼卿又让人前去问候，这家人却是闭门不应，也没有人来回话。问他附近的邻居，说："这个人从未和他人来往过，虽然是邻居，但也不知道他长什么样子。"古人所说的"钱痴"，果然是有的。

107. 杜 五 郎

【原文】

　　颍昌阳翟县有一杜生者，不知其名，邑人但谓之"杜五郎"。所居去县三十馀里①，唯有屋两间，其一间自居，一间其子居之。室之前有空地丈馀，即是篱门，杜生不出篱门凡三十年矣。黎阳尉孙轸曾往访之，见其人颇萧洒，自陈："村民无所能，何为见访？"孙问其不出门之因，其人笑曰："以告者过也。"指门外一桑曰："十五年前，亦曾到桑下纳凉，何谓不出门也？但无用于时，无求于人，偶自不出耳，何足尚哉！"问其所以为生，曰："昔时居邑之南，有田五十亩，与兄同耕。后兄之子娶妇，度所耕不足赡，乃以田与兄，携妻子至此。偶有乡人借此屋，遂居之。唯与人择日，又卖一药，以具饘粥，亦有时不继。后子能耕，乡人见怜，与田三十亩，令子耕之，尚有馀力，又为人佣耕，自此食足。乡人贫，以医、卜自给者甚多，自食既足，不当更兼乡人之利，自尔择日、卖药，一切不为。"又问："常日何所为？"曰："端坐耳，无可为也。"问："颇观书否？"曰："二十年前亦曾观书。"问："观何书？"曰："曾有人惠一书册，无题号，其间多说《净名经》，亦不知《净名经》何书也。当时极爱其议论，今亦忘之，并书亦不知所在久矣。"气韵闲旷，言词精简，有道之士也。盛寒，但布袍草履，室中枵然②，一榻而已。问其子之为人，曰："村童也。然质性甚淳厚，未尝妄言，未尝嬉游。唯买盐酪，则一至邑中，可数其行迹，以待其归，径往径还，未尝傍游一步也。"予时方有军事，至夜半未卧，疲甚，与官属闲话，轸遂及此。不觉肃然，顿忘烦劳。

【注释】

①去：距离。

②枵（xiāo）然：空荡荡的样子。

【译文】

颍昌阳翟县有一个姓杜的人，不知道他叫什么名字，乡人只是称他为"杜五郎"。他居住的地方和县城相距三十多里，只有两间屋子，一间是他自己住的，另一间则是他儿子住的。屋子的前面有一块一丈有余的空地，再往前便是篱门，杜生已经有三十年没有出这个篱门了。黎阳尉孙轸曾经前去拜访他，看到他这个人极为潇洒，他还主动说道："乡人都没有什么才能，为何会前来拜访？"孙轸询问他不出门的原因，这个人笑着说："这是传话人的过错呀。"然后他指着门外的一棵桑树说："十五年前，我也曾经到这棵桑树下乘凉，为何说是不出门呢？只是我没有用处，也没有什么需要求人的地方，只是偶尔不出门而已，有何可崇尚的！"又问他以什么为生，他说："昔日在县城的南面居住，有五十亩田地，和我的哥哥一起耕种。后来我哥哥的儿子娶了媳妇，思虑到耕种得来的粮食不足以养活全家，于是便将田地给了兄长，我带着妻子来到了这里。恰好有位乡亲借给了我这座房子，于是便居住下来。平时只是给人算算命，还会卖点草药，以此来养家糊口，有时也有无法接济的时候。后来我的儿子可以耕种了，乡人见他可怜，便给了他三十亩田，让儿子耕种，除此之外儿子还有些余力，于是就又帮别人耕种，自此才算是吃饱肚子了。乡人贫穷，依靠行医来生存的人有很多，自己既然已经可以吃饱饭了，就不应该再占取乡人们谋利的道路，自此后算命、卖药，一切都不做了。"孙轸又问他："平常的时候都会做些什么？"这个人回答说："只是端坐着，没有什么可做的。"又问："会看些书吗？"这个人说："二十年前，也曾经看过书。"又问："看过什么书？"回答说："曾经有一个人送给我一本书，没有书名，其间大多讲的都是《净名经》，也不知道《净名经》是什么书。当时极其喜爱书里面的谈论，而今也已经忘记了，长久以来书也不知道放在哪里了。"这个人气韵闲旷，言词精简，是个有学识的人。当时正值盛寒，他却只穿着布袍草履，屋子里空荡荡的，只有一张床。又问他儿子的为人，他回答说："村童而已。不过他生性淳厚，从未妄言过，也从未嬉游过。只有买盐酪的时候，才会前往县城，可以计算着他的路程，以此等待他回来，直往直来，未曾去别处游玩过一步。"我当时有军务在身，到半夜时还没有躺下休息，十分疲劳，和下属闲聊的时候，孙轸便提到了这件事情。我不觉肃然起敬，顿时忘却了身上的烦劳。

108. 耆年会

【原文】

唐白乐天居洛①，与高年者八人游，谓之"九老"。洛中士大夫至今居者为多，继而为九老之会者再矣。元丰五年，文潞公守洛，又为"耆英会"，人为一诗，命画工郑奂图于妙觉佛寺，凡十三人：守司徒致仕、韩国公富弼，年七十九；守太尉、判河南府、潞国公文彦博，年七十七；司封郎中致仕席汝言，年七十七；朝议大夫致仕王尚恭，年七十六；太常少卿致仕赵丙，年七十五；秘书监刘几，年七十五；卫州防御使冯行己，年七十五；太中大夫充天章阁待制楚建中，年七十三；朝议大夫致仕王慎言，年七十二；宣徽南院使、检校太尉、判大名府王拱辰，年七十一；太中大夫张问，年七十；龙图阁直学士、通议大夫张焘，年七十；端明殿学士兼翰林侍读学士、太中大夫司马光，年六十四。

【注释】

①白乐天：白居易。

【译文】

唐朝白居易居住在洛阳，和八位年龄比较大的人交游，称为"九老"。而今洛阳城内的官员有很多，既而发起了两次和九老之会相似的聚会。元丰五年，文彦博在洛阳任职，又发起了"耆英会"，参加聚会的人每个人作一首诗，并让画工郑奂将此画在妙觉佛寺，总共有十三个人：守司徒致仕、韩国公富弼，年龄七十九；守太尉、判河南府、潞国公文彦博，年龄七十七；司封郎中致仕

席汝言，年龄七十七；朝议大夫致仕王尚恭，年龄七十六；太常少卿致仕赵丙，年龄七十五；秘书监刘几，年龄七十五；卫州防御使冯行己，年龄七十五；太中大夫充天章阁待制楚建中，年龄七十三；朝议大夫致仕王慎言，年龄七十二；宣徽南院使、检校太尉、判大名府王拱辰，年龄七十一；太中大夫张问，年龄七十；龙图阁直学士、通议大夫张焘，年龄七十；端明殿学士兼翰林侍读学士、太中大夫司马光，年龄六十四。

109. 苏合香酒

【原文】

王文正太尉气羸多病，真宗面赐药酒一注缾[1]，令空腹饮之，可以和气血，辟外邪。文正饮之，大觉安健，因对称谢。上曰："此苏合香酒也。每一斗酒，以苏合香丸一两同煮，极能调五脏，却腹中诸疾，每冒寒夙兴，则饮一杯。"因各出数榼赐近臣。自此臣庶之家皆仿为之，苏合香丸盛行于时，此方本出《广济方》，谓之"白术丸"，后人亦编入《千金》《外台》，治疾有殊效，予于《良方》叙之甚详，然昔人未知用之。钱文僖公集《箧中方》，"苏合香丸"注云："此药本出禁中，祥符中尝赐近臣。"即谓此也。

【注释】

①缾（píng）：瓶子。

【译文】

王文正太尉体弱多病，真宗皇帝曾经当面赏赐给了他一瓶药酒，让他空腹喝下去，能够活气血，辟外邪。王文正喝下去之后，顿时觉得很是安健，因而在朝见的时候谢恩。皇上说："这是苏合香酒。每一斗酒，加入一两苏合香丸一起煮，这种酒最能调理五脏，祛除腹中的各种毛病，每当冒着寒天起床的时候，就喝上一杯。"因而又拿来几瓶赏赐给近臣。自此官民家中便开始仿制这种酒，苏合香丸盛行一时，这个药方原本出自于《广济方》，称为"白术丸"，后人也将其编入了《千金方》《外台秘要》，对治疗疾病有特殊的功效。我在《良方》中对此的叙述也非常详细。然而当时的人并不知道如何使用它。钱文僖编撰的《箧中方》中，对"苏合香丸"的注解是："这个药方原本出自于皇宫，祥符年间曾经将其赏赐给近臣。"说得便是这件事情。

110. 李士衡不关意财物

【原文】

李士衡为馆职①，使高丽，一武人为副。高丽礼币赠遗之物②，士衡皆不关意，一切委于副使。时船底疏漏，副使者以士衡所得缣帛藉船底，然后实己物，以避漏湿。至海中，遇大风，船欲倾覆，舟人大恐，请尽弃所载，不尔船重，必难免。副使仓惶，悉取船中之物投之海中，更不暇拣择，约投及半，风息船定。既而点检所投，皆副使之物，士衡所得在船底，一无所失。

【注释】

①李士衡：字天均，今甘肃天水人。
②遗：赠送。

【译文】

李士衡做馆职的时候，出使高丽，副使为一个武人。高丽赠给他们的礼物和钱财，李士衡都没有放在心上，这些事情都交给了副使去办。当时船底疏漏而有些渗水，副使便把李士衡所得到的缣帛等垫在船底，然后将自己的东西放在上面，以免漏水浸湿。船行至海中央的时候，遇到了大风，船体可能要倾覆，船工都非常惊恐，请求丢掉船上所载的全部物品，否则船一定会因为太重而难免颠覆的危险。副使慌张之下，连忙将船中的东西悉数都扔进了海里，更没有时间去挑选，东西投了一半时，大风停止船身也跟着稳定了。副使这才开始检点自己所投的东西，都是副使的物品，李士衡的东西被垫在了船底，一点儿损失都没有。

111. 身飨其用

【原文】

刘美少时善锻金①。后贵显，赐与中有上方金银器，皆刻工名，其间多有美所造者。又杨景宗微时，常荷畚为丁晋公筑第。后晋公籍没其家，以第赐景宗。二人者，方其微贱时，一造上方器，一为宰相筑第，安敢自期身飨其用哉？

【译文】

刘美年轻的时候擅长打造金属的器具。后来身份显贵后，被赏赐的礼品中还有皇宫中所使用的金银器具，上面都刻着工匠的名字，其中还有很多是刘美之前所打造的。又有杨景宗身份卑微的时候，曾经挑着筐子为丁晋公建筑府邸。后来丁晋公被官府抄没了他的家，并将他的府邸赏赐给杨景宗。上面这两个人，在他们身份低贱的时候，一个为皇宫制造器具，一个为宰相建造府邸，哪敢梦想着自己能够享用到它们呢？

112. 贡举人到阙终不成班缀

【原文】

旧制，天下贡举人到阙，悉皆入对，数不下三千人，谓之"群见"。远方士皆未知朝廷仪范，班列纷错，有司不能绳勒。见之日，先设禁围于著位之前①，举人皆拜于禁围之外，盖欲限其前列也，至有更相抱持，以望黼座者②。有司患之，近岁遂止令解头入见，然尚不减数百人。嘉祐中，予忝在解头，别为一班，最在前列，目见班中唯从前一两行稍应拜起之节，自馀亦终不成班缀而罢，每为阁门之累。常言殿庭中班列不可整齐者，唯有三色，谓举人、蕃人、骆驼。

【注释】

①著位：事先安排好举人拜见皇帝时的站位。

②黼（fǔ）座：皇帝的座位，也代指皇帝。

【译文】

旧时的制度，天下间参加贡举的人都要前往京师应试，所有人都在一起觐见皇帝，总数不下三千人，称为"群见"。远方来的人都不知道朝廷中的礼仪规则，在列班排位的时候都出了差错，相关部门也无法控制。等到了觐见皇帝的那天，先在举人的站位前设置围栏，举人都在围栏之外行跪拜礼，设置围栏大概是想要限制前列的人，可没想到却使得后面的人相互抱持，以期望看到皇帝。相关部门对此有些担心，所以近些年只有解头能够得以觐见皇帝，然而尚且还有几百人。嘉祐年间，我有幸排在了解头里面，并分到了另一个班列，排在了最前面，眼见队列中只有前一两行的人还稍稍可以随着礼仪人员的赞呼行礼，其他的还是不能连缀成班而罢，这件事情常常成为阁门司的拖累。经常说在殿庭内无法排列整齐的有三种，便是举人、外邦人和骆驼。

113. 孙之翰不受砚

【原文】

孙之翰①，人尝与一砚，直三十千。孙曰："砚有何异，而如此之价也？"客曰："砚以石润为贵，此石呵之则水流。"孙曰："一日呵得一担水，才直三钱，买此何用？"竟不受。

【注释】

①孙之翰：孙甫，字之翰，今河南禹县人。

【译文】

曾经有人送给孙之翰一方砚台，价值三十千钱。孙之翰说："这方砚台有什么特殊的地方，而值得这般价格？"这个人说："砚台最为可贵的是石料的润泽，对着这块石料呵口气就可以有水在上面流动。"孙之翰说："一日呵得一担水，也就值三钱，买这个砚台有什么用？"最后他竟没有接受。

114. 王荆公不受紫团山人参

【原文】

王荆公病喘，药用紫团山人参，不可得。时薛师政自河东还①，适有之，赠公数两，不受。人有劝公曰："公之疾，非此药不可治，疾可忧，药不足辞。"公曰："平生无紫团参，亦活到今日。"竟不受。公面黧黑，门人忧之，以问医。医曰："此垢污，非疾也。"进澡豆令公颒面②。公曰："天生黑于予，澡豆其如予何？③"

【注释】

①薛师政：薛向，字师正，今山西万荣人。

②澡豆，颒（huì）：澡豆，古时候带有护肤性质的物品；颒，洗脸。

③天生黑于予，澡豆其如予何：套用的《论语·述而》中的一句："天生德于予，桓魋其如予何？"

【译文】

王荆公（王安石）得了哮喘，需要用紫团山人参做药，却没办法得到。当时薛师政从河东回来，正好有这味药，便给王荆公送去了几两，但王荆公不接受。有人劝说王荆公："您的病如若没有这味药就不可以治疗，疾病令人忧虑，这些药物是不值得一再推辞的。"王荆公说："我平生也没有紫团参，也活到了今天。"最后竟然还是不接受。王荆公的脸部开始有些发黑，门客对此比较忧虑，便去问医生。医生说："这是垢汗，并不是疾病。"于是便进献澡豆让王荆公洗脸。王荆公说："天生黑于予，澡豆其如予何（上天将黑脸赐给了我，澡豆又能将我如何呢）？"

115. 孔旼爱人

【原文】

淮南孔旼①，隐居笃行，终身不仕，美节甚高。尝有窃其园中竹，旼愍其涉水冰寒②，为架一小桥渡之，推此则其爱人可知。然予闻之，庄子妻死，鼓盆而歌。妻死而不辍鼓可也，为其死而鼓之，则不若不鼓之愈也。犹邴原耕而得金③，掷之墙外，不若管宁不视之愈也。

【注释】

①孔旼（mín）：字宁极，曾经在汝州隐居，为人宽厚，极为孝顺，王安石曾经为他写过墓志铭。

②愍（mǐn）：同"悯"，怜悯。

③邴原：字根矩，今山东人，东汉末年著名的学者、名士。

【译文】

淮南人孔旼，在乡里隐居而德行淳厚，终生都没有入朝为官，有着很好的操行。曾经有个人想要偷他园子里的竹子，孔旼怜悯他涉水会寒冷，便在水上架起了一座小桥以便他通过，由此也可以想到孔旼的仁爱之心。然而我听说，庄子的妻子死后，他便敲打着盆子歌唱。妻子死了而不停止敲打是可行的，可为了妻子的死而不停地敲打，那么就不如不敲打好。就犹如邴原耕地的时候得到了一块金子，便将其扔到了墙外，倒不如管宁视而不见的好。

116. 郭进有材略

【原文】

郭进有材略①，累有战功。尝刺邢州②，今邢州城乃进所筑，其厚六丈，至今坚完。铠仗精巧，以至封贮亦有法度。进于城北治第，既成，聚族人宾客落之，下至土木之工皆与。乃设诸工之席于东庑③，群子之席于西庑。人或曰："诸子安可与工徒齿④？"进指诸工曰："此造宅者。"指诸子曰："此卖宅者，固宜坐造宅者下也。"进死未几，果为他人所有。今资政殿学士陈彦升宅⑤，乃进旧第东南一隅也。

【注释】

①郭进：宋朝初期的将领，今河北蠡县人，为人豪气，好饮酒，官至都部署。

②刺邢州：任职邢州刺史。

③庑（wǔ）：堂下四周的走廊、廊屋。

④齿：并列。

⑤资政殿学士，陈彦升：资政殿学士，资政殿是北宋时期皇宫内的一处宫殿建筑，主要是用于藏书和处理政事，也是宴会和讲习的场所。景德二年，设置了资政殿学士，以咨询国事；陈彦升，陈荐，今邢台沙河人。

【译文】

郭进胸有谋略才干，战功累累。曾经任职邢州刺史，而现在的邢州城便是郭进那个时候建筑的，城墙厚六丈，到现在都比较坚实顽固。城中的铠甲兵器也都比较精巧，以至于也有相关封存储备的制度。郭进在城北建筑了自己的宅邸，刚一建成，便召集族人宾客举行落成典礼，下到土工、木工等都有参与。于是便在东庑设置了工人们的席位，在西庑设置了儿子们的席位。有人对郭进说："诸位公子怎么可以和工人们并列呢？"郭进指着各位工人说："他们是建造这座府邸的人。"又指着自己的儿子们说："他们是卖府邸的人，自然要坐在建造府邸的人的下位。"郭进死了之后没多久，他的宅子果然被他人所占有。而今资政殿学士陈彦升的府邸，就是郭进之前府邸东南一角。

117. 向文简拜右仆射

【原文】

真宗皇帝时，向文简拜右仆射①，麻下日②，李昌武为翰林学士③，当对。上谓之曰："朕自即位以来，未尝除仆射，今日以命敏中，此殊命也，敏中应甚喜。"对曰："臣今自早候对，亦未知宣麻，不知敏中何如？"上曰："敏中门下，今日贺客必多。卿往观之，明日却对来，勿言朕意也。"昌武候丞相归，乃往见。丞相谢客，门阑悄无一人④。昌武与向亲，径入见之。徐贺曰："今日闻降麻，士大夫莫不欢慰，朝野相庆。"公但唯唯。又曰："自上即位，未尝除端揆⑤，此非常之命，自非勋德隆重，眷倚殊越，何以至此？"公复唯唯，终未测其意，又力陈前世为仆射者，勋劳德业之盛，礼命之重，公亦唯唯，卒无一言。既退，复使人至庖厨中，问"今日有无亲戚、宾客饮食宴会？"亦寂无一人，明日再对，上问："昨日见敏中否？"对曰："见之。""敏中之意何如？"乃具以所见对。上笑曰："向敏中大耐官职。"（向文简拜仆射年月，未曾著于国史，熙宁中，因见《中书题名记》："天禧元年八月，敏中加右仆射。"然《枢密院题名记》："天禧元年二月，王钦若加仆射。"）

【注释】

①向文简：向敏中，字常之，开封人，官至宰相。
②麻下：宣布任命书。
③李昌武：李宗谔，字昌武，今河北人，官至翰林学士。
④门阑：大门前的栅栏。
⑤端揆：尚书省的长官，仆射。

【译文】

真宗皇帝时期，向文简拜授右仆射，宣布任命书的那天，李昌武任职翰林学士，正好觐见皇帝。皇帝对他说："朕自从即位以来，还没有任命过仆射的官职，今天已任命向文简为仆射，这是特殊的任命，向文简应该会感到高兴的。"李昌武回答说："臣今天一早就等着觐见皇上，也不知道宣布任命的事情，不知道向文简会是如何的情况？"皇帝说："向文简的门下，今天前去祝贺的宾客一定很多。你可以前去观看，明天再来入对，不要说是朕的意思。"李昌武等丞相回府后，便前去拜见。丞相正在谢绝客人，大门前的栅栏里悄无一人。李昌武向来和向文简比较亲近，便径直走进去了。慢慢祝贺向文简说："今天听说是宣布任命书的日子，朝中士大夫没有不为此欢慰的，朝野相庆。"向文简只是唯唯地应付着。李昌武又说："自从皇帝登基后，从来没有设置过仆射的职位，这一次的任命非比寻常，如若不是德高望重，而又深受皇帝眷顾依靠的人，又如何得到这般的任命呢？"向文简还是应付着，李昌武最终都没有猜测到他的心思，于是他又开始力陈前世做仆射的人，功勋德业之盛，礼命之重，向文简还是漫不经心地应付，自始至终都没有说一句话。李昌武从府中出来后，又派人前往向文简的厨房，问"今天有没有亲戚、宾客饮食宴会"？厨房里也没有一个人，第二天李昌武再次觐见皇帝，皇帝问："昨天见到向文简了吗？"李昌武回答说："见到了。""向文简的意思如何？"于是李昌武便将自己所见到的如实告诉给了皇帝。皇帝笑着说："向敏中大耐官职。"（向文简被任命为仆射的年月，国史中并没有记载，熙宁年间，得以见到《中书题名记》中记载："天禧元年八月，敏中加右仆射。"然而《枢密院题名记》："天禧元年二月，王钦若加仆射。"）

118. 晏元献不隐

【原文】

晏元献公为童子时①，张文节荐之于朝廷②，召至阙下。适值御试进士，便令公就试。公一见试题，曰："臣十日前已作此赋，有赋草尚在，乞别命题。"上极爱其不隐。及为馆职，时天下无事，许臣僚择胜燕饮。当时侍从文馆士大夫为燕集，以至市楼酒肆，往往皆供帐为游息之地。公是时贫甚，不能出，独家居，与昆弟讲习。一日，选东宫官，忽自中批除晏殊，执政莫谕所因，次日进覆，上谕之曰："近闻馆阁臣僚，无不嬉游燕赏，弥日继夕。唯殊杜门，与兄弟读书，如此谨厚，正可为东宫官。"公既受命得对，上面谕除授之意，公语言质野，则曰："臣非不乐燕游者，直以贫，无可为之具。臣若有钱，亦须往，但无钱不能出耳。"上益嘉其诚实，知事君体，眷注日深。仁宗朝卒至大用。

【注释】

①晏元献：晏殊，字同叔，今江西抚州人，官至宰相。
②张文节：张知白，字用晦，今河北人，官至宰相。

【译文】

晏殊还是孩子的时候，张文节就曾经向朝廷举荐过他，并将他召到京师。适逢殿试进士，于是便命令晏殊一起就试。晏殊一看到试题，便说："臣十天前已经作好了此赋，此赋的草稿尚且还在，乞求用其他的命题。"皇帝极其喜欢他的不隐瞒。等到他任职馆职时，时值天下无事，朝中允许大臣可以选择一个胜地举行宴饮。当时文馆内的侍从大夫都各自晏集，以至于街市上的酒楼，通常都成了可以供给帷帐的游戏场所。晏殊当时非常贫穷，无法出游，只能独自在家里，和自己的兄弟们讲学读书。有一天，朝中要任命东宫官，此时忽然从宫中传来消息称，任命晏殊为此官，执政大臣不知道其中的原因，第二天便觐见皇帝，以核实这个消息，皇帝晓谕说："近来听说文馆内的群臣，没有不嬉戏游玩宴饮的，夜以继日。只有晏殊没有出门，而是在家和兄弟一起读书讲学，如此谨慎忠厚之人，正是可以任命东宫官的。"晏殊接受任命后，得以觐见皇帝，皇帝晓谕了任命他的用意，晏殊言语淳朴，便说："臣并不是不喜欢游玩宴乐，而是因为臣非常贫穷，没有可以游玩的条件。臣如果有钱，也会前去的，只是没有钱而无法出门罢了。"皇帝越加欣赏他的诚实，认为他明白服侍君主的大体，对他的眷顾和关注也越发的深厚。到了仁宗朝时，晏殊得到了重用。

119. 石曼卿喜豪饮

【原文】

石曼卿喜豪饮[①]，与布衣刘潜为友[②]。尝通判海州，刘潜来访之，曼卿迎之于石闼堰，与潜剧饮。中夜酒欲竭，顾船中有醋斗馀，乃倾入酒中，并饮之。至明日，酒、醋俱尽。每与客痛饮，露发跣足，著械而坐，谓之"囚饮"。饮于木杪，谓之"巢饮"。以藁束之，引首出饮，复就束，谓之"鳖饮"。其狂纵大率如此。廨后为一庵，常卧其间，名之曰"扪虱庵"。未尝一日不醉。仁宗爱其才，尝对辅臣言，欲其戒酒。延年闻之，因不饮，遂成疾而卒。

【注释】

①石曼卿：石延年，字曼卿，别号葆老子。北宋初年著名文学家和书法家，今河北涿州市人。

②刘潜：字仲方，今山东人。他母亲死的时候，他也因恸哭而死。

【译文】

石曼卿喜欢豪饮，和布衣刘潜是好友。石曼卿曾经任职海州通判，刘潜前来拜访他，石曼卿在石闼堰迎接他，和刘潜痛饮开怀。半夜酒快要喝光的时候，石曼卿看到船中还有一斗多的醋，于是便将醋倒入酒中，一起饮下。到了第二天，酒、醋全部都喝光了。石曼卿每次同客人畅饮的时候，都披散着头发光着脚，戴着枷锁就座，并将此称为"囚饮"。有时候他还会爬到树梢上喝酒，称为"巢饮"。或者是用禾秸把自己捆起来，伸出头来喝酒，喝完后便再把头缩进去，称为"鳖饮"。石曼卿的狂妄放纵大抵就是这样了。他的府邸后面还有一座小庙，他经常在里面躺着，名为"扪虱庵"。石曼卿没有一天不喝醉的。仁宗爱惜他的才能，曾经对左右辅佐的大臣说，想要让石曼卿戒酒。石曼卿听说后，便不再喝酒，最后竟然因此成疾而卒。

120. 事固不可前料

【原文】

工部胡侍郎则为邑日，丁晋公为游客，见之。胡待之甚厚，丁因投诗索米。明日胡延晋公，常日所用樽罍悉屏去，但陶器而已，丁失望，以为厌己，遂辞去。胡往见之，出银一筐遗丁，曰："家素贫，唯此饮器，愿以赆行①。"丁始谕设陶器之因，甚愧德之。后晋公骤达，极力推挽，卒至显位。

庆历中，谏官李兖坐言事，谪湖南物务。内殿承制范亢为黄、蔡间都监，以言事官坐谪后多至显官，乃悉倾家物，与兖办行。兖至湖南，少日遂卒。前辈有言："人不可有意，有意即差。"事固不可前料也。

【注释】

①赆（jìn）：赠别的路费或者是财物。

【译文】

工部侍郎胡则任职地方官的时候，丁晋公作为游客，前去拜访他。胡则对他非常优待，丁晋公便送上自己的诗想要求得口粮。第二天胡则宴请丁晋公，平常所用的酒器全部都撤下，只剩下陶器罢了，丁晋公很是失望，认为胡则讨厌自己，便辞别离去。胡则到他的住处见他，并给了他一匣子银器，说："我们家素来清贫，只有这些酒器，希望能够给你做盘缠。"丁晋公这才明白胡则设置陶器的原因，心中对胡则的恩德非常愧疚。后来丁晋公突然发达，他极力提携胡则，而胡则最后也登上了显位。

庆历年间，谏官李兟因为谏言的事情而获罪，被贬谪为湖南税官。内殿承制范亢为黄、蔡地区的都监，认为因为谏言而遭贬谪的人大多最后都会显贵，于是便倾尽所有的家财，为李兟置办了一些行礼。李兟到达湖南后，没多久便去世了。前人有言："人们做事情万不可有别的意图，有别的意图就会出现差错。"事情原本就是这样不可以预料的。

121. 朱寿昌解官访母

【原文】

朱寿昌①，刑部朱侍郎巽之子。其母微，寿昌流落贫家，十馀岁方得归，遂失母所在。寿昌哀慕不已。及长，乃解官访母，遍走四方，备历艰难，见者莫不怜之。闻佛书有水忏者，其说谓欲见父母者诵之，当获所愿。寿昌乃昼夜诵持，仍刺血书忏，摹板印施于人，唯愿见母。历年甚多，忽一日至河中府，遂得其母。相持恸绝，感动行路，乃迎以归，事母至孝，复出从仕，今为司农少卿。士人为之传者数人，丞相荆公而下，皆有《朱孝子诗》数百篇。

【注释】

①朱寿昌：字康叔，今安徽天长人，《宋史·孝义列传》记载着他弃官千里寻母的故事。

【译文】

朱寿昌，刑部侍郎朱巽的儿子。他的母亲身份卑微，朱寿昌幼年时流落在贫穷人家，十多岁的时候才回到自己的家中，于是便和母亲失去了联系。朱寿昌哀伤思慕不已。等到他长大后，便辞官去寻找母亲，走遍四方，历经千辛万苦，看见的人没有不怜悯他的。他听说佛书中有水忏，说是想要见自己父母的人诵读其忏，就能够实现自己的愿望。朱寿昌昼夜坚持诵读，还刺血书忏悔，并将此刻印出来送给他人，他唯一的愿望就是能够见到自己的母亲。经过多年后，忽然有一天他来到了河中府，并在那里见到了自己的母亲。两人相互扶持着痛哭不已，感动了过路的行人，于是朱寿昌便将母亲迎回家，对母亲极为孝顺，后又重新做官，而今为司农少卿。士人为他作传的有好几个人，丞相王安石之下，就有《朱孝子诗》达几百篇。

122. 刘廷式不悔婚

【原文】

朝士刘廷式本田家①。邻舍翁甚贫，有一女，约与廷式为婚。后契阔数年②，廷式读书登科③，归乡间访邻翁，而翁已死，女因病双瞽④，家极困饿。廷式使人申前好，而女子之家辞以疾，仍以佣耕，不敢姻士大夫。廷式坚不可："与翁有约，岂可以翁死子疾而背之?"卒与成婚。闺门极雍睦⑤，其妻相携而后能行，凡生数子。廷式尝坐小谴⑥，监司欲逐之，嘉其美行，遂为之阔略。其后廷式管干江州太平宫而妻死，哭之极哀。苏子瞻爱其义⑦，为文以美之。

【注释】

①朝士，刘廷式：朝士，朝中的官员；刘廷式，应为"刘庭式"，字得之，今山东济南人。

②契阔：久别。

③登科：举人考中进士称为登科。

④瞽（gǔ）：眼睛失明。

⑤雍睦：和睦。

⑥坐小谴：犯了小错而受到轻微的贬谪。

⑦苏子瞻：苏轼，字子瞻，今四川眉山人。北宋著名诗人、词人，唐宋八大家之一。

【译文】

朝中大臣刘庭式原本出身于农家。邻居家的老翁非常贫穷，家中有一个女儿，和刘庭式有婚约。后来刘庭式和她久别数年，刘庭式读书考中进士后，回到了家乡拜访邻居的老翁，而老翁已经去世，老翁的女儿也因病导致双目失明，家境极其困顿。刘庭式让人前往老翁家里重申之前的婚约，而女子的家人则以女子有病为由推辞，并认为以农耕为主的人家，不敢和士大夫通婚。刘庭式坚决不同意："和老翁有约定，岂能因为老翁已死、女子有疾就背弃了婚约呢？"最后和这个女子成了婚。婚后二人关系极其和睦，他的妻子需要人搀扶着才能够行走，后又为他生下了几个孩子。刘庭式曾经因为小错而遭到贬谪，监司原本要罢免他的官职，后来因赞赏他的美德，才对他宽大处理。后来刘庭式掌理江州太平宫而他的妻子在此期间去世，他哭得极为哀伤。苏轼欣赏他的义行，还曾专门写文章赞美他。

123. 柳开千轴，不如张景一书

【原文】

柳开少好任气①，大言凌物。应举时，以文章投主司于帘前，凡千轴，载以独轮车，引试日，衣襕，自拥车以入，欲以此骇众取名。时张景能文，有名，唯袖一书，帘前献之。主司大称赏，擢景优等。时人为之语曰："柳开千轴，不如张景一书。"

【注释】

①任气：意气用事。

【译文】

柳开年少的时候喜欢意气用事，说话盛气凌人。应举的时候，他将自己的文章主动献给了主考官，总共有一千卷，并用独轮车装着，到了考试那天，他穿着襕衫，自己押着车进入考场，想要用这样的方式来轰动众人并取得功名。当时张景善于写文，很有名气，只拿着一篇文章，献给了主考官。主考官对其大加赞赏，并将张景提拔为优等及第。因此当时的人说："柳开千轴，不如张景一书。"

卷十·人事二

　　《人事二》卷，记录了一些对人有所启发的事情，没有阿谀奉承的话语，也没有过多的猎奇之心，大多都是比较正面的事例，如强干县令、会识人的盛文肃等。

124. 强干县令

【原文】

蒋堂侍郎为淮南转运使日[①]，属县例致贺冬至书，皆投书即还。有一县令使人独不肯去，须责回书，左右谕之皆不听，以至呵逐亦不去，曰："宁得罪，不得书不敢回邑。"时苏子美在坐[②]，颇骇怪，曰："皂隶如此野狠[③]，其令可知。"蒋曰："不然，审必健者，能使人不敢慢其命令如此。"乃为一简答之，方去。子美归吴中月馀，得蒋书曰："县令果健者。"遂为之延誉，后卒为名臣。或云：乃天章阁待制杜杞也[④]。

【注释】

①蒋堂：字希鲁，今江苏人，官至礼部侍郎。

②苏子美：苏舜钦，字子美，今四川绵阳人。

③皂隶：古时对奴仆的称呼，后来指对吏人的蔑称。

④杜杞：字伟长，今江苏人。

【译文】

蒋堂侍郎为淮南转运使的时候，下属各县按照惯例送来贺信以表示祝贺，都是送信之人放下书信后便回去了。唯独有一个县令所派来的送信之人不肯离去，一定要等到转运使的回信，转运使左右之人给他讲道理他不听，以至于呵斥驱逐他也不肯离去，说："宁可获罪，拿不到回信不敢返回县里。"当时苏舜钦也在场，很是吃惊奇怪，说："连

奴仆都如此蛮横无理，他的县令也就可想而知了。"蒋堂说："不是这样，这个县令肯定是一个能干的人，能让人如此不敢怠慢他的命令。"于是便回复了一封书信，送信的人这才离开。苏舜钦回到吴中一个多月后，收到了蒋堂的信说："那个县令果然是个能干之人。"于是便为他传播美誉，后来最终成为名臣。有人说：这个县令就是天章阁待制杜杞。

125. 李余庆强于政事

【原文】

国子博士李馀庆知常州^①，强于政事，果于去恶，凶人恶吏，畏之如神。末年得疾甚困^②，有州医博士，多过恶，常惧为馀庆所发，因其困，进利药以毒之，服之洞泄不已，势已危，馀庆察其奸，使人扶舁坐厅事^③，召医博士，杖杀之。然后归卧，未及席而死。葬于横山，人至今畏之，过墓者皆下马。有病疟者^④，取墓土著床席间，辄差^⑤。其敬惮之如此。

【注释】

①国子博士：最高学府国子监中的学官名。

②困：此处指病情严重。

③舁（yú）：抬。

④疟：通"虐"，危重，险恶。

⑤差：同"瘥"，病愈。

【译文】

国子博士李余庆在任职常州知州的时候，处理政事刚强有力，在锄奸去恶上决断果敢，凶残之人和作恶的吏人，都像畏惧神明一样畏惧他。李余庆晚年时期患病且病情严重，常州有一位医官，曾犯下很多恶行，经常会害怕李余庆会发现他的错误，后因李余庆疾病缠身，于是他便进献泻药以此来毒害他，李余庆服药之后腹泻不止，病势危急，李余庆也察觉到了这个医官的奸行，于是便让人把他抬到公堂里坐下，将医官召来后，让人将其杖杀。然后回卧室，还没来得及躺下就死去了。李余庆死后葬在了横山，至今人们都敬畏他，从他墓前经过的人都会下马。有病情险恶的人，从他的坟墓上取点土放在自己的床席中间，就可以痊愈。人们对李余庆的敬畏和忌惮已然到了如此地步。

126. 盛文肃阅人

【原文】

盛文肃为尚书右丞①，知扬州，简重少所许可。时夏有章自建州司户参军授郑州推官，过扬州，文肃骤称其才雅，明日置酒召之。人有谓有章曰："盛公未尝燕过客，甚器重者，方召一饭。"有章荷其意，别日为一诗谢之，至客次，先使人持诗以入。公得诗，不发封即还之，使人谢有章曰："度已衰老，无用此诗。"不复得见。有章殊不意，往见通判刁绎②，具言所以。绎亦不谕其由，曰："府公性多忤，诗中得无激触否？"有章曰："元未曾发封。"又曰："无乃笔札不严？"曰："有章自书，极严谨。"曰："如此，必是将命者有所忤耳。"乃往见文肃而问之："夏有章今日献诗何如？"公曰："不曾读，已还之。"绎曰："公始待有章甚厚，今乃不读其诗，何也？"公曰："始见其气韵清修，谓必远器。今封诗乃自称'新圃田从事'，得一幕官，遂尔轻脱，君但观之，必止于此官，志已满矣。切记之，他日可验。"贾文元时为参政③，与有章有旧，乃荐为馆职。有诏候到任一年召试，明年除馆阁校勘，御史发其旧事，遂寝夺，改差国子监主簿，仍带郑州推官，未几，卒于京师。文肃阅人物多如此，不复挟他术。

【注释】

①盛文肃：字公量，今浙江人。仁宗时期，官至参知政事。

②刁绎：今江苏镇江人，仁宗时期的进士。

③贾文元：贾昌朝，字子明，开封人，官至宰相。

【译文】

盛文肃为尚书右丞的时候，曾兼任扬州知州，简静持重而对人也少有称许。当时夏有章自建州司户参军授郑州推官，从扬州路过，盛文肃突然称赞他有才华风度，第二天还设置酒宴招待他。有人对夏有章说："盛公从来没有宴请过宾客，甚至连极为器重的人，也只是招待一顿饭而已。"夏有章感激盛文肃的情意，他日又给盛文肃献上了一首诗以表示对他的感谢，到达旅店后，夏有章先让人拿着他写好的诗笺前去拜访盛文肃。盛文肃得到诗后，还没有打开便又归还给送诗之人，让人答谢夏有章说："我已经衰老，不用再看这样的诗了。"夏有章没有见到盛文肃。夏有章没有料到会是这个结果，于是便前去拜见通判刁绎，并向他一一述说了这件事情。刁绎也没有明白其中的原因，说："盛公性情多变，你的诗中有没有写一些刺激、触犯他的言语？"夏有章说："他原本都还没有拆封看过。"刁绎又说："难道是你的笔迹不工整？"夏有章说："我亲自书写，是极其严谨的。"刁绎说："既然这样，一定是送诗的人触犯了盛公。"于是刁绎又前去拜见盛文肃而问他说："夏有章今天献的诗怎么样呢？"盛公说："还没有读，已经归还了。"刁绎说："盛公刚开始对待夏有章甚为深厚，今天又不读他写的诗，为何呢？"盛公说："刚开始见他气韵清修，认为一定是个有远大抱负的人。而今他的诗封上竟然自称'新圃田从事'，得到了一个幕官，便如此轻脱，你且看着吧，他的职位也就到这里了，他已经志得意满了。一定要记住，他日就可以验证。"贾文元当时是参政，和夏有章是旧交，于是便举荐他为馆职。皇上下了诏令，以等夏有章上任一年后再进行召试，第二年任职夏有章为馆阁校勘，御史揭发了他之前的旧错，于是取消了对他的任职，改任为国子监主簿，仍然兼任郑州推官，没多久，在京师去世。盛文肃识人大多都如此类，并没有其他的诀窍。

127. 林逋隐居

【原文】

林逋隐居杭州孤山①，常畜两鹤，纵之则飞入云霄，盘旋久之，复入笼中。逋常泛小艇，游西湖诸寺，有客至逋所居，则一童子出应门，延客坐，为开笼纵鹤，良久，逋必棹小船而归②，盖常以鹤飞为验也。逋高逸倨傲，多所学，唯不能棋。常谓人曰："逋世间事皆能之，唯不能担粪与着棋。"

【注释】

①林逋：字君复，今浙江杭州人，后来在杭州西湖的孤山隐居，终身不娶，以养鹤种梅为乐趣。

②棹：划水行船。

【译文】

林逋在杭州孤山隐居，经常养着两只鹤，放出笼子后则会飞入云霄，在空中盘旋很长时间后，又进入笼子。林逋经常泛舟湖上，游览西湖边上的各座寺院，有客人前往林逋居住的地方，则有一个童子在大门口迎接，并引着客人入座，为客人打开笼子放飞鹤，过了一会儿后，林逋一定会划小船而归，大概是他常常以放飞鹤为信号的。林逋为人高逸，所学颇丰，唯独不会下棋。他曾经对人说："世间的事情我都能够做，唯独不能担粪和下棋。"

128. 不宜教人主杀人手滑

【原文】

庆历中，有近侍犯法[①]，罪不至死，执政以其情重，请杀之。范希文独无言，退而谓同列曰："诸公劝人主法外杀近臣，一时虽快意，不宜教手滑。"诸公默然。

【注释】

①近侍：皇帝身边的侍从。

【译文】

庆历年间，皇帝身边的侍从犯了法，罪不至死，执政官则认为其情节严重，请求将其处死。唯独范希文（范仲淹）没有说话，退朝之后他对各位同僚说："诸位劝说皇上要在法律之外杀掉自己的侍从，虽然图一时间痛快，却不适合教皇帝杀人手滑。"各位同僚都默然无言。

卷十一·官政一

　　《官政一》卷，大部分和国家财政有关系，主要包含茶法、盐法、赋税、物价、漕运、治水、赈灾、行政划分、法令、司法、驿站等内容。其中，茶法和盐法是记述最为详细的一部分，这和作者沈括曾担任三司使的经历是不可分割的。此卷具有很高的经济史料价值。

129. 陈恕改茶法

【原文】

世称陈恕为三司使①，改茶法②，岁计几增十倍。予为三司使时③，考其籍，盖自景德中北戎入寇之后④，河北籴便之法荡尽⑤，此后茶利十丧其九。恕在任，值北虏讲解，商人顿复，岁课遂增，虽云十倍之多，考之尚未盈旧额。至今称道，盖不虞之誉也。

【注释】

①陈恕：字仲言，曾经任职河北东路营田制置使，后又升任为盐铁使。

②茶法：为了增加国家财政收入，朝中制定了一系列的法律条令，对茶叶实行专卖制度，称为茶法。

③予为三司使时：熙宁九年到熙宁十年，沈括曾经任职三司使。

④北戎入寇：景德元年，辽军大举南下，围攻澶州。

⑤河北，籴（dí）便：路名，河北路，北宋时期所设置的十五路行政区划之一；籴便，北宋时期，政府购买粮草等战略物资的主要方式之一。

【译文】

世人称赞陈恕为三司使的时候，改进茶法，每年的税收几乎增进了十倍。我任职三司使的时候，考察了相关的册簿，大概是从景德年间辽军侵犯澶州之后，河北路所施行的购买粮草的方法便已经不通行了，从此以后茶的利润十中丧九。陈恕在任期间，正值和辽军和解时期，商人也重新开始了商业活动，于是每年所征收的赋税也开始有所增加，虽然说是增加了十倍，但我核查之后尚且还没有超过之前的数额。直到现在陈恕还深受世人称赞，大概这就是没有想到的荣誉吧。

130. 三　说　法

【原文】

世传算茶有"三说法"最便①。三说者，皆谓见钱为一说，犀牙、香药为一说，茶为一说，深不然也。此乃三分法耳，其谓缘边入纳粮草，其价折为三分，

一分支见钱，一分折犀象、杂货，一分折茶。尔后又有并折盐为四分法，更改不一，皆非三说也。予在三司，求得三说旧案，三说者，乃是三事：博籴为一说，便籴为一说，直便为一说。其谓之"博籴"者，极边粮草，岁入必欲足常额，每岁自三司抛数下库务，先封桩见钱、紧便钱、紧茶钞②。（"紧便钱"谓水路商旅所便处，"紧茶钞"谓上三山场榷务③。）然后召人入中。"便籴"者，次边粮草④，商人先入中粮草，乃诣京师算请慢便钱、慢茶钞及杂货。（"慢便钱"谓道路货易非便处，"慢茶钞"谓下三山场榷务。）"直便"者，商人取便于缘边入纳见钱，于京师请领。三说，先博籴数足，然后听便籴及直便，以此商人竞趋争先，赴极边博籴，故边粟常充足，不为诸郡分裂，粮草之价不能翔踊，诸路税课，亦皆盈衍，此良法也。予在三司，方欲讲求，会左迁，不果建议。

【注释】

①算茶：宋朝时期向茶户征税，以茶来折算，将所征收的茶习称为"算茶"。

②封桩，紧便钱，紧茶钞：封存入库；紧便钱，水陆交通、商业贸易比较便利地方的国库钱；紧茶钞，上三茶场榷货务的茶钞。

③上三山场榷务：在茶场榷卖茶叶的官府机构。

④次边：极边以内的边境地区。

【译文】

世人传算茶的发卖有三种说法最为便利。所谓的三种说法，都认为见钱是为一说，犀牙、香药为一说，茶为一说，我深以为并非是这样。这只是一种三分法，说的是商人向沿边入纳粮草，而官府以三种方式结算酬价，一部分支付现钱，一部分折算成犀牛角、象牙以及其他的杂货，还有一部分折算成茶。后又加入了折算成盐而以此为四种方式，更改不一，都不是"三说"。我任职三司使的时候，曾经考察过"三说"的旧时档案，三说，指的是三件事：博籴为一说，便籴为一说，直便为一说。其所谓的"博籴"，是指靠近敌国的一线粮草，每年的输入都要满足正常的所需数额，每年三司使会向各个仓储机构下达计划内的数额，先封存检点现钱、紧便钱、紧茶钞。（"紧便钱"就是水路交通便利、商业贸易发达之处的国库钱，"紧茶钞"则是上三茶场榷货务的茶钞。）然后再召商人入中（在规定的沿边地点招募商人入纳粮草，并给以钞引，让其前往京师或者是其他地方领取现金，或者是金银、茶、盐、香药等）。"便籴"，是指次边的粮草，商人先纳粮草入中，然后再前往京师结算请领慢便钱、慢茶钞及杂货。（"慢便钱"指的是道路交通、商业贸易都不便利的地方的国库钱，"慢茶钞"指的是下三山茶场榷货务的茶钞。）所谓的"直便"，商人取其方便而就在沿边入纳现钱，然后再前往京师请领钞以及其他的杂物。此种三说，首先要保证博籴数量充足，然后再进行便籴及直便，正因为如此商人才会争先恐后，前往极边博籴，所以边境的粮草通常都会先富足起来，不为各个州郡所分。粮草的价格也不会因此而飞涨，各路的税收，也都有所盈余，这是一个好办法。我在三司使的时候，正想要推行这种方法，却适逢因为其他事情而遭到贬职，还没有来得及向朝中进献我的建议。

131. 赫 连 城

【原文】

延州故丰林县城①，赫连勃勃所筑②，至今谓之"赫连城"。紧密如石，斸之皆火出③。其城不甚厚，但马面极长且密④。予亲使人步之，马面皆长四丈，相去六七丈。以其马面密，则城不须太厚，人力亦难攻也。予曾亲见攻城，若马面长，则可反射城下攻者，兼密则矢石相及，敌人至城下，则四面矢石临之。须使敌人不能到城下，乃为良法。今边城虽厚，而马面极短且疏，若敌人可到城下，则城虽厚，终为危道。其间更多刓其角⑤，谓之"团敌"⑥，此尤无益，全藉倚楼角以发矢石，以覆护城脚。但使敌人备处多，则自不可存立。赫连之城，深可为法也。

【注释】

①丰林县城：今陕西延安宝塔区东侧。

②赫连勃勃：十六国时期夏朝政权的建立人，属于匈奴族。

③劚（zhú）：用镢头刨。

④马面：依附于城墙上的女墙所建的作战棚。

⑤刓（wán）：削成圆形。

⑥团敌：从马面上将城墙下的敌人赶成一团而将其消灭。

【译文】

延州旧时的丰林县城，是赫连勃勃所建的，至今都称为"赫连城"。城墙犹如石头一般结实，用镢头刨还能够迸出火花。它的城墙并不是很厚，不过其马面却非常长而且密。我亲自派人去丈量过，马面都有四丈长，二者相距六七丈，因为马面布置得非常紧密，所以城墙并不需要太厚，人力也是很难将其攻破的。我曾经亲眼看到过攻城的情景，如果马面比较长，那么就可以反射下面的攻城者，因为马面比较密集，那么炮石和箭矢就能够相互连接起来，敌人到达城下，那么四面的箭矢、炮石就会相互交叉着落在他们的头上。一定要让敌人不能攻到城下，这才是最好的方法。而今虽然边城的城墙比较厚，马面却是极短而又布置疏松，如若敌人可以攻到城下，那么虽然城墙比较厚，最终还是会走向危亡之路。其间还有很多马面建成了圆角形，称为"团敌"，这尤其是没有益处的一点，马面全是凭借着楼角来发射箭矢、炮石，以此来覆盖整个城脚。只要让敌军需要防备的地方多一点，他们攻到城下后自然就无法存活立足。赫连所建筑的城池，我深以为是可以效法的。

132. 旧校书官多不恤职事

【原文】

旧校书官多不恤职事①，但取旧书，以墨漫一字，复注旧字于其侧，以为日课。自置编校局，只得以朱围之，仍于卷末书校官姓名。

【注释】

①不恤：不尽心。

【译文】

之前的校书官大多对自己的职事不尽心，每天也仅仅是将旧的书本拿来，然后找出一两处需要改正的地方用墨笔将其涂抹掉，并在旧字的旁边添上原字，以此作为一天的任务。自从（嘉祐年间）编制了编校局，只允许用红笔将错误的地方圈出，而且还需要将校书官的姓名写在实际校书页数的后面。

133.　一失于生者，一失于死者

【原文】

近岁邢、寿两郡①，各断一狱，用法皆误，为刑曹所驳②。寿州有人杀妻之父母昆弟数口，州司以不道③，缘坐妻子，刑曹驳曰："殴妻之父母，即是义绝，况其谋杀，不当复坐其妻。"邢州有盗杀一家，其夫妇即时死，唯一子明日乃死，其家财产户绝，法给出嫁亲女④。刑曹驳曰："其家父母死时，其子尚生，财产乃子物；出嫁亲女乃出嫁姊妹，不合有分。"此二事略同，一失于生者，一失于死者。

【注释】

①邢，寿：邢，邢州，今河北邢台；寿，寿州，今安徽寿县。

②刑曹：刑部分管刑事的官署。

③州司：州里主管刑法的官署。

④户绝，法：户绝，没有儿子；法，依据法律判决。

【译文】

近些年来邢州、寿州两地，各自判决了一桩官司，在法律的应用上都出现了错误，被刑曹所驳回。寿州有一个人杀掉了妻子的父母、兄弟好几口人，州司认为此举是大逆不道，于是便连坐了他的妻子，刑曹反驳说："殴打妻子的父母，即是情义断绝，更何况是谋杀，不应该再让他的妻子连坐了。"邢州有一个盗匪杀掉了一户人家，夫妻当场死亡，唯独的一个儿子也在第二天死去，这户人家没有了儿子，应该依照律法将财产判给这户人家的出嫁女儿。刑曹驳回说："这家人父母死的时候，他们的儿子尚且还活着，财产应该是属于儿子的；出嫁的女儿为事主出嫁的姐妹，不应该分得财产。"这两件事情大致是一样的，一件是有失公正于活人，一件是有失公正于死去的人。

134. 驿传旧有三等

【原文】

驿传旧有三等，曰步递、马递、急脚递。急脚递最遽^①，日行四百里，唯军兴则用之。熙宁中，又有金字牌急脚递，如古之羽檄也，以木牌朱漆黄金字，光明眩目，过如飞电，望之者无不避路，日行五百馀里。有军前机速处分，则自御前发下，三省、枢密院莫得与也。

【注释】

①遽：快。

【译文】

旧时的驿站传递公文时有三个级别，分别为步递、马递、急脚递。急脚递是最快的，日行四百里，只有军事行动时才能够使用。熙宁年间，又出现了金字牌急脚递，犹如古时插着羽毛的紧急军事文件一般，这一种急脚递使用的是红漆黄金字的木牌，光明眩目，驿马飞驰时犹如闪电一般，看到的行人没有不躲避的，日行五百多里。如若军前有急需处理的机密文件，则由皇帝亲自发出金字牌，即使三省、枢密院也无法参与。

135. 范文正救灾

【原文】

皇祐二年，吴中大饥，殍殣枕路，是时范文正领浙西^①，发粟及募民存饷^②，为术甚备。吴人喜竞渡，好为佛事，希文乃纵民竞渡，太守日出宴于湖上，自春至夏，居民空巷出游，又召诸佛寺主首，谕之曰："饥岁工价至贱，可以大兴土木之役。"于是诸寺工作鼎兴。又新敖仓、吏舍，日役千夫。监司奏劾杭州不恤荒政，嬉游不节，及公私兴造，伤耗民力。文正乃自条叙所以宴游及兴造，皆欲以发有馀之财，以惠贫者。贸易、饮食、工技服力之人，仰食于公私者，日无虑数万人，荒政之施，莫此为大。是岁，两浙唯杭州晏然，民不流徙，皆公之惠也。岁饥，发司农之粟，募民兴利，近岁遂著为令。既已恤饥，因之以成就民利，此先王之美泽也。

【注释】

①领浙西：范仲淹晚年之前，曾担任杭州知州。

②募民存饷：招募灾民服役，以让服役的人有饭吃。

【译文】

皇祐二年（1050），江浙一带闹起了大饥荒，路边随处可见饿死的人，当时范仲淹任职杭州知州，及时发放粮食以及招募灾民参军以使他们有饭吃，所采取的方法都比较完备。吴人喜欢竞技划船，喜好佛事，于是范仲淹便让百姓进行划船比赛，当地太守每天都会宴饮于湖上，从春天到夏天，百姓也都空巷出游，他又招来各个佛寺的管理人，劝导他们说："饥荒之年工役的价格非常低，可以趁着这个机会大兴土木。"于是各个佛寺便开始大兴土木工程。而范仲淹也重新翻盖了粮仓和官舍，每天役使上千人。监司上奏弹劾杭州知州不体恤政事、不救济灾荒，整日嬉游无度，以及公私大兴土木，消耗民力等事情。于是范仲淹便自行上奏说之所以宴游以及大兴土木工程，都是想要以此来发动社会上多余的财富，以救济贫苦百姓。从事贸易、饮食、工技服力的，仰仗着官府以及富裕人家吃饭的，每天有几万人之多，饥荒时候所施行的政策，没有比这个更为重要的了。当年，两浙地区只有杭州安然无恙，百姓没有流离失所，

这些都是范仲淹实施的恩惠。在灾荒之年，发放官府粮仓的粮食，招募百姓兴修土木工程，近些年来已经将其写为法典制度。既可以救济灾荒，又因此而得以建立利民事业，这是先王恩泽后世的传统。

136. 高超献议

【原文】

庆历中，河决北都商胡①，久之未塞，三司度支副使郭申锡亲往董作②。凡塞河决，垂合中间一埽，谓之"合龙门"，功全在此。是时屡塞不合，时合龙门埽长六十步。有水工高超者献议，以谓埽身太长，人力不能压，埽不至水底，故河流不断，而绳缆多绝。今当以六十步为三节，每节埽长二十步，中间以索连属之，先下第一节，待其至底，方压第二、第三。旧工争之，以为不可，云："二十步埽，不能断漏，徒用三节，所费当倍，而决不塞。"超谓之曰："第一埽，水信未断，然势必杀半。压第二埽，止用半力，水纵未断，不过小漏耳。第三节，乃平地施工，足以尽人力。处置三节既定，即上两节自为浊泥所淤，不烦人功。"申锡主前议，不听超说。是时贾魏公帅北门③，独以超之言为然，阴遣数千人于下流收漉流埽④。既定而埽果流⑤，而河决愈甚，申锡坐谪，卒用超计，商胡方定。

【注释】

①北都，商胡：北都，今河北大名；商胡，今河南濮阳东北。

②郭申锡：字延之。

③贾魏公帅北门：当时贾昌朝任职河北安抚使，驻北京大名府北门。

④收漉：截收打捞。

⑤定：依照旧时水工的方案实施完毕。

【译文】

庆历年间，黄河决口于北京大名府的商胡，很长时间都没有堵住，三司度支副使郭申锡亲自前往治理督察。凡是堵塞黄河决口处，垂合中间的一埽（古时候用来防护堤岸或者是用来堵塞决口的治河材料。主要是由草、禾秸、树枝等捆扎而成，并掺杂着泥沙碎石），称为"合龙门"，阻塞黄河决口的成败全都在此。当时屡次堵塞都无法合住，这个时候合龙门的埽有六十步（三丈六尺）长。有一个叫高超的水工提出建议，认为埽身比较长，人力无法将其彻底压下去，埽没有办法到达水底，致使河水水流不断，而缆绳大多也被冲断。而今应该将六十步的埽分成三节，每一节埽长二十步，中间用绳索将它们连接起来，先下第一节，等到其沉至水底时，再在其上方压上第二层、第三层。之前的水工与其争辩，认为这个方法不可以，说："二十步的埽，无法阻断水流，白白使用三节，花费增加一倍，但决口却依然无法堵塞。"高超对他们说："第一层埽下水后，自然不能堵塞水流，然后势必可以让水势减半。压上第二层埽，只需要使用一半的力气，水流纵然还是没有阻断，不过也只是小漏了。第三层埽乃是平地施工，足够可以尽人力了。处置好第三层埽之后，那么之前的两层埽已经被水中的泥沙所堵塞，便不必再烦劳人力了。"郭申锡主张之前的方法，不听高超的建议。当时贾昌朝任职河北帅并驻守大名府北门，唯独以为高超的建议是对的，于是便暗地里派遣几千个人前往下流去打捞合龙失败后被大水冲走的埽。郭申锡依照旧时的方法实施完毕后而埽果然又被水流冲走了，随后黄河决口的形势就更加严重了，郭申锡因此获罪被谪官。最后采用高超的建议，商胡的决口才算是被堵住了。

137. 盐今公私通行者四种

【原文】

盐之品至多，前史所载，夷狄间自有十馀种，中国所出亦不减数十种。今公私通行者四种：一者"末盐"①，海盐也，河北、京东、淮南、两浙、江南东西、荆湖南北、福建、广南东西十一路食之。其次"颗盐"，解州盐泽及晋、绛、潞、泽所出，京畿、南京、京西、陕西、河东、褒、剑等处食之。又次"井盐"，凿井取之，益、梓、利、夔四路食之。又次"崖盐"，生于土崖之间，阶、成、凤等州食之。唯陕西路颗盐有定课②，岁为钱二百三十万缗，自余盈虚不常③，大约岁入二千馀万缗，唯末盐岁自抄三百万供河北边籴④，其他皆给本处经费而已。缘边籴买仰给于度支者，河北则海、末盐，河东、陕西则颗盐及蜀茶为多。运盐之法，凡行百里，陆运斤四钱，船运斤一钱，以此为率。

【注释】

①末盐：粉末状的盐。

②定课：固定数额的税收。

③盈虚：满或者是不满，代指多少。

④籴：买进。

【译文】

食盐的种类有很多，依前面史书的记载，在四周少数民族间已经有十多种，中原地区所出产的食盐也不下于几十种。而今公私通行的食盐有四种：一种为"末盐"，就是海盐，河北路、京东路、淮南路、两浙路、江南东西路、荆湖南北路、福建路、广南东西路共十一路地区的人食用。其次是"颗盐"，出产于解州盐泽及晋州、绛州、潞州、泽州地区，供给京畿路、南京路、京西路、陕西路、河东路、褒州、剑州等地的人食用。第三为"井盐"，是通过凿井而得到的盐，供给益州、梓州、利州、夔州四路人食用。第四种是"崖盐"，出产于土崖之间，供给阶州、成州、凤州等州的人食用。只有陕西路的颗盐有定额的税收，每年的盐税为二百三十万缗钱，其他的税收数额多少并不固定，每年大约收入两千余万缗钱，只有末盐每年独自发行的盐钞有三百万供河北边防官兵的食盐买进，其他地方的盐税大都作了当地的官府经费。边缘地区买进食盐的经费主要依赖于三司度支部所管理的中央财政，河北采用的是海盐、末盐的税收，河东、陕西则多采用的颗盐以及蜀茶的税收。运输食盐的方法，凡是每行一百里，陆运每一斤收四钱，船运每一斤收一钱，以此为标准。

138. 老书吏验伤

【原文】

太常博士李处厚知庐州慎县①，尝有殴人死者，处厚往验伤，以糟醡灰汤之类薄之②，都无伤迹，有一老父求见，曰："邑之老书吏也③，知验伤不见其迹。此易辨也，以新赤油缴日中覆之，以水沃其尸④，其迹必见。"处厚如其言，伤迹宛然。自此江、淮之间，官司往往用此法。

【注释】

①太常博士，庐州，慎县：太常博士，太常寺卿的属官，主要掌管宗庙礼仪，负责古今礼仪制度的研究工作；庐州，州名，今安徽合肥；慎县，今安徽肥东梁园。

②醡（zì）：大的肉块。

③书吏：古时候官署中起草和管理文书的吏员。

④沃：浇。

【译文】

太常博士李处厚任职庐州慎县的县令时，曾经发生了一起斗殴致死的案件，李处厚前去验伤，以糟肉灰汤之类的东西涂抹在尸体上，并没有发现什么伤迹，有一个老父求见，说："我是县里的一个老书吏，知道你们验伤却没有找出伤迹。这是比较容易分辨的，在太阳正中的时候用新红油伞罩在尸首上，以水浇尸体，伤迹一定会显现出来。"李处厚依照老父的话去做，伤迹果然显现了出来。自此之后江淮地区之间，官府通常会使用这种方法来验看尸体。

139. 盐 钞 法

【原文】

陕西颗盐，旧法官自般运，置务拘卖①。兵部员外郎范祥始为钞法②，令商人就边郡入钱四贯八百售一钞，至解池请盐二百斤，任其私卖，得钱以实塞下，省数十郡般运之劳。异日辇车牛驴以盐役死者，岁以万计，冒禁抵罪者不可胜数，至此悉免。行之既久，盐价时有低昂，又于京师置都盐院③，陕西转运司自遣官主之。京师食盐斤不足三十五钱，则敛而不发，以长盐价，过四十，则大发库盐，以压商利，使盐价有常，而钞法有定数。行之数十年，至今以为利也。

【注释】

①务：机构名。宋朝时期，管理贸易以及税收的机构都称为"务"。

②范祥：字晋公，今陕西旬邑人。

③都盐院：专门掌管解州盐池以供应京师以及京东诸州，并负责出卖事宜。

【译文】

陕西的颗盐，旧时的方法是官府自行搬运，并放置于"务"进行买进和卖出。兵部员外郎范祥始创了钞法，让商人前往边郡入纳四贯八百钱即可以出售给他一帖盐钞，然后再前往解州盐池换取二百斤食盐，并任由他们私下贩卖，得到的钱用来充实边塞，也省下了几十个郡县搬运食盐的劳苦过程。之前负责辇车的牛驴因盐运而死的，每年都达上万头，而每年触犯禁律的人数不胜数，（实行钞法后）至此这些情况便已经得以避免了。钞法实行的时间久了，盐价时高时低，于是又在京师设置了都盐院，由陕西转运司自行差遣官员主持食盐的供应买卖事务。京师的食盐如若每斤还卖不到三十五钱，那么就会先收敛入库而暂停发卖，以此让盐价上涨，盐价如果过了四十钱，则会大肆发卖库中食盐，以此来压制商人谋取暴利，以使得盐价恢复正常，盐钞的发放是有定额的，此种方式推行了几十年，至今国家都以此来盈利。

140. 河北盐法

【原文】

河北盐法，太祖皇帝尝降墨敕，听民间贾贩①，唯收税钱，不许官榷②。其后有司屡请闭固③，仁宗皇帝又有批诏云："朕终不使河北百姓常食贵盐。"献议者悉罢遣之。河北父老皆掌中掬灰，藉火焚香，望阙欢呼称谢。熙宁中，复有献谋者。予时在三司，求访两朝墨敕不获，然人人能诵其言，议亦竟寝。

【注释】

①贾贩：贩卖。

②榷（què）：古时候国家对盐、铁、酒等物品的专卖名称。

③闭固：闭锢，禁止。

【译文】

河北地区的盐法，太祖皇帝曾经颁布手书敕令，允许民间可以自由贩卖食盐，只收取相应的盐税，不允许官府专卖。后来有相关部门几次请求禁止私卖食盐，仁宗皇帝又下诏说："朕终不让河北百姓们食用昂贵的盐。"凡是建议废除私盐的官员全都遭到了罢黜、外放。河北父老都手捧着灰土，借以点火焚香，望阙欢呼称谢。熙宁年间，又有官员建议禁止私盐。我当时在三司任职，求访太祖、仁宗两朝的墨敕而没有任何的收获，然而每个人都能够传送当时的话，最终禁止私盐的建议被搁置。

卷十二·官政二

　　《官政二》卷，记述了茶法、吏人俸禄等内容，经济史料价值很高。

141. 张杲卿断案

【原文】

张杲卿丞相知润州日①，有妇人夫出外数日不归，忽有人报菜园井中有死人，妇人惊往视之。号哭曰："吾夫也。"遂以闻官。公令属官集邻里，就井验是其夫与非，众皆以井深不可辨，请出尸验之。公曰："众皆不能辨，妇人独何以知其为夫？"收付所司鞫问②，果奸人杀其夫，妇人与闻其谋③。

【注释】

①张杲（gǎo）卿，润州：张杲卿，张升，字杲卿，今陕西韩城人，北宋著名的政治家、词人；润州，古州名，今江苏镇江。

②所司，鞫（jū）问：所司，主管部门；鞫问，审问。

③与闻：参与这件事情并且知道内情。

【译文】

张杲卿丞相任职润州知州的时候，有个妇人的丈夫外出很多天都没有回来，忽然有人告诉她说菜园的井里有死人，这个妇人很惊讶地前去查看。号哭着说："是我的丈夫呀。"于是报告官府。张杲卿便命令下属将妇人的邻里召集，以辨认井中的死人是不是她的丈夫，众人都认为井比较深而无法分辨出来，请求将尸体打捞出来后再辨认。张杲卿说："众人都无法分辨，为何只有这个妇人知道井里的死尸是她的丈夫呢？"于是便将这个妇人交给主管部门收押审问，果然是妇人的奸夫将其丈夫杀害的，妇人也参与了这件事情并知道全部的内情。

142. 天下吏人素无常禄

【原文】

天下吏人素无常禄①，唯以受赇为生②，往往致富者。熙宁三年，始制天下吏禄，而设重法以绝请托之弊。是岁，京师诸司岁支吏禄钱三千八百三十四贯二百五十四，岁岁增广，至熙宁八年，岁支三十七万一千五百三十三贯一百七十八。自后增损不常，皆不过此数。京师旧有禄者，及天下吏禄，皆不预此数。

【注释】

①吏人：吏人和公人，合称为公吏。宋朝时期，担任文职的下属办事人员，称为吏人；执行各种事务的下属办事人员，称为公人。

②赇（qiú）：贿赂。

【译文】

天下间的公吏向来是没有固定俸禄的，只有依靠受贿来维持生活，也通常会有因此而致富的人。熙宁三年，朝中开始为天下的公吏制定了俸禄，也设置了重法以杜绝贿赂的弊病。当年，京师各部门一年支出的公吏的俸禄钱有三千八百三十四贯二百五十四，此后每年都有所增长，到了熙宁八年，每年所支出的公吏的俸禄钱达到三十七万一千五百三十三贯一百七十八。自此之后的增减都不固定，不过每年的支出也都不会再超过这个数额了。京师之前有些有俸禄的吏人，以及天下间吏人的俸禄，都不在这个数额之内。

143. 宋朝茶法

【原文】

本朝茶法，乾德二年，始诏在京、建州、汉、蕲口各置榷货务①。五年，始禁私卖茶，从不应为情理重②。太平兴国二年，删定禁法条贯，始立等科罪。淳化二年，令商贾就园户买茶，公于官场贴射，始行贴射法③。淳化四年，初行交引，罢贴射法。西北入粟给交引，自通利军始④。是岁，罢诸处榷货务，寻复依旧。至咸平元年，茶利钱以一百三十九万二千一百一十九贯三百一十九为额，至嘉祐三年，凡六十一年用此额，官本杂费皆在内，中间时有增亏，岁入不常。咸平五年，三司使王嗣宗始立三分法⑤，以十分茶价，四分给香药，三分犀象，三分茶引。六年，又改支六分香药、犀象，四分茶引。景德二年，许人入中钱、帛、金银，谓之"三说"。至祥符九年，茶引益轻，用知秦州曹玮议⑥，就永兴、凤翔以官钱收买客引，以捄引价，前此累增加饶钱⑦。至天禧二年，镇戎军纳大麦一斗，本价通加饶，共支钱一贯二百五十四。乾兴元年改三分法，支茶引三分，东南见钱二分半，香药四分半。天圣元年，复行贴射法，行之三年，茶利尽归大商，官场但得黄晚恶茶，乃诏孙奭重议⑧，罢贴射法。明年，推治元议省吏、计覆官、旬献等，皆决配沙门岛，元详定枢密副使张邓公、参知政事吕许公、鲁肃简各罚俸一月⑨，御史中丞刘筠、入内内侍省副都知周文质、西上阁门使薛昭廓、三部副使，各罚铜二十斤；前三司使李谘落枢密直学士⑩，依旧知洪州。皇祐三年，算茶依旧只用见钱。至嘉祐四年二月五日，降敕罢茶禁。

【注释】

①建州，汉，蕲口：建州，州名，今福建建瓯；汉，汉口，今湖北武汉；蕲口，今湖北蕲春蕲州镇。

②从不应为情理重：对于那些不遵守禁私贩卖茶法令的人，依据犯罪情节严重的条款，从重处罚。

③贴射法：宋朝时期，官买官卖茶叶的一种转换方式。如果商人能够补上官府买卖茶叶所得的净利息钱，那么就允许商人直接向茶场园户采购并贩卖茶叶。

④通利军：行政区划名，今河南浚县。

⑤王嗣宗：字希阮，今山西汾阳人。

⑥曹玮（wěi）：字宝臣，今河北人，宋朝将领。

⑦加饶钱：加耗钱，以各种损耗为由，多收出来的费用。

⑧孙奭（shì）：字宗古，今山东东平人，官至兵部侍郎。

⑨张邓公，吕许公，鲁肃简：张邓公，张士逊，字顺之，今湖北光化人，官至宰相；吕许公，吕夷简，字坦夫，开封人，官至宰相；鲁肃简，鲁宗道，字贯之，今安徽亳县人，官至参知政事。

⑩李谘（zī）：字仲询，今江西新余人，官至户部侍郎。

【译文】

宋朝的茶法，乾德二年，朝中开始下诏令在京师、建州、汉口、蕲口各处设置榷货务。乾德五年，开始禁止私自贩卖茶叶，触犯法令者会从重处罚。太平兴国二年，删除、修订了禁止私自贩卖茶叶的法令，开始制定出科罪等级以处罚触犯法令的人。淳化二年，允许商人前往茶园买茶，官府在茶场中收取商人缴纳的利息，由此开始实行贴射法。淳化四年，开始实行交引法，于是贴射法便被废除了。商人向西北地区缴纳粮食给以交引，这种措施从通利军开始实施。当年，各地的榷货务也被一一废止，但没过多久又恢复如初了。到了咸平元年，茶税以一百三十九万二千一百一十九贯三百一十九钱为固定数额，到了嘉祐三年，总共有六十一年都在使用这个固定数额，官本杂费都包含在内，中间也时增时减，年收入也并不固定。咸平五年，三司使王嗣宗首创三分法，以茶价为十分来计算，四分支付香药，三分支付犀牛角和象牙，三分支付茶引。六年，又改为六分支付香药、犀牛角、象牙，四分支付茶引。景德二年，允许商人以钱、帛、金银入中，称为"三说"。到了祥符九年，茶引越来越低贱，朝廷采纳了秦州知州曹玮的提议，以永兴军、凤翔府用国库内的钱将商人手中的茶引收购过来，以此来拯救茶引的价格，此前还曾数次增加了加耗钱。到了天禧二年，镇戎军缴纳一斗大麦，本价加上加耗钱，一共支出一贯二百五十四钱。乾兴元年更改三分法，三分支付茶引，二分半支付东南见钱（前往东南地区领取现钱），四分半支付香药。天圣元年，又重新施行贴射法，这种方法施行了三年，茶叶的利润全部都归于大商人的手中，官场只

161

能卖黄茶或者是比较劣质的茶，于是又下诏让孙奭重新审议此事，便又废止了贴射法。到了第二年，追究查处主张恢复贴射法的元议省吏、计覆官、旬献等官吏，都被发配到了沙门岛，原详定官枢密副使张邓公、参知政事吕许公、鲁肃简各自罚俸一个月，御史中丞刘筠、入内内侍省副都知周文质、西上阁门使薛昭廓、三部副使，各自罚二十斤铜；前三司使李谘被撤销了枢密直学士的贴职，依旧任职洪州知州。皇祐三年，茶税依旧只使用现钱。到了嘉祐四年二月五日，则又下发敕令废止了茶禁。

卷十三·权智

　　权智，有三个层面的意思：字面意思是面对突发情况时的一种智慧；从政治上来说，是一种权术；从军事上来讲，偏于"诈术"。而在沈括所著的《梦溪笔谈》中，权智并没有涉及政治一层，而大多都是关于军事的故事，此外还有对欺诈山民的下层官吏的记述，还有对奇特办案的记述等，趣味性比较浓，史料价值非常高。

144. 雨　盘

梦溪笔谈
全鉴
珍藏版

【原文】

陵州盐井①，深五百馀尺，皆石也，上下甚宽广，独中间稍狭，谓之"杖鼓腰"。旧自井底用柏木为干，上出井口，自木干垂绠而下，方能至水。井侧设大车绞之。岁久，井干摧败，屡欲新之，而井中阴气袭人，入者辄死，无缘措手。惟候有雨入井，则阴气随雨而下，稍可施工，雨晴复止。后有人以一木盘，满中贮水，盘底为小窍，酾水一如雨点②，设于井上，谓之"雨盘"，令水下终日不绝，如此数月，井干为之一新，而陵井之利复旧。

【注释】

①陵州：今四川仁寿。宋朝初期是个小州，后来降为县，后又因当地有盐井，又改为陵井监、仙井监。

②酾（shāi）水：洒水。

【译文】

陵州的盐井，有五百多尺深，井壁全部都是石头，井的上下部都比较宽敞，唯独中间稍微有些狭窄，称为"杖鼓腰"。之前在井底立了柏木为井干（井上围栏），上出于井口，从木干上将汲绠（汲水用的绳子）垂至井底，才能够取得盐水。井的旁边设置了一个大绞车以绞上来汲器。年

岁久了，井干摧败，多次想要更换成新的，但因井中阴气袭人，进去的人通常会丧命于此，人们都不敢下井施工。只有等到下雨的时候，阴气随雨水下降再进入井中，刚刚可以施工，雨停天晴后便要停止。后来有人用一个大木盘在里面装满水，木盘的底部有很多小孔，这样洒水就好比下雨一般，将其放置于井上，称为"雨盘"，让水终日不绝，这般持续了几个月，井干便又全部换成了新的，而陵井盐又可以像以前那样获利了。

145. 狄青为将

【原文】

宝元中，党项犯塞[1]，时新募万胜军未习战阵，遇寇多北。狄青为将[2]，一日尽取万胜旗付虎翼军，使之出战。虏望其旗易之[3]，全军径趋，为虎翼所破，殆无遗类。又青在泾原，尝以寡当众，度必以奇胜，预戒军中，尽舍弓弩，皆执短兵器，令军中闻钲一声则止[4]，再声则严阵而阳却，钲声止则大呼而突之，士卒皆如其教。才遇敌，未接战，遽声钲，士卒皆止，再声皆却，虏人大笑，相谓曰："孰谓狄天使勇？"时虏人谓青为"天使"。钲声止，忽前突之，虏兵大乱，相蹂践死者，不可胜计也。

【注释】

①党项：西夏。
②狄青：字汉臣，今山西汾阳人，北宋名将，官至枢密使。
③易：轻视。
④钲（zhēng）：锣。

【译文】

宝元年间，西夏侵犯宋朝边塞，当时新招募的万胜军还没有熟习战阵，遭遇敌寇而多以失败告终。狄青任职将领后，一天将万胜军的旗帜全部取来后交给虎翼军，让虎翼军出战。敌军看见了万胜军的旗帜便非常轻视，全军径直冲出，最后被虎翼军所破，几乎没有人幸存下来。还有一次狄青在泾原路守边的时候，曾经以少量兵马阻挡大批敌军，思虑一定要出奇制胜才可以，所以事先便告诫军中，将弓弩全部舍弃，都拿着短兵器，并命令军中听到锣响一声后就停止，锣声再次响起的时候则严阵以待而且还要假装撤退，锣声再次停止时则要大呼并突击敌军，军中士卒全部都听从他的安排。刚刚遭遇敌军，还没有交战，狄青便立即命人敲锣，士卒则都停止，锣声再次响起来的时候，士卒则全部退却，敌人看此情景大笑不已，相互说："谁说狄天使是勇猛的将领的？"当时敌人将狄青称为狄天使。锣声再次停止，士卒忽然返身突击敌军，敌军大乱，相互践踏踩死的人，不可胜数。

146. 王元泽巧对

【原文】

王元泽数岁时①，客有以一麞一鹿同笼以献。客问雱："何者是麞，何者是鹿？"雱实未识，良久对曰："麞边者是鹿，鹿边者是麞。"客大奇之。

【注释】

①王元泽：王雱（pāng），字元泽，王安石的儿子。

【译文】

王元泽几岁的时候，有个客人以同笼中的一头獐子和一只鹿来询问他："哪个是獐，哪个是鹿呢？"王元泽实际上并不认识这二者，很久后才回答说："獐子的旁边是鹿，鹿的旁边是獐子。"客人对他的回答感到非常惊讶。

147. 雷简夫治理水患

【原文】

陕西因洪水下大石塞山涧中，水遂横流为害。石之大有如屋者，人力不能去，州县患之。雷简夫为县令①，乃使人各于石下穿一穴，度如石大，挽石入穴窨之，水患遂息也。

【注释】

①雷简夫：字太简，今陕西合阳人，早年时期隐居，仁宗时期任职殿中丞。在历史记载中，没有写过他曾经任职过县令。

【译文】

陕西地区因为洪水将大石冲下堵塞了山涧，致使水流成灾。这块大石犹如一座房子那么大，是人力所无法移动的，州县都因此非常忧虑。雷简夫当时是县令，于是便让人各自在巨石下面穿一个坑穴，思量着当坑穴如大石一般大的时候，便将巨石拉进坑穴中窖起来，水患便被平息了。

148. 陈述古辨盗

【原文】

陈述古密直知建州浦城县日①，有人失物，捕得莫知的为盗者。述古乃绐之曰："某庙有一钟能辨盗，至灵！"使人迎置后阁祠之，引群囚立钟前，自陈不为盗者，摸之则无声；为盗者，摸之则有声。述古自率同职，祷钟甚肃，祭讫②，以帷围之，乃阴使人以墨涂钟，良久，引囚逐一令引手入帷摸之，出乃验其手，皆有墨，唯有一囚无墨，讯之，遂承为盗。盖恐钟有声，不敢摸也。此亦古之法，出于小说③。

【注释】

①陈述古，浦城县：陈述古，陈襄，字述古，今福建福州人，为官公正廉明，知人善用；浦城县，今福建浦城。

②讫：完毕。

③小说：宋朝小说为说话家数之一。说话是唐宋时期民间艺人讲说故事的专称，同现在的说书比较相似。

【译文】

枢密院直学士陈述古任职建州浦城县县令的时候，有人丢失了东西，官府抓到了一些嫌疑犯，不知道谁是盗窃的人。于是陈述古便谎称："某座庙里有一口钟能够分辨盗匪，很是灵验！"于是便让人将这口钟抬到了后室并供奉起来，这些嫌疑犯被带到钟前，并告诉他们如若不是盗匪，摸钟则不会响；如若是盗匪，摸钟就会有声响。陈述古亲自带着自己的同职人员，非常严肃地在钟前祈祷，祭祀完毕之后，让人用帷帐将钟罩起来，又暗自派人将墨水涂在钟上，涂完之后，便让嫌疑犯挨个将手伸入帷帐中摸钟，出来后就会有人检验他们的手，都有墨水，唯独有一个嫌疑犯手上没有墨水，于是便审讯他，他也承认了自己是盗匪。大概是害怕钟会有响声，所以才不敢摸的吧。这也是古时候的方法，此法出自小说。

149. 侯叔献治理汴堤

【原文】

熙宁中，濉阳界中发汴堤淤田[1]，汴水暴至，堤防颇坏陷，将毁，人力不可制。都水丞侯叔献时涖其役[2]，相视其上数十里有一古城，急发汴堤，注水入古城中，下流遂涸，急使人治堤陷。次日，古城中水盈，汴流复行，而堤陷已完矣，徐塞古城所决，内外之水平而不流，瞬息可塞，众皆伏其机敏。

【注释】

①濉（suī）阳：今安徽濉溪水。

②侯叔献：字景仁，今江西人。

【译文】

熙宁年间，濉阳地区开汴水堤防治淤田，汴水突然暴涨，堤防多处都被损坏，快要毁掉了，人力无法制止。都水丞侯叔献亲自前来指挥，几度巡视下发现几十里处有一座古城，于是便急忙打开汴堤，将汴水引入古城中，于是汴水下流便干涸了，又急忙让人治理堤防塌陷的地方。第二天，古城中的水已经盈满，汴水又沿着之前的行道往下游流去，而下游堤防塌陷的地方也已经被修理好了，慢慢地阻塞了古城所挖开的口子，古城的水和汴水同处一个位置而不再流动，很快就能够将决口阻塞了，众人都佩服侯叔献的机敏。

卷十四 · 艺文一

　　《梦溪笔谈》中的《艺文》分成了三卷内容，而每一卷内容所占的篇幅并不多，而且大部分都属于诗学的范畴，并以音韵学、文字学为多。此外，有人猜测，沈括曾经写过《诗话》一书，便怀疑是从《梦溪笔谈》中辑录而来的，而非由他原本所著。

150. 钩辀与郭索

【原文】

欧阳文忠尝爱林逋诗歌"草泥行郭索，云木叫钩辀"之句，文忠以为语新而属对亲切。钩辀，鹧鸪声也，李群玉诗云[1]："方穿诘曲崎岖路，又听钩辀格磔声。"郭索，蟹行貌也。扬雄《太玄》曰[2]："蟹之郭索，用心躁也。"

【注释】

[1]李群玉：晚唐诗人，曾经任职校书郎。

[2]《太玄》：《太玄经》，西汉末期扬雄所著的哲学著作。

【译文】

欧阳修曾经特别喜欢林逋的"草泥行郭索，云木叫钩辀"这两句诗，欧阳修认为这两句诗用词比较新颖而又对仗亲切。钩辀，是形容鹧鸪声的，李群玉诗中说："方穿诘曲崎岖路，又听钩辀格磔声。"郭索，是螃蟹爬行的样子。扬雄的《太玄经》中说："蟹之郭索，用心躁也。"

151. 相错成文

【原文】

韩退之集中《罗池神碑铭》，有"春与猿吟兮，秋与鹤飞"[1]，今验石刻，乃"春与猿吟兮，秋鹤与飞"。古人多用此格，如《楚词》："吉日兮辰良"，又"蕙肴蒸兮兰藉，奠桂酒兮椒浆"。盖欲相错成文，则语势矫健耳。杜子美诗[2]："红稻啄馀鹦鹉粒，碧梧栖老凤凰枝。"此亦语反而意全。韩退之《雪诗》："舞镜鸾窥沼，行天马度桥。"亦效此体，然稍牵强，不若前人之语浑成也。

【注释】

①韩退之：韩愈。

②杜子美：杜甫。

【译文】

韩愈的文集《罗池神碑铭》中，有"春与猿吟兮，秋与鹤飞"一句，而今用铭文石刻本对照，乃是"春与猿吟兮，秋鹤与飞。"古人大多都采用这样的修辞方式，比如《楚辞》中有"吉日兮辰良"，又有"蕙肴蒸兮兰藉，奠桂酒兮椒浆。"大概是有意将两句交错成文，以此让语势显得更加矫健。杜甫的诗说："红稻啄馀鹦鹉粒，碧梧栖老凤凰枝。"这也是用反语来使语意更加的丰富、全面。韩愈的《雪诗》中有"舞镜鸾窥沼，行天马度桥"。也是效仿的这种方式，只是稍微有些牵强罢了，不如前人那般浑然天成。

152. 唐人作富贵诗

【原文】

唐人作富贵诗，多纪其奉养器服之盛，乃贫眼所惊耳①。如贯休《富贵曲》云："刻成筝柱雁相挨。"此下里鬻弹者皆有之，何足道哉？又韦楚老《蚊诗》云："十幅红绡围夜玉。"十幅红绡为帐，方不及四五尺，不知如何伸脚？此所谓不曾近富儿家。

【注释】

①贫眼：贫穷人的眼中。

【译文】

唐朝人所写的富贵诗，大多都是记录自己平日里衣食器物的丰盛，只是让贫穷人眼中感觉惊奇而已。比如贯休的《富贵曲》中说："刻成筝柱雁相挨。"这是乡下卖唱的人都有的事物，有什么可以炫耀的呢？又有韦楚老《蚊诗》说："十幅红绡围夜玉。"以十幅红绡制作蚊帐，也不过才四五尺，都不知道是怎么伸脚的？这就是所谓的没有见过真正富贵之家的人。

153. 旬锻月炼

【原文】

诗人以诗主人物，故虽小诗，莫不埏蹂极工而后已①。所谓"旬锻月炼"者，信非虚言。小说崔护《题城南诗》，其始曰："去年今日此门中，人面桃花相映红。人面不知何处去，桃花依旧笑春风。"后以其意未全、语未工，改第三句曰："人面只今何处在"。至今所传此两本，唯《本事诗》作"只今何处在"。唐人工诗，大率多如此，虽有两"今"字，不恤也，取语意为主耳。后人以其有两"今"字，只多行前篇。

【注释】

①埏（shān）蹂：原意指在制作陶器的时候，反复和土揉泥，后来便指锤炼。

【译文】

唐人大多都是以诗作来评价作者的，所以即便是作小诗，作诗者也会极尽锤炼以致工整极致后才肯罢休。所说的"旬锻月炼"，说的自然不是虚话。关于崔护《题城南诗》的小说记载，它的开始说："去年今日此门中，人面桃花相映红。人面不知何处去，桃花依旧笑春风。"后来因为其表述的语意不全，语言不工，于是便将第三句改为"人面只今何处在"。至今还都传诵着这两种文体，只有《本事诗》中作"只今何处在"。唐人追求诗中的精工，大多都诸如此般了，虽然改成了两个"今"字，但是作者也没有丝毫的顾及，最为主要的是语意完善。后人也因为这个版本而有两个"今"字，所以大多都采用前面的那个版本。

154. 书之阙误有可见于他书者

【原文】

书之阙误①，有可见于他书者。如《诗》："天天是椓。"后汉《蔡邕传》作"天天是加"，与"速速方谷"为对。又"彼岨矣，岐有夷之行"。《朱浮传》作"彼岨者，岐有夷之行"。《坊记》："君子之道，譬则坊焉。"《大戴礼》："君子之道，譬犹坊焉。"《夬卦》："君子以施禄及下，居德则忌。"王辅嗣曰："居德而明禁。"乃以"则"字为"明"字也。

【注释】

①阙误：疏漏错误的地方。

【译文】

书中一些缺漏和错误的地方，都可以在其他的书中发现。比如《诗》："天天是椓。"《后汉蔡邕传》作"天天是加"，与"速速方谷"相对偶。又有"彼姐矣，岐有夷之行"。《朱浮传》则作"彼姐者，岐有夷之行"。《坊记》中记载："君子之道，譬则坊焉。"《大戴礼》却说："君子之道，譬犹坊焉。"《夬卦》："君子以施禄及下，居德则忌。"王辅嗣则注释说："居德而明禁。"是因为将"则"字误写为"明"字了。

155. 王圣美治字学

【原文】

王圣美治字学①，演其义以为"右文"。古之字书，皆从左文。凡字，其类在左，其义在右。如木类，其左皆从木。所谓"右文"者，如戋，小也，水之小者曰浅，金之小者曰钱，歹之小者曰残，贝之小者曰贱。如此之类，皆以"戋"为义也。

【注释】

①王圣美：王子韶，字圣美，今山西人，官至秘书监。

【译文】

王圣美研究文字学，在推演文字义类的基础上提出了"右文说"。古时候的字书，都是从的"左文（从文字的左偏旁归类）"。但凡一个字，其左边结构表示类别，右边结构表示意义。比如木类别的字，其左边结构都是从的木字旁。所说的"右文"，比如戋字，是小的意思，所以水之小者写为浅，金之小者写作钱，歹之小者写作残，贝之小者写作贱。诸如此类的字，都是以右边的"戋"字为其字面意义。

156. 王圣美谈《孟子》

【原文】

王圣美为县令时，尚未知名，谒一达官①，值其方与客谈《孟子》，殊不顾圣美，圣美窃哂其所论②，久之，忽顾圣美曰："尝读《孟子》否？"圣美对曰："生平爱之，但都不晓其义。"主人问："不晓何义？"圣美曰："从头不晓。"主人曰："如何从头不晓？试言之。"圣美曰："'孟子见梁惠王'，已不晓此语。"达官深讶之③，曰："此有何奥义？"圣美曰："既云孟子不见诸侯，因何见梁惠王？"其人愕然无对。

【注释】

①谒：拜见。

②哂（shěn）：讥笑。

③讶之：对此感到非常惊讶。

【译文】

王圣美做县令的时候，尚且还没有什么名气，他前去拜访一个达官，正好这个达官在和客人谈论《孟子》，根本就顾不上前来拜访的王圣美，王圣美暗地里讥笑他们之间的谈论内容，时间久了，这个达官

突然回头对王圣美说："你读过《孟子》吗？"王圣美回答说："我生平最喜欢此书，却并不知晓它的意思。"达官问道："不知晓什么意思？"王圣美说："从开头开始就不知晓其意思了。"达官说："如何会从头就不知晓，你试着说一下。"王圣美说："'孟子见梁惠王'，已经不知晓这句话的意思了。"达官对此感到非常惊讶，说："这句话有什么深奥的意义吗？"王圣美说："既然说了孟子不拜见诸侯，又为何去拜见梁惠王呢？"这位达官竟然惊讶得无言以对。

157. 《比红儿诗》

【原文】

杨大年因奏事①，论及《比红儿诗》，大年不能对，甚以为恨。遍访《比红儿诗》，终不可得。忽一日，见鬻故书者有一小编，偶取视之，乃《比红儿诗》也。自此士大夫始多传之。予按《摭言》，《比红儿诗》乃罗虬所为，凡百篇，盖当时但传其诗而不载名氏，大年亦偶忘《摭言》所载。

【注释】

①奏事：上奏政事。

【译文】

杨大年在上奏政事的时候，皇上谈起了《比红儿诗》，杨大年没办法回答，心中甚是悔恨。于是便遍访《比红儿诗》，却一直都没有得到。忽然有一天，杨大年看到卖旧书的人那里有一本小册子，偶然拿来观看，乃是《比红儿诗》。自此之后士大夫们才开始传读此书。我查看《摭言》，《比红儿诗》乃是罗虬所著，总共有一百篇，大概当时只流传了诗而没有记载作者的姓名，杨大年偶尔也会忘记《摭言》的记载。

158. 古文之初

【原文】

往岁士人多尚对偶为文。穆修、张景辈始为平文①，当时谓之"古文"。穆、张尝同造朝，待旦于东华门外，方论文次②，适见有奔马践死一犬，二人各记其事，以较工拙。穆修曰："马逸，有黄犬遇蹄而毙。"张景曰："有犬，死奔马之下。"时文体新变，二人之语皆拙涩③，当时已谓之工，传之至今。

【注释】

①穆修，张景：穆修，字伯长，今山东汶上人，曾经任职文学参军，提倡散文；张景，字晦之，今湖北人，宋朝初期古文运动的先驱。

②文次：古文的章法。

③拙涩：迟钝晦涩。

【译文】

往年的士人大多都崇尚对偶的骈体文。从穆修、张景等人开始推崇散文，当时称为"古文"。穆修、张景曾经一起入朝进谒，在东华门外等待着天亮，二人在讨论古文章法的时候，正好看到有一匹飞奔的马踏死了一条狗，二人便各自将这件事情记述了下来，以此来比较二人功夫的精拙。穆修说："马逸，有黄犬遇蹄而毙。"张景说："有犬，死奔马之下。"当时文体刚刚开始变化，两个人的语言都比较迟钝晦涩，不过当时已可称为精工了，并传诵至今。

159. 集 句 诗

【原文】

古人诗有"风定花犹落"之句①，以谓无人能对。王荆公以对"鸟鸣山更幽"。"鸟鸣山更幽"本宋王籍诗②，元对"蝉噪林逾静，鸟鸣山更幽"③，上下句只是一意。"风定花犹落，鸟鸣山更幽"，则上句乃静中有动，下句动中有静。荆公始为集句诗，多者至百韵，皆集合前人之句，语意对偶，往往亲切过于本诗，后人稍稍有效而为者。

【注释】

①风定花犹落：出自南朝梁谢贞的《春日闲居》一诗。

②王籍：字文海，今山东临沂人，南朝梁诗人，博学多才。而沈括却将其误认为是南朝宋诗人。

③元对：原对，原来的对句。

【译文】

古人诗中有"风定花犹落"之类的句子，认为没有人可以对出下联。王安石以"鸟鸣山更幽"为对。"鸟鸣山更幽"原本是南朝宋诗人王籍的诗，原来的对句是"蝉噪林逾静，鸟鸣山更幽"，上下句只有一个意思。"风定花犹落，鸟鸣山更幽"，则是上句为静中有动，下句乃是动中有静。王安石刚开始作的是集句诗，多的时候达到上百首，都是集合前人的诗句作成的，语意对偶，往往亲切的程度要超过原诗，后人也有稍微效仿而作集句诗的。

160. 李氏女子甚有佳句

【原文】

毗陵郡士人家有一女①，姓李氏，方年十六岁，颇能诗，甚有佳句，吴人多得之。有《拾得破钱诗》云："半轮残月掩尘埃，依稀犹有开元字。想得清光未破时，买尽人间不平事。"又有《弹琴诗》云："昔年刚笑卓文君，岂信丝桐解误身。今日未弹心已乱，此心元自不由人。"虽有情致，乃非女子所宜。

【注释】

①毗陵郡：今江苏常州。

【译文】

毗陵郡中一个士人的家里有个女儿，姓李，年方十六岁，颇能够写诗，而且还有很多佳句，大多都被吴人所得。她曾著有《拾得破钱诗》说："半轮残月掩尘埃，依稀犹有开元字。想得清光未破时，买尽人间不平事。"还有《弹琴诗》说："昔年刚笑卓文君，岂信丝桐解误身。今日未弹心已乱，此心元自不由人。"虽然诗句比较有情致，却并非是适合女子作的。

卷十五·艺文二

　　《艺文二》卷和《艺文一》卷相同，都是对音韵学、文字学的研究探讨，大多属于诗学范畴。

161. 切韵之学

【原文】

切韵之学[1]，本出于西域。汉人训字，止曰"读如某字"，未用反切。然古语已有二声合为一字者，如"不可为叵""何不为盍""如是为尔""而已为耳""之乎为诸"之类，以西域二合之音，盖切字之原也。如"𪓵"字[2]，文从"而""犬"，亦切音也。殆与声俱生，莫知从来。

【注释】

①切韵之学：反切法为汉字注音的学问。始于佛教传入中国之后，西域的僧人经常使用梵文和汉文相互注音的方法。后来便创出用汉字表示的声母和韵母，这也是古时候人们的主流拼音方式。

②𪓵：也就是"软"字，在古籍中这两个字可以通用。

【译文】

用反切法来为汉字注音的学问，原本发源于西藏。汉代的学者为汉字注音的时候，只称"读如某字"，还没有使用过反切法。然而古语中已经有两个发音合为一个字的例子，比如"不可为叵""何不为盍""如是为尔""而已为耳""之乎为诸"之类的，使用的是西域用两音（声母和韵母）合为一个字的方法，这大概是反切用法的源头。比如"𪓵"字，右边结构是由"而""犬"合音而成，这也是反切拼音。大概拼音和语言是一起产生的，并不知道它到底是从哪里来的。

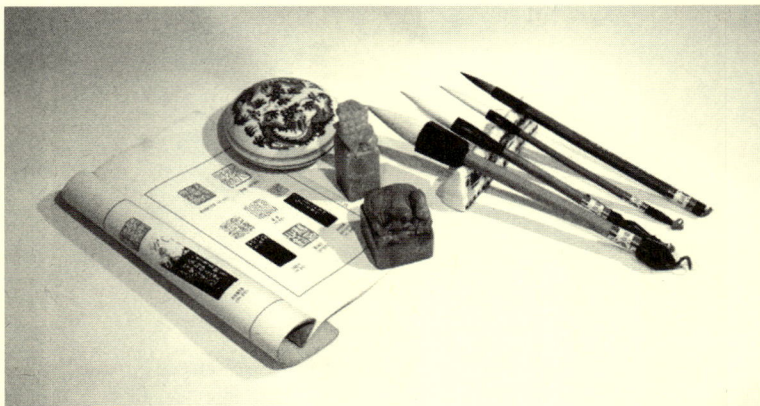

162.《龙龛手镜》

【原文】

幽州僧行均集佛书中字，为切韵训诂，凡十六万字，分四卷，号《龙龛手镜》，燕僧智光为之序，甚有词辩。契丹重熙二年集。契丹书禁甚严，传入中国者，法皆死。熙宁中，有人自虏中得之，入傅钦之家①。蒲传正帅浙西②，取以镂板。其序末旧云："重熙二年五月序。"蒲公削去之。观其字，音韵次序皆有理法，后世殆不以其为燕人也。

【注释】

①傅钦之：傅尧俞，字钦之，今山东东平人，官至中书侍郎。

②蒲传正：蒲宗孟，字传正，今四川南部县人，官至尚书左丞。

【译文】

幽州的僧人行均集录了佛书中的字，并为其进行反切注音和解释其中的字义，总共有十六万字，分为四卷，名为《龙龛手镜》，燕京的僧人智光为其作了序，非常有文采义理。契丹重熙二年辑刻。契丹对禁书的管制非常严厉，将契丹书籍传入中国的人都会依法处死。熙宁年间，有人从辽国得到了这本书，后来这本书流入了傅尧俞的家中。蒲宗孟当时为浙西帅，将这本书拿来进行镂板发行。其序文的最后原本写为："重熙二年五月序。"这句话被蒲宗孟抹去了。看这本书中所辑录的字，其音韵次序都比较有理法，后世大概不会将契丹人看作是这本书的作者。

163. 同 甲 会

【原文】

文潞公居洛日①，年七十八。同时有中散大夫程珦、朝议大夫司马旦、司封郎中致仕席汝言②，皆年七十八。尝为同甲会，各赋诗一首。潞公诗曰："四人三百十二岁，况是同生丙午年。招得梁园为赋客③，合成商岭采芝仙④。清谈亹亹风盈席⑤，素发飘飘雪满肩。此会从来诚未有，洛中应作画图传。"

【注释】

①文潞公：文彦博，字宽夫，今山西人，经历了四朝。

②程珦，司马旦，席汝言：程珦，字伯温，洛阳人，理学家程颢、程颐的父亲，后来因反对王安石变法，称病离朝；司马旦，字伯康，今山西人，司马光的兄长；席汝言，字从君，洛阳人。

③梁园：梁苑，为西汉梁孝王所建立，在今河南省开封市。

④商岭：商山，今陕西商县东。

⑤亹亹（wěi）：形容议论引人入胜。

【译文】

文彦博居住在洛阳的时候，已经七十八岁了。同时还有中散大夫程珦、朝议大夫司马旦、司封郎中致仕席汝言，都是七十八岁。他们四个人曾经举行过同甲会，各自赋诗一首。文彦博的诗为："四人三百十二岁，况是同生丙午年。招得梁园为赋客，合成商岭采芝仙。清谈亹亹风盈席，素发飘飘雪满肩。此会从来诚未有，洛中应作画图传。"

164. 河中府鹳雀楼

【原文】

河中府鹳雀楼三层①，前瞻中条②，下瞰大河。唐人留诗者甚多，唯李益、王之奂、畅诸三篇能状其景③。李益诗曰："鹳雀楼西百尺墙，汀洲云树共茫茫。汉家箫鼓随流水，魏国山河半夕阳④。事去千年犹恨速，愁来一日即知长。风烟并在思归处，远目非春亦自伤。"王之奂诗曰："白日依山尽，黄河入海流。欲穷千里目，更上一层楼。"畅诸诗曰："迥临飞鸟上，高出世尘间，天势围平野，河流入断山。"

【注释】

①河中府：今山西永济蒲州镇。

②中条：中条山，今山西西南部，山势比较狭长。

③李益，王之奂，畅诸：李益，字君虞，今甘肃武威人，唐宪宗时期官至礼部尚书；王之奂，即王之涣，字季陵，今山西太原人，盛唐时期的著名诗人；畅诸，唐朝汝州人。

④魏国：春秋战国时期的魏国。

【译文】

河中府中的鹳雀楼有三层，前面可以望见中条山，下面可以看到黄河。唐朝时期在这里留下诗作的人很多，唯有李益、王之奂、畅诸的三篇诗最能够描绘出鹳雀楼的景象。李益的诗中说："鹳雀楼西百尺墙，汀洲云树共茫茫。汉家箫鼓随流水，魏国山河半夕阳。事去千年犹恨速，愁来一日即知长。风烟并在思归处，远目非春亦自伤。"王之奂的诗中说："白日依山尽，黄河入海流。欲穷千里目，更上一层楼。"畅诸的诗中说："迥临飞鸟上，高出世尘间，天势围平野，河流入断山。"

165. 宋海陵王墓铭

【原文】

庆历中，予在金陵，有饔人以一方石镇肉，视之若有镌刻。试取石洗濯，乃宋海陵王墓铭①，谢朓撰并书。其字如钟繇②，极可爱。予携之十余年，文思副使夏元昭借去，遂托以坠水，今不知落何处。此铭朓集中不载，今录于此："中枢诞圣，膺历受命，于穆二祖，天临海镜。显允世宗，温文著性。三善有声，四国无竞。嗣德方衰，时唯介弟。景祚云及，多难攸启。载骤轱猎，高辟代邸。庶辟欣欣，威仪济济。亦既负扆，言观帝则。正位恭己，临朝渊嘿。虔思宝缔，负荷非克，敬顺天人，高逊明德。西光已谢，东旭又良。龙纛夕俨，葆挽晨锵。风摇草色，日照松光。春秋非我，晚夜何长。"

【注释】

①海陵王：刘休茂，宋文帝的第十四个儿子，后来受左右之人的蛊惑，起兵造反，被杀。

②钟繇：三国时期的曹魏大臣，大书法家。

【译文】

庆历年间，我在金陵，有一个厨师以一块方石来压肉，看上去上面仿佛还镌刻着文字。我便试着洗涤石头，上面的字竟然是刘宋海陵王的墓志铭，是由谢朓撰写并刻于石头上的。其字体和钟繇极其相似，非常可爱。我将它带在身边十多年，后被文思副使夏元昭借去，便以石头坠水为托词未还，现在已经不知道流落何处。这个铭文在谢朓的文集中并没有记载，现在将其抄录在此："中枢诞圣，膺历受命，于穆二祖，天临海镜。显允世宗，温文著性。三善有声，四国无竞。嗣德方衰，时唯介弟。景祚云及，多难攸启。载骧轮猎，高辟代邸。庶辟欣欣，威仪济济。亦既负宸，言观帝则。正位恭己，临朝渊嘿。虔思宝缔，负荷非克，敬顺天人，高逊明德。西光已谢，东旭又良。龙蠡夕俨，葆挽晨锵。风摇草色，日照松光。春秋非我，晚夜何长。"

166. 枣与棘相类

【原文】

枣与棘相类，皆有刺。枣独生①，高而少横枝；棘列生②，卑而成林，以此为别。其文皆从"朿"，音刺，木芒刺也。"朿"而相戴立生者，枣也；"朿"而相比横生者，棘也。不识二物者，观文可辨。

【注释】

①独生：由一主木而生。

②列生：丛生。

【译文】

枣树和酸枣树相似，都带有刺。枣树属于独生，树高而少有横生的树枝；酸枣树丛生，树矮而又成片生长，以此作为区别。二者字形都从朿而读为刺，意为树上长出来的芒刺。带有刺而层层向上纵向生长的是枣树，有刺但相互挨着横向生长的是酸枣树。不认识这两者的，看它们的字形也可以分辨出来。

167. 欧阳文忠好推挽后学

【原文】

欧阳文忠好推挽后学。王向少时为三班奉职①，勾当滁州一镇，时文忠守滁州，有书生为学子不行束脩②，自往诣之，学子闭门不接。书生讼于向，向判其牒曰："礼闻来学，不闻往教③。先生既已自屈，弟子宁不少高？盍二物以收威，岂两辞而造狱④？"书生不直向判，径持牒以见欧公。公一阅，大称其才，遂为之延誉奖进，成就美名，卒为闻人。

【注释】

①王向：字子直，今福建闽侯人。

②束脩（xiū）：交学费入学。

③礼闻来学，不闻往教：出自《礼记·曲礼》，依据礼法，学生应该登门拜师求教，做老师的不可以前往学生家中授课。

④岂两辞而造狱：岂能双方各执一词而前来打官司。

【译文】

欧阳修喜欢提拔好学的后辈。王向少时任职三班奉职，掌管滁州一个镇的事务，当时欧阳修任职滁州知州，有一个教书的先生因为自己的学生不交学费入学，于是他便亲自前往学生的家里授课，学生却关起门来不接纳他。于是老师便向王向状告这个学生，王向在他的状书上写了判词："依据礼法都是学生前来登门拜访求教老师，没听说过老师还要去学生家里授课的。先生既然已经屈尊前去，弟子又怎能怠慢老师呢？何不用刑罚

来收回老师的威严，何必要各执一词而闹上公堂呢？"老师认为王向的判决并不公平，于是径直拿着自己的状书去拜见欧阳修。欧阳修看了判词，大加赞赏王向的才华，于是便为其散布名誉并且夸赞他进取，成就了他的功名，最后成了一个有名气的人。

卷十六·艺文三

　　《艺文三》卷相较于前两卷来说，篇幅最少，主要探讨了"乌鬼"的说法以及《香奁集》的作者之谜，有很高的文学价值。

168. 乌　　鬼

【原文】

　　士人刘克，博观异书。杜甫诗有"家家养乌鬼，顿顿食黄鱼"。世之说者皆谓夔、峡间至今有"鬼户"①，乃夷人也，其主谓之"鬼主"②，然不闻有"乌鬼"之说。又"鬼户"者，夷人所称，又非人家所养。克乃按《夔州图经》③，称峡中人谓鸬鹚为"乌鬼"。蜀人临水居者皆养鸬鹚，绳系其颈，使之捕鱼，得鱼则倒提出之，至今如此。予在蜀中④，见人家有养鸬鹚使捕鱼，信然，但不知谓之"乌鬼"耳。

【注释】

　　①夔、峡：夔州、峡州。

　　②鬼主：唐宋时期称和白蛮相对的乌蛮族的首领为"鬼主"。

　　③《夔州图经》：《夔州路图经》，是通志类的书籍，而今已经散失。

　　④予在蜀中：公元 1040 年之前，沈括跟着自己的父亲在蜀中居住。

【译文】

　　士人刘克，博览各种奇珍异书。杜甫有句诗说"家家养乌鬼，顿顿食黄鱼"。世间的解说者都称夔州、峡州之间至今都还有"鬼户"，为西南夷人，他们的首领被称为"鬼主"，然而却不曾听说"鬼户"还有"乌鬼"这个说法。又有一说为"鬼户"这个说法，是对夷人的称呼，并非是人们家家所豢养的东西。于是刘克依据《夔州图经》，认

为峡州地区的人们将鸬鹚称为"乌鬼"。临水而居的蜀人都养鸬鹚，鸬鹚的脖子上都系着绳子，人们让鸬鹚捕鱼，捕到鱼之后便将鸬鹚倒提着出来，到现在都是这样。我在蜀中居住的时候，看到过有人家养着鸬鹚以让其捕鱼，所以便相信了，但是不知道鸬鹚又被称为"乌鬼"的说法。

169.《香奁集》

【原文】

和鲁公凝有艳词一编①，名《香奁集》。凝后贵，乃嫁其名为韩偓②，今世传韩偓《香奁集》，乃凝所为也。凝生平著述，分为《演纶》《游艺》《孝悌》《疑狱》《香奁》《籝金》六集，自为《游艺集序》云："予有《香奁》《籝金》二集，不行于世。"凝在政府，避议论，讳其名，又欲后人知，故于《游艺集序》实之，此凝之意也。予在秀州，其曾孙和惇家藏诸书，皆鲁公旧物，末有印记，甚完。

【注释】

①和鲁公：和凝，字成绩，今山东东平人，五代时的后晋宰相，入后汉后为鲁国公。

②韩偓：字致尧，今陕西西安人，晚唐时期的诗人，官至翰林学士承旨。

【译文】

和凝编写了一部描写男女之情的艳词，名为《香奁集》。和凝后来身份显贵，于是便假借韩偓这个名字，而今世间流传的韩偓的《香奁集》，乃是和凝所作。和凝生平所作，分为《演纶》《游艺》《孝悌》《疑狱》《香奁》《籝金》六集，他在自己所著的《游艺集序》中说："我有《香奁》《籝金》二集，没有在世间流通。"和凝在朝廷做官的时候，为回避他人的议论，也不会在艳词的著作上署上自己的名字，又想让后世人知道，所以在《游艺集序》中如实叙述了，这也是和凝自己的意思。我在秀州的时候，和凝的曾孙和惇家中还收藏着这些文集，都是和凝的旧物，最后还有印记，非常的完整。

卷十七·书画

　　《书画》卷，顾名思义，所谈论的是有关书画鉴赏方面的内容，不过其中所涉及的书法、绘画理论以及技巧的内容，都有很高的书画史资料价值，被后世很多学者所引用。

170. 耳鉴与揣骨听声

藏书画者，多取空名。偶传为钟、王、顾、陆之笔[1]，见者争售[2]，此所谓"耳鉴"。又有观画而以手摸之，相传以为色不隐指者为佳画[3]，此又在"耳鉴"之下，谓之"揣骨听声"。

【注释】

①钟、王、顾、陆：魏晋南朝著名的书法家钟繇、王羲之，画家顾恺之、陆探微。

②争售：争相购买。

③隐指：隐手，宋朝人的俗语。看似平整，用手摸上去却又高低不平。此处指画作的着色看似是颜料堆积，用手抚摸后并没有凸起的感觉。

【译文】

收藏书画的人，大多都只注重书画家的名字。偶尔听闻某个作品出自钟繇、王羲之、顾恺之、陆探微之手，看到的人便争相购买，这就是所说的"耳鉴"。还有观赏画作的时候用手去摩挲的，相传以手指触摸画布而没有凸起感觉的是佳作，这种鉴赏方式又在"耳鉴"之下，称为"揣骨听声（原意指盲人占卜，占卜的人用手触摸人的骨相，再听人的声音，以此来判断吉凶）"。

171. 善求古人之意

【原文】

欧阳公尝得一古画牡丹丛，其下有一猫，未知其精粗。丞相正肃吴公与欧公姻家[1]，一见曰："此正午牡丹也。何以明之？其花披哆而色燥[2]，此日中时花也；猫眼黑睛如线，此正午猫眼也。有带露花，则房敛而色泽。猫眼早暮则睛圆[3]，日渐中狭长，正午则如一线耳。"此亦善求古人之意也。

【注释】

①正肃吴公：吴育，字春卿，今福建建瓯人，官至参知政事。

②披哆（chǐ）：披散。

③睛：瞳孔。

【译文】

欧阳修曾经得到了一幅画着牡丹丛的古画，牡丹丛下还有一只猫，但欧阳修并不知道这幅画的精拙如何。丞相正肃吴公和欧阳修是姻家，一见到这幅画便说："这是正午时候的牡丹。从何处看出的呢？牡丹花的花朵披散开来而颜色比较干燥，这正是正午时的花；猫的瞳孔成一条线，这正是正午时候的猫。如若是早上带着露水的花，那么花房就应该是收敛的而花色是比较有光泽的。早晚时候猫眼的瞳孔都是圆的，中午之前开始慢慢变得狭长，正午时候就如同一条线了。"这也可以说是比较善于揣摩古人绘画时的意思了。

172. 高益心匠

【原文】

相国寺旧画壁，乃高益之笔①。有画众工奏乐一堵，最有意。人多病拥琵琶者误拨下弦，众管皆发"四"字。琵琶"四"字在上弦②，此拨乃掩下弦，误也。予以谓非误也。盖管以发指为声，琵琶以拨过为声，此拨掩下弦，则声在上弦也。益之布置尚能如此，其心匠可知。

【注释】

①高益：宋初时期的画家。

②四：表示音阶的符号。

【译文】

相国寺里的旧壁画，出自高益之手。其中的一堵墙上画着众乐工奏乐的场景，是最有意趣的。人们多认为其中有一处毛病为弹琵琶的人误拨了下弦，各个管乐器都是发的"四"字音。而琵琶的"四"字音在上弦，此处拨的却是下弦，所以是错误的。我却认为这并非是错误。大概是管乐器是通过手指离开气孔发声，而琵琶则是通过手指拨动相应的弦而发生，此处乐工的手指掩住了下弦，那么其恰恰表示他拨动的是上弦。高益对画作的布置尚且如此精巧，他的匠心也就可想而知了。

173. 书画之妙，当以神会

【原文】

书画之妙，当以神会，难可以形器求也。世之观画者，多能指摘其间形象、位置、彩色瑕疵而已，至于奥理冥造者，罕见其人。如彦远《画评》言①："王维画物②，多不问四时，如画花，往往以桃、杏、芙蓉、莲花同画一景。"予家所藏摩诘画《袁安卧雪图》，有雪中芭蕉，此乃得心应手，意到便成，故造理入神，迥得天意，此难可与俗人论也。谢赫云③："卫协之画④，虽不该备形妙，而有气韵，凌跨群雄，旷代绝笔。"又欧文忠《盘车图诗》云："古画画意不画形，梅诗咏物无隐情。忘形得意知者寡，不若见诗如见画⑤。"此真为识画也。

【注释】

①彦远：张彦远，唐朝后期的书画评论家，字爱宾，今山西临猗南。

②王维：字摩诘，今山西永济人，官至尚书右丞，盛唐时期著名的诗人和画家。

③谢赫：南朝齐梁人，著有《古画品录》。

④卫协：晋初时期的画家。

⑤古画画意不画形，梅诗咏物无隐情。忘形得意知者寡，不若见诗如见画：引用的欧阳修的诗，原本是和梅尧臣而作的，其意思为，古时候的人绘画比较注重意境，不注重形似，梅尧臣的诗则比较注重写实，风格比较平淡，咏物诗比较直露。不过，作诗的时候如若过分追求写实，倒不如试着学学"忘形得意"的方法，以意境为主，让人在读诗的同时犹如在鉴赏一幅画作。梅尧臣：字圣俞，今安徽人，官至员外郎。

【译文】

书画的精妙之处，应该以心神去领会，很难从形迹上来求得。世间观赏画作的人，大多也只能指摘画作中的形象、位置、色彩等方面的瑕疵罢了，至于能够潜心思索画作中的深刻意境的人，那就非常罕见了。比如张彦远的《画评》中说："王维画景物时，大多不会询问四时节气，比如画花的时候，往往会将（不同季节盛开的）桃、杏、芙蓉、莲花画在同一幅景物图中。"我家中所收藏的王维所画的《袁安卧雪图》，画中有雪中芭蕉，这是他得心应手之作，意趣到了即可以水到渠成，所以其中的义理入神，深得天意，这是很难和俗人去讨论的。谢赫说："卫协的画作，虽然无法完整地描绘出精妙的事物外形，却具备神韵，他的画作竟然超越了其他画家，可谓旷代绝笔。"又有欧阳修的《盘车图诗》中说："古画画意不画形，梅诗咏物无隐情。忘形得意知者寡，不若见诗如见画。"这才是真正识得绘画精妙之处的言论呀。

174. 最爱王维画《黄梅出山图》

【原文】

王仲至阅吾家画①，最爱王维画《黄梅出山图》，盖其所图黄梅、曹溪二人②，气韵神检皆如其为人。读二人事迹，还观所画，可以想见其人。

【注释】

①王仲至：王钦臣，字仲至，今河南商丘人。

②黄梅，曹溪：黄梅，唐高僧弘忍，今湖北人，为禅宗第五祖；曹溪，唐高僧慧能，弘忍的弟子，为禅宗第六祖。

【译文】

王仲至浏览我们家收藏的画作，最喜爱王维所画的《黄梅出山图》，大概是其中所画的黄梅、曹溪两个人，气韵神情以及检点的态度，都和他们的为人比较相似。阅读关于此二人的传记，再看看王维所画的这幅画，便能够想象出此二人的真实形象了。

175. 以大为小

【原文】

画牛、虎皆画毛，惟马不画。予尝以问画工，工言："马毛细，不可画。"予难之曰："鼠毛更细，何故却画？"工不能对。大凡画马，其大不过盈尺，此乃以大为小，所以毛细而不可画；鼠乃如其大，自当画毛。然牛、虎亦是以大为小，理亦不应见毛，但牛、虎深毛，马浅毛，理须有别。故名辈为小牛、小虎，虽画毛，但略拂拭而已①，若务详密，翻成冗长，约略拂拭，自有神观，迥然生动，难可与俗人论也。若画马如牛、虎之大者，理当画毛，盖见小马无毛，遂亦不摩，此庸人袭迹，非可与论理也。

【注释】
①略拂拭：略加涂抹。

【译文】

　　画牛、画虎的时候都会画上毛，唯独画马的时候不会画毛。我曾经就此询问过画工，画工说："马毛太细，不可以画。"我责问他说："老鼠的毛更细，为何可以画呢？"画工无法回答。但凡是画马，画的大一点也不过是一尺有余，这是以大为小，所以毛比较细而没办法画；老鼠画的则如真鼠一般大，自然是可以画毛的。然而画牛、画虎也是以大为小，也理当不应该画毛，只是牛、虎的毛都是长毛，而马的毛是短毛，理应是有所分别的。所以名家画小牛、小虎的时候，即便是画毛，也只是略微涂抹几笔罢了，如若要务求毛发的细密，反而会显得冗长，略微的涂抹几笔，自会显示出神韵，迥然生动，很难可以和普通人讨论。如若画马的尺寸和画牛、画虎的尺寸一样大，也理应要画毛，大概是作画之人见小马没有画毛，于是也没有给大马画毛，这只是平庸画家的形迹模仿，和他们是无法讲画理的。

176.　以大观小

【原文】

　　又李成画山上亭馆及楼塔之类①，皆仰画飞檐，其说以谓自下望上，如人平地望塔檐间，见其榱桷②。此论非也。大都山水之法，盖以大观小，如人观假山耳。若同真山之法，以下望上，只合见一重山，岂可重重悉见？兼不应见其溪谷间事，又如屋舍，亦不应见其中庭及后巷中事。若人在东立，则山西便合是远境，人在西立，则山东却合是远境，似此如何成画？李君盖不知以大观小之法，其间折高、折远，自有妙理，岂在"掀屋角"也？

【注释】
①李成：五代宋初时的画家，字咸熙，今山东青州人，擅长山水画。
②榱桷（cuī jué）：房屋的椽子。

【译文】

　　又有李成画山上的亭馆以及楼塔之类的事物，都是以仰观的方式画飞檐，他的解释是自下向上望，如同人站在平地上以仰望楼塔的飞檐结构，甚至可以看到楼塔的橡子。这个言论是不正确的。但凡山水画的画法，大约都是以大观小，就好比人观看假山。如果像观看真山一样去画的话，从下向上望，也只能看到一重山，又岂能看到重重山峦呢？山间的溪谷也应该看不见，又比如屋舍，从前面看去也不应该看到中庭以及后巷中的事物。如若人站在山的东面，那么山的西面就应该属于远景；人如果站在山的西面，那么山的东面就应该是远景，类似于此又该如何（使用自下观上的方法）来成画呢？李成大概是不知道以大观小的方法，其间高低远近的折算，自然有其精妙的道理，又岂只在"掀屋角"的仰观方式呢？

177．画工画佛身光

【原文】

画工画佛身光，有匾圆如扇者，身侧则光亦侧，此大谬也。渠但见雕木佛耳，不知此光常圆也。又有画行佛，光尾向后，谓之"顺风光"，此亦谬也。佛光乃定果之光，虽劫风不可动①，岂常风能摇哉？

【注释】

①劫风：佛教语言，是指世界毁灭的时候，成灾的风。

【译文】

画工画佛像身上的光，有的将光画成扇子那样的扁圆形，佛身偏于一侧的时候则佛光也偏于一侧，这是非常错误的。大概他们仅见到过木雕的佛像，而却不知道佛光通常是圆形的。又有人画行走的佛的光，光尾朝后，称为"顺风光"，这也是极为荒谬的。佛光乃是修成正果的光，即便是世界毁灭时的劫风也是无法吹动的，又岂是一般的风所能动摇的？

178．宋迪工画

【原文】

度支员外郎宋迪工画①，尤善为平远山水，其得意者，有《平沙雁落》《远浦帆归》《山市晴岚》《江天暮雪》《洞庭秋月》《潇湘夜雨》《烟寺晚钟》《渔村落照》，谓之"八景"，好事者多传之。往岁小窑村陈用之善画[2]，迪见其画山水，谓用之曰："汝画信工，但少天趣。"用之深伏其言，曰："常患其不及古人者，正在于此。"迪曰："此不难耳，汝先当求一败墙，张绢素讫，倚之败墙之上，朝夕观之。观之既久，隔素见败墙之上，高平曲折，皆成山水之象。心存目想：高者为山，下者为水；坎者为谷，缺者为涧；显者为近，晦者为远。神领意造，恍然见其有人禽草木飞动往来之象[3]，了然在目。则随意命笔，默以神会，自然境皆天就，不类人为，是谓活笔。"用之自此画格进。

【注释】

①宋迪：字复古，洛阳人，崇尚意境，擅长画寒林、松石，尤其擅长平山远水。

②陈用之：今河南人，擅长画佛道、人马、山川林木。

③恍（huǎng）然：忽然领悟的样子。

【译文】

度支员外郎宋迪擅长绘画，尤其擅长平远山水，他最为得意的作品有《平沙雁落》《远浦帆归》《山市晴岚》《江天暮雪》《洞庭秋月》《潇湘夜雨》《烟寺晚钟》《渔村落照》，称为"八景"，被喜欢的人广为传播。往年小窑村的陈用之擅长绘画，宋迪看到过他画的山水画，对陈用之说："你的画的确精巧，但是少了天然的情趣。"陈用之对他的话很是叹服，说："我经常担心自己的作品比不上古人，原因就在于此啊。"宋迪说："这并不难，你先找一堵破败的墙，再在墙上张挂起一幅白色的绢布，然后倚在这堵坏墙上，早晚观看画布上的投影。看的时间长了，隔着画布也能够看到破败墙的上面，高平曲折，都能够幻化成山水的景象。心存目想：高处的是山，低处的是水；凹陷的地方为山谷，有缺口的地方是山涧；显露的地方为近景，模糊的

地方为远景。神领意造，忽然之间就能够看到破败的墙上有人、有禽兽、有草木飞动的景象，了然在目。此时就可以随意命笔，默然将心中的领会描写出来，自然画中的意境就浑然天成了，便不像人为的那般造作，这就是所谓的活笔。"陈用之使用了这个方法之后，画画的格调也在不断地进步。

179. 江南徐铉善小篆

【原文】

江南徐铉善小篆①，映日视之，画之中心，有一缕浓墨，正当其中；至于曲折处，亦当中，无有偏侧处。乃笔锋直下不倒侧，故锋常在画中，此用笔之法也。铉尝自谓："吾晚年始得蝸匾之法②。"凡小篆喜瘦而长，蝸匾之法，非老笔不能也。

【注释】

①徐铉：字鼎臣，今江苏扬州人。

②蝸（wāi）匾：歪扁，小篆书法，喜正直瘦长，不过，过于正直而没有偏侧，过于瘦长而没有扁圆，就会显得有些呆板。而蝸匾之法，则是折中于隶法于篆书，虽然有歪扁，却也不失正直，很是难得。

【译文】

南唐的徐铉比较擅长小篆，对着太阳看他的作品，都会有一缕浓墨，正好在笔画的中间；至于笔画的屈折处，在正中也有一缕浓墨，从没有偏侧的情况。这是因为笔锋比较直而又不倒退不偏侧，所以笔锋常常位于笔画的正中间，这是小篆书法的运笔方法。徐铉曾经自言："我晚年的时候才摸索出了歪扁之法。"凡是小篆都喜欢瘦长，歪扁之法，如若不是比较老到的书法家是无法做到的。

180. 吴道子画佛留其圆光

【原文】

《名画录》①："吴道子尝画佛②，留其圆光，当大会中，对万众举手一挥，圆中运规，观者莫不惊呼。"画家为之自有法，但以肩倚壁，尽臂挥之，自然中规，其笔画之粗细，则以一指拒壁以为准，自然均匀，此无足奇。道子妙处，不在于此，徒惊俗眼耳。

①《名画录》：朱景玄的《唐朝名画录》。朱景玄：今江苏苏州人，官至翰林学士。

②吴道子：唐朝时期著名的画家，今河南禹州人。

【译文】

《名画录》中说："吴道子曾经画佛像，只留下圆形的佛光没有画，当众人前来观看的时候，他便对着众人举手一挥，画出来的圆形佛光犹如圆规那般规矩，观看的人没有不惊讶的。"画家这样做自然有其自己的方法，只要将肩膀倚在墙壁上，将胳膊伸直并从头顶上挥开来，得出的圆形自然就如同圆规的矩度，其笔画的粗细，则可以以一个手指抵在墙壁上作为其标准，自然是比较均匀，这并没有什么奇怪的。吴道子绘画的精巧之处，并不在这个地方，他这般做法只是为了让众人惊讶一下罢了。

181．晋、宋人墨迹

【原文】

晋、宋人墨迹，多是吊丧、问疾书简。唐贞观中，购求前世墨迹甚严，非吊丧、问疾书迹，皆入内府①。士大夫家所存，皆当日朝廷所不取者，所以流传至今。

【注释】

①内府：皇宫。

【译文】

两晋、刘宋时期的人物墨迹，大多都是吊丧、问疾类的信件。唐朝贞观年间，求购前世墨迹的管制比较严厉，如若不是吊丧、问疾类的书信，都要收入到皇宫之中。士大夫家中所存的，都是当时朝中所不愿收入的，所以才得以流传至今。

182. 江南布衣徐熙与伪蜀翰林待诏黄筌

【原文】

国初，江南布衣徐熙、伪蜀翰林待诏黄筌①，皆以善画著名，尤长于画花竹。蜀平，黄筌并子居宝、居寀、居实，弟惟亮，皆隶翰林图画院，擅名一时。其后江南平，徐熙至京师，送图画院。品其画格，诸黄画花，妙在赋色，用笔极新细，殆不见墨迹，但以轻色染成，谓之"写生"。徐熙以墨笔画之，殊草草，略施丹粉而已，神气迥出，别有生动之意。筌恶其轧己，言其画粗恶不入格，罢之。熙之子乃效诸黄之格，更不用墨笔，直以彩色图之，谓之"没骨图"。工与诸黄不相下，筌等不复能瑕疵，遂得齿院品，然其气韵皆不及熙远甚。

【注释】

①徐熙，黄筌：徐熙，今江苏南京人，五代宋初时期花鸟画不同流派的代表人物之一；黄筌，字要叔，成都人，擅长花鸟画，并自成一派。

【译文】

宋初，江南布衣徐熙、后蜀翰林待诏黄筌，都以擅长绘画而闻名，尤其擅长画花竹。平定后蜀后，黄筌和他的儿子居宝、居寀、居实，还有弟弟惟亮，都隶属于翰林图画院，善于绘画的名声兴起一时。在江南被平定后，徐熙前往京师，也进入翰林图画院任职。品评他们绘画的格调，黄氏父子在画花的时候，其精妙之处在于着色，用笔极为鲜艳细致，几乎是看不见墨迹，只是用很浅的色彩来染成的，称为"写生"。徐熙都是用墨笔画画的，非常潦草，颜色也只是略微施彩而已，神气也迥然而出，别有一番生动之意。黄筌厌恶徐熙的绘画超越了自己，便说徐熙的画比较粗俗而不能入格，于是徐熙便被罢免了图画院的官职。徐熙的儿子乃效仿黄氏的风格，更是不使用墨笔，直接以彩色进行绘画，称为"没骨图"。其精巧和诸黄不分上下，黄筌等人也无法再指出其中的瑕疵，于是徐熙儿子的画才得以进入图画院的作品中，然而其画中的神韵却远远比不上徐熙的画作。

183．书之法度必资讲学

【原文】

予从子辽喜学书①，尝论曰："书之神韵，虽得之于心，然法度必资讲学。常患世之作字，分制无法。凡字有两字、三、四字合为一字者，须字字可拆。若笔画多寡相近者，须令大小均停。所谓笔画相近，如'杀'字，乃四字合为一，当使'乂''木''几''又'四者大小皆均。如'朩'字，乃二字合，当使'上'与'小'二者，大小长短皆均。若笔画多寡相远，即不可强牵使停。寡在左，则取上齐；寡在右，则取下齐。如从口、从金，此多寡不同也，'唫'即取上齐；'釦'则取下齐。如从'朩'从'又'及从'口'从'胃'三字合者，多寡不同，则'叔'当取下齐，'喟'当取上齐。"如此之类，不可不知，又曰："运笔之时，常使意在笔前。"此古人良法也。

【注释】

①辽：沈辽，字睿达，擅长诗文，书法。

【译文】

我的侄子沈辽喜好书法，曾经谈论说："书法的神韵，虽然要通过领悟才可以得到，然而书法的规矩是一定要依靠讲论来学习的。经常看到世间的人写字时的毛病，便是在合体字的拆合安排上并没有章法。凡是有用两个字、三个字、四个字合为一个字的，都必须使得字字都可以拆开。如若笔画多少相近的，就必须让它们的大小均匀。所说的笔画相近，比如'杀'字，乃是由四个字合成的，应该让'乂''木''几''又'四个大小都均等。比如'朩'字，乃是

由两个字合成的，应该让'上'与'小'两个字，大小长短都均等。如若笔画多少相差很远，就可以不必过于牵强地让其均匀了。笔画少的在左边，那么就可以在上面取齐；笔画少的在右边，就可以从下面取齐。如从口、从金，此种笔画多少是不相同的，如若合成了'唫'字则从上面取齐；如若合成了'釦'字则从下面取齐。比如从'朩'从'又'及从'口'从'胃'都属于三个字合成的，笔画多少也不相同，那么'叔'字应该从下面取齐，'喟'字应该从上面取齐。"诸如此类，不可以不知道，他又说："运笔的时候，应该让意在下笔之前。"这是古时候的人在练习书法上面所采用的比较好的方法。

184.《乐毅论》

【原文】

王羲之书，旧传惟《乐毅论》乃羲之亲书于石，其他皆纸素所传。唐太宗裒聚二王墨迹，唯《乐毅论》石本，其后随太宗入昭陵①。朱梁时，耀州节度使温韬发昭陵得之②，复传人间。或曰：公主以伪本易之，元不曾入圹③。本朝入高绅学士家④。皇祐中，绅之子高安世为钱塘主簿，《乐毅论》在其家，予尝见之。时石已破缺，末后独有一"海"字者是也。其家后十馀年，安世在苏州，石已破为数片，以铁束之。后安世死，石不知所在。或云：苏州一富家得之。亦不复见。今传《乐毅论》皆摹本也，笔画无复昔之清劲。羲之小楷字，于此殆绝。《遗教经》之类，皆非其比也。

【注释】

①昭陵：唐太宗的陵墓。

②温韬：今陕西耀州区人，唐末时期为华原镇将。

③圹（kuàng）：墓穴。

④高绅：今浙江人。

【译文】

王羲之的书法作品，旧时传闻只有《乐毅论》才是王羲之亲笔书写于石头上的，其他的都是以纸本、绢本流传的。唐太宗曾经得到了王羲之父子的墨迹，唯有《乐毅论》的石刻版本尚存，之后又随太宗葬于昭陵。朱梁时，耀州节度使温韬挖掘昭陵时得到了《乐毅论》，于是又再次流传于人间。有人说：（石刻在随葬的时候被）公主以伪造的石刻调换了，原本的石刻就没有随葬入墓。这个石刻在本朝高绅学士的家里。皇祐年间，高绅的儿子高安世任职钱塘主簿，《乐毅论》在他的家里，我曾经见到过。当时石刻已经有所破损残缺，最后只有一个"海"字的便是。其后的十多年里，高安世一直在苏州，而这个石刻也破损为几片，以铁箍捆在一起。后来高安世去世，石刻便不知在何处了。有人说石刻被苏州的一个富贵人家所得。不过自此也就没有人再见过了。而今流传的《乐毅论》都是临摹本，笔画已经没有了昔日的清劲。王羲之的小楷作品，到此大概也就绝迹了。《遗教经》之类的，都无法和这个石刻相比。

185． 董源、巨然善画

【原文】

江南中主时①，有北苑使董源善画②，尤工秋岚远景，多写江南真山，不为奇峭之笔。其后建业僧巨然③，祖述源法，皆臻妙理。大体源及巨然画笔，皆宜远观。其用笔甚草草，近视之，几不类物象；远观则景物粲然，幽情远思，如睹异境。如源画《落照图》，近视无功，远观村落杳然深远，悉是晚景，远峰之顶，宛有反照之色，此妙处也。

【注释】

①江南中主：南唐皇帝李璟，942 年即位，后被后周所攻，遂去帝号。

②董源：南唐画家，字叔达，今江西进贤人，擅长水墨山水画。

③巨然：五代宋初画家。

【译文】

江南中主时期，有北苑使董源比较擅长绘画，尤其擅长秋岚远景的画作，大多描写的是江南的真山真水，不作奇特峻峭的笔法。之后建业僧人巨然，继承了董源的笔法，都得其妙理。大体上董源以及巨然的水墨画，都适合远观。他们用笔都非常潦草，近距离观看，几乎看不出类似于物象的东西；远距离观看则景物显露，幽情远思，犹如看到了一个奇观异境。比如董源所画的《落照图》，近距离观看并看不出什么功夫，远距离观看则村庄样貌都深邃深远，都是日落远山时候的景象，远处的山顶上，宛然还有落日的返照之光，这也是他作品的精妙之处。

卷十八 · 技艺

　　本卷主要记述了各种技能和技术，是非常重要的史学材料。比如：喻皓的《木经》，关乎建筑技术方面；毕昇的活字印刷术；沈括的数学；卫朴的天文历法；制弓的原理等。此外，还谈论到古时的弹棋、四人围棋等，也具有文化史的意义。

186.《木经》

【原文】

营舍之法，谓之《木经》，或云喻皓所撰①。凡屋有三分（去声）：自梁以上为"上分"，地以上为"中分"，阶为"下分"。凡梁长几何，则配极几何，以为榱等②。如梁长八尺，配极三尺五寸，则厅堂法也，此谓之上分。楹若干尺，则配堂基若干尺，以为榱等。若楹一丈一尺，则阶基四尺五寸之类。以至承拱、榱桷③，皆有定法，谓之"中分"。阶级有峻、平、慢三等，宫中则以御辇为法：凡自下而登，前竿垂尽臂，后竿展尽臂，为峻道（荷辇十二人：前二人曰前竿，次二人曰前條，又次曰前胁；后二人曰后胁，又后曰后條，未后曰后竿。辇前队长一人，曰传唱；后一人，曰报赛）前竿平肘，后竿平肩，为慢道；前竿垂手，后竿平肩，为平道，此之谓下分。其书三卷。近岁土木之工，益为严善，旧《木经》多不用，未有人重为之，亦良工之一业也。

【注释】

①喻皓：北宋前期的建筑师，浙东人，曾经被欧阳修称为"国朝以来木工第一人"。

②榱（cuī）等：等级，比例。

③承拱：斗拱，梁和柱子之间的承重结构。

【译文】

有专门讨论建造房屋技术的书籍为《木经》，有人称是喻皓所编撰的。这本书将房屋的建造总结为三分（去声）：自梁以上为上分，地面以上为中分，台阶则称为下分。但凡梁的长度有多少，那么梁到屋顶的距离也就要相应的配多少，是为等级规格。比如梁长度八尺，那么梁到屋顶的距离就需要三尺五寸，这属于厅堂的规格，这也是所谓的上分。柱子高若干尺，那么堂基也需要相应的配若干尺，这也是规格。如果柱子长一丈一尺，那么堂前的台阶就需要四尺五寸宽之类。以至于斗拱、椽子等，都有其固定的规格，称为中分。台阶又有峻、平、慢三等，宫中则是以皇帝的御辇出入为规格：凡是从下往上登台阶的时候，前竿下垂有手臂一般长，而后竿上台也如手臂一般长，而以此保持平衡的台阶便称为峻道（抬辇的共有十二个人：前两个人称为前竿，次两个人称为前條，再次两个人称为前胁；之后的两个人称为后胁，再后面的两个人称为后條，最后面的两个人称为后竿。御辇前有一个队长，称为传唱；御辇后面也有一个人，称为报赛）前竿要和肘部相平，后竿要和肩部相平，以此来保持平衡的台阶称为慢道；前竿下垂如手臂一般长，后竿和肩部相平，以此保持平衡的台阶称为平道，这些便称为下分。《木经》这本书共有三卷。近些年来的土木工程，技术要求更加的严谨完善，旧时的《木经》大都不再使用了，不过也没有人再重新编撰一本类似的书，这也应该是优秀的工匠值得注意的一件事情。

187. 布衣毕昇活字印刷

【原文】

板印书籍，唐人尚未盛为之，自冯瀛王始印五经已后[1]，典籍皆为板本。庆历中，有布衣毕昇，又为活板。其法用胶泥刻字，薄如钱唇，每字为一印，火烧令坚。先设一铁板，其上以松脂腊和纸灰之类冒之，欲印则以一铁范置铁板上，乃密布字印，满铁范为一板，持就火炀之，药稍熔，则以一平板按其面，则字平如砥。若止印三、二本，未为简易；若印数十百千本，则极为神速。常作二铁板，一板印刷，一板已自布字。此印者才毕，则第二板已具。更互用之，瞬息可就。每一字皆有数印，如之、也等字，每字有二十馀印，以备一板内有重复者。不用则以纸贴之，每韵为一贴，木格贮之。有奇字素无备者，旋刻之，以草火烧，瞬息可成。不以木为之者，文理有疏密，沾水则高下不平，兼与药相粘，不可取。不若燔土，用讫，再火令药熔，以手拂之，其印自落，殊不沾污。昇死，其印为予群从所得，至今保藏。

【注释】

①冯瀛王：冯道。

【译文】

以雕刻木版的方式印刷书籍，唐朝时期尚且还没有盛行这种方式，自从冯道奏请开始印制五经之后，传统的典籍便都是这种印刷版本了。庆历年间，有个百姓名为毕昇，又发明了活字印刷术。他的方法是用胶泥刻字，犹如铜钱边缘那么薄，每个字作为一个印，然后再用大火烧以使其变得坚硬。事先要设置一块铁板，并在上面涂抹一层用松脂腊和纸灰之类制成的材料，想要印书的时候则将一个铁制的模型放置在铁板上，然后便在模型中密集地排列字印，一个铁模子满了之后就是一版，然后再拿着它去火上烤，板上的材料稍微有些融化的时候，再用一个平板覆盖在上面，那么字印便平了。如若只是印制两三本书，这种方式就不见得简便容易了；如若印几百本上千本书，这种方法是极为神速的。活字印刷通常需要两块铁板，一块铁板在印刷的时候，另一块铁板就需要排列好字。这一块印刷刚刚结束，另一块铁板就已经准备完毕了。这样交替使用，瞬间就可以准备妥当。每个字都有好几个印，比如之、也等类的字，每个字有二十多个印，以备一个铁板中会有重复的。不用的时候则用纸贴住字印，每一个韵的字为一贴，并用木架来贮存。有一些生僻字而平日里又没有备下的，则在使用的时候现场雕刻，并用草火烧制，瞬间就可以制成。活字印刷术之所以不使用木头制作，是因为其纹理有疏有密，沾水就会变得高低不平，而且还很容易和板上的材料混合在一块，无法取下来。不如使用烧泥的方式，用完之后，再用火烤以使得材料融化，然后再用手擦拭，字印自然就脱落了，而且还不会沾上脏污。毕昇死后，他的字印被我的侄子所收藏，至今还都保存在家中。

188. 卫朴精于历术

【原文】

淮南人卫朴精于历术，一行之流也。《春秋》日蚀三十六，诸历通验，密者不过得二十六、七，唯一行得二十九；朴乃得三十五，唯庄公十八年一蚀，今古算皆不入蚀法，疑前史误耳。自夏仲康五年癸巳岁至熙宁六年癸丑，凡三千二百一年，书传所载日食，凡四百七十五。众历考验，虽各有得失，而朴所得为多。朴能不用算[①]，推古今日月蚀，但口诵乘除，不差一算[②]。凡大历悉是算数，令人就耳一读，即能暗诵；傍通历则纵横诵之。尝令人写历书，写讫，令附耳读之，有差一算者，读至其处，则曰："此误某字"，其精如此。大乘除皆不下，照位运筹如飞，人眼不能逐。人有故移其一算者，朴自上至下，手循一遍，至移算处，则拨正而去。熙宁中撰《奉元历》，以无候簿[③]，未能尽其术。自言得六七而已，然已密于他历。

【注释】

①不用算：不使用计算工具。

②一算：一个数。

③候簿：观测记录。

【译文】

淮南人卫朴精通历法，如同唐朝僧一行那般的人物。《春秋》一书中关于日食的记载有三十六处，各位历法家通加验证，比较精密的也不过是推测出了二十六七次，只有僧一行推算出了二十九次；卫朴乃推算出了三十五次，独有庄公十八年的那一次日食，古今历法中都没有符合其日期规律的，怀疑是《春秋》一书记述错误。自从夏代仲康五年癸巳岁到熙宁六年癸丑，总共三千二百零一年，书中所记载的日食，总共有四百七十五次。依据各种历法进行考验，虽然各有得失，但卫朴所得到的次数是最多的。卫朴可以不使用测算工具，便可以推算出古今的日食月食，只用口算来计算加减乘除，竟然不差一个数。但凡正式的历法书籍都是算术，卫朴让人在耳边读上一遍，就能够将其背诵下来了；对于民间的一些历法书籍他也可以纵横背诵。他曾经让人抄录历法书籍，写完之后，便让人在他耳边诵读一遍，其中有算错一个数的，读到这个地方时，卫朴则会说："此处的某字是错误的"，卫朴的精妙算术已经达到如此地步。他在运算的时候即便是大的数字也可以不一一运算下去，只需要对着数字就可以运筹如飞，让人眼花缭乱无法跟上。有人故意将一个数字的位置移动了一下，卫朴自上而下，用手摸了一遍，到了被移动的位置时，就直接将这个数拨正了。熙宁年间卫朴编撰了《奉元历》，因为没有实际观测记录，所以卫朴的才能并没有全部发挥出来。卫朴也自称这部书的可靠性也只有六七层，然而已经精密于其他的历法书籍了。

189. 梵天寺建一木塔

【原文】

钱氏据两浙时①，于杭州梵天寺建一木塔，方两三级，钱帅登之②，患其塔动。匠师云："未布瓦，上轻，故如此。"乃以瓦布之，而动如初。无可奈何，密使其妻见喻皓之妻，赂以金钗，问塔动之因。皓笑曰："此易耳，但逐层布板讫，便实钉之，则不动矣。"匠师如其言，塔遂定。盖钉板上下弥束，六幕相联如胠箧。人履其板，六幕相持[3]，自不能动。人皆伏其精练。

【注释】

①钱氏：五代吴越国的吴越王钱镠（liú）以及他的子孙，代指吴越政权。

②钱帅：钱镠的孙子，钱俶。

③六幕：上、下、左、右、前、后六个面。

【译文】

钱氏占据两浙地区的时候，在杭州梵天寺内建造了一座木塔，刚刚建了两三层，钱俶便登上了木塔，担忧木塔晃动。工匠师便说："木塔还没有布瓦，上面比较轻，所以会有晃动的感觉。"于是便将瓦布好，可还是和之前一样晃动。工匠毫无办法，便私下里让自己的妻子去拜见喻皓（著名的建筑师）的妻子，并以金钗作为贿赂，询问塔动的原因。喻皓笑着说："这很容易，只需要将木板逐层安装好后，用钉子将其钉实，就不会动了。"工匠师依照他的话去做，于是木塔便稳定了。大概是木板钉死后上下的约束会更加紧密，上下左右前后六个面都相互连接，自然就无法晃动了。人们都佩服喻皓对建筑的精练。

卷十九·器用

　　此卷所说的都是些古器物，比如铜黄彝、谷璧、吴钩、弩机、沈卢剑、凸面镜、钱币、透光镜、玉钗、古印章等，大部分都是作者沈括亲自所见的实物。宋初所编制的《三礼图》臆测过多，并不足以作为对古器物学的研究依据，所以开篇便是沈括对《三礼图》的批判。此外，沈括所记述的古器物还是比较有限的，但别有一番趣味的是，沈括是以科学的眼光来研究的，这和普通的研究方法略有不同。

190.《三礼图集注》

【原文】

礼书所载黄彝①，乃画人目为饰，谓之"黄目"。予游关中，得古铜黄彝，殊不然。其刻画甚繁，大体似缪篆②，又如栏盾间所画回波曲水之文，中间有二目，如大弹丸突起，煌煌然，所谓黄目也。视其文，仿佛有牙角口吻之象。或谓黄目乃自是一物。又予昔年在姑熟王敦城下土中得一铜钲③，刻其底曰"诸葛士全茖鸣钲"。茖即古落字也，此部落之落。士全，部将名耳。钲中间铸一物，有角，羊头，其身亦如篆文，如今时术士所画符，傍有两字，乃大篆"飞廉"字，篆文亦古怪，则钲间所图，盖飞廉也。飞廉，神兽之名。淮南转运使韩持正亦有一钲④，所图飞廉及篆字与此亦同，以此验之，则黄目疑亦是一物。飞廉之类，其形状如字非字，如画非画，恐古人别有深理。大底先王之器，皆不苟为，昔夏后铸鼎以知神奸⑤，殆亦此类，恨未能深究其理，必有所谓。或曰："《礼图》罇彝，皆以木为之，未闻用铜者。"此亦未可质，如今人得古铜罇者极多，安得言无？如《礼图》"瓮以瓦为之"，《左传》却有瑶瓮；律以竹为之，晋时舜祠下乃发得玉律。此亦无常法。如蒲、谷壁，《礼图》悉作草稼之象，今世人发古冢得蒲璧，乃刻文蓬蓬如蒲花敷时⑥；谷璧如粟粒耳，则《礼图》亦未可为据。

【注释】

①礼书：指的是宋初聂崇义奉命编写的《三礼图集注》。

②缪篆：古时候人们使用的一种特殊的字体，笔画屈曲缠绕。此处沈括意指铜器上的纹饰比较繁缛。

③王敦：东晋大臣。

④韩持正：韩存中，字持正，今河南许昌人。

⑤昔夏后铸鼎以知神奸：传说夏后氏的首领大禹曾经铸造铜鼎，并在上面铸刻了鬼神百物，以此来让百姓知道神灵和鬼怪。

⑥刻文蓬蓬如蒲花敷时：所雕刻的花纹犹如蒲席编织的花纹铺开时那般茂密。

【译文】

《三礼图》中所记载的黄彝，乃画上人的眼睛作为装饰，称为"黄目"。我游玩关中时，得到了一件古铜器黄彝，根本就不是这个样子的。黄彝上面雕刻的

花纹非常烦琐，大体类似于缪篆，而又如同栏杆之间所绘画的回旋水波纹，中间有两只眼睛，犹如两个呈突起状的大弹丸。明亮辉耀，就是所谓的黄目。观看上面的纹饰，仿似还有牙、角、口、吻之类的物象。有人说黄目或许也是一种动物。又有我当年曾经在姑熟王敦所建造的城郭下的土中得到的一个铜钲，铜钲底部刻着"诸葛士全茖鸣钲"。"茖"便是古时候的"落"字，此处指的是部落的"落"。士全，是王敦部将的名字。铜钲的中间还雕刻着一个动物，有角，类似羊头，身体也犹如缪篆般屈曲缠绕，好像当今术士们的画符，旁边还有两个字，乃是大篆的"飞廉"，篆文也是非常古怪，那么铜钲中间所画的，应该就是飞廉了。飞廉，是神兽的名字。淮南转运使韩持正也有一块铜钲，上面所画的飞廉以及篆字，都是和这块一样的，以此得以验证，那么黄目也疑似一种动物。飞廉之类的动物，形状像字而又不是字，像画而又不是画，恐怕是古人别有用意吧。大抵先王的器物，都不是随便制成的，夏后氏的首领大禹曾经铸造铜鼎以此来让百姓知道神灵和鬼怪，大抵也是这一类的器物，最为遗憾的是如今还没有深入了解其中的道理，这其中一定是有所寓意的。有人说："《三礼图》所绘画的罇彝，都是以木为材质的，没有听说过使用铜的。"这也无法经得起质询，比如现在的人们所得到的古铜罇已经很多了，又如何说古时没有铜制的器物呢？比如《三礼图》中的"瓮是由陶制作而成的"，《左传》中却出现了瑶瓮（玉制的瓮）；律管是由竹子制成的，而晋朝时期在舜祠的发现就已经有了玉制的律管。这也是没有常规的。比如蒲璧和谷璧，《三礼图》中都是以草、庄稼来作为它们的装饰，而今世人从古墓中所发掘出来的蒲璧，所雕刻的花纹犹如蒲席编织的花纹铺开时那般茂密；谷璧上面不过只是一些排列比较紧密的凸起的犹如米粒般的圆形而已，那么《三礼图》也未可当作考察古器物的依据。

191. 唐人诗多言吴钩

【原文】

唐人诗多有言吴钩者[1]。吴钩，刀名也，刃弯。今南蛮用之[2]，谓之葛党刀[3]。

【注释】

[1]吴钩：兵器的一种，形状和剑相似，但有些弯曲。春秋时期吴人善于铸造钩，因此而得名吴钩。

[2]南蛮：古时候对南方民族以及其居住地的称呼。

[3]葛党刀：古时候一种弯形的名刀。

【译文】

唐朝时候的诗作大多都提及了吴钩。吴钩，是刀的名字，刀刃是弯曲的。而今南蛮地区的一些人还在使用，并称为葛党刀。

192. 牛　　革

【原文】

古法以牛革为矢服[1]，卧则以为枕。取其中虚，附地枕之，数里内有人马声则皆闻之，盖虚能纳声也。

【注释】

[1]矢服：箭袋。

【译文】

古时候的人以牛革制作箭袋，睡觉的时候还可以用来当作枕头。这是因为革带是中空的，贴着地面枕它，几里之内的人马声都可以听到，这大概是中空的事物能够接纳声波的缘故。

193. 神 臂 弓

【原文】

熙宁中，李定献偏架弩①，似弓而施干镫②。以镫距地而张之，射三百步，能洞重扎③，谓之"神臂弓"，最为利器，李定本党项羌酋，自投归朝廷，官至防团而死，诸子皆以骁勇雄于西边。

【注释】

①偏架弩：机械弓的一种。

②干镫：仿似铁制的马镫，用脚踩着拉弓。

③重扎：两层或者是多层的铠甲。

【译文】

熙宁年间，李定献上了偏架弩，和普通的弓弩相似却安装了一个铁镫。用脚蹬着铁镫抵着地面而张弓，能够射出三百步，可以洞穿几层铠甲，称为"神臂弓"，是最好的利器。李定原本是党项羌族的酋长，自从投奔朝廷后，官至防御使、团练使而去世，他的儿子都以骁勇善战而称雄于西部边陲。

194. 古剑有"沈卢""鱼肠"

【原文】

古剑有"沈卢""鱼肠"之名①（沈音湛），"沈卢"谓其湛湛然黑色也。古人以剂钢为刃②，柔铁为茎干，不尔则多断折。剑之钢者，刃多毁缺，"巨阙"是也，故不可纯用剂钢。"鱼肠"即今蟠钢剑也，又谓之"松文"，取诸鱼燔熟，褫去胁③，视见其肠，正如今之蟠钢剑文也。

【注释】

①沈卢、鱼肠：都是古时著名的宝剑名。

②剂钢：质地比较坚硬的钢，也就是现在所说的合金钢。

③褫（chǐ）：剥去，脱去。

古时候的名剑有"沈卢""鱼肠"之名（沈音为湛）。"沈卢"是指剑的光泽为湛然的黑色。古时候的人用剂钢锻造剑刃，以熟铁作为剑身，如若不这样做剑大多会容易折断。用钢铸造的剑，剑刃大多都有毁缺，"巨阙"便是这样的剑，所以不可以光用剂钢铸剑。"鱼肠"也就是现在的蟠钢剑，又称为"松文"剑，把鱼煮熟之后，剥去两边的肉，然后就可以看见它的肠子，正像现在蟠钢剑上的花纹。

195. 汉大司徒朱鲔墓

【原文】

济州金乡县发一古冢①，乃汉大司徒朱鲔墓，石壁皆刻人物、祭器、乐架之类。人之衣冠多品，有如今之幞头者，巾额皆方，悉如今制，但无脚耳②。妇人亦有如今之垂肩冠者，如近年所服角冠，两翼抱面，下垂及肩，略无小异。人情不相远，千馀年前冠服已尝如此，其祭器亦有类今之食器者。

【注释】

①金乡县：今属于山东。

②脚：幞头的垂带。

【译文】

济州金乡县发现了一个古墓，乃是汉朝大司徒朱鲔的墓，墓室的石壁上刻着人物、祭器、乐架之类的图像。人物的衣冠也有很多种类，有的就好比今天的幞头，头巾前面都是四方的，和现在制作的一样，但是并没有垂带。妇人戴的也犹如现在的"垂肩冠"，还有类似于近些年所穿的角冠，两侧的巾脚包着脸面，一直下垂到肩部，一点儿差异都没有。由此知道人情不相远，千余年前的冠服已经是这个样子了，其中的祭器也有和现在的食器相类似的。

196. 鉴大则平，鉴小则凸

【原文】

古人铸鉴，鉴大则平，鉴小则凸。凡鉴洼则照人而大，凸则照人面小，小鉴不能全视人面，故令微凸，收人面令小，则鉴虽小而能全纳人面，仍复量鉴之小大，增损高下，常令人面与鉴大小相若。此工之巧智，后人不能造，比得古鉴，皆刮磨令平，此师旷所以伤知音也①。

【注释】

①师旷：春秋时期晋国宫廷的乐师。

【译文】

古时候的人铸造铜镜的时候，镜面比较大则铸造成平面的，镜面比较小便铸造成凸面的。凡是凹下去的镜面照出的人脸就比较大，凸出的镜面照出的人脸就比较小，小的镜面没办法照全人脸，所以让其稍微有些凸起，让收进去的脸变得小一些，那么铜镜虽然小但也可以将人脸全部收纳进去，再打量镜面的大小，增损镜面的高低，常常让人脸和镜面的大小相似。这是古时工艺的精巧智慧之处，后人是没办法制造出来的，（今人）得到古铜镜之后，便都刮磨让镜面变平，这也是师旷之所以感伤没有知音的原因了。

197. 唐肺石

【原文】

长安故宫阙前，有唐肺石尚在，其制如佛寺所击响石而甚大，可长八九尺，形如垂肺，亦有款志，但漫剥不可读。按《秋官大司寇》："以肺石达穷民"，原其义，乃伸冤者击之，立其下，然后士听其辞，如今之挝登闻鼓也①。所以肺形者，便于垂，又肺主声，声所以达其冤也。

【注释】

①挝（zhuā），登闻鼓：击；登闻鼓，设置于朝堂之下，供臣民击打以言事或者是申冤的鼓。

【译文】

长安旧时宫阙的前面，尚且还有一块唐代的肺石，这块肺石的形象犹如佛寺前所击打的响石而且体积很大，长有八九尺，形状如同垂肺，也刻有文字，但是因为剥落的原因而无法再读。根据《周礼·秋官·大司寇》记载："以肺石达穷民"，其原本的意思是，申冤的人敲打肺石，站在其下，然后会有相关的狱讼官员前来听他的冤情，就好比现在击打登闻鼓一样。它之所以是肺形，是为了便于悬挂，又因为肺部主管声音，而声音又可以传达冤屈。

198. "顺天""得一"

【原文】

熙宁中，尝发地得大钱三十馀千文[1]，皆"顺天得一"。当时在庭皆疑古无"得一"年号，莫知何代物。予按《唐书》，史思明僭号，"'铸顺天得一'钱"[2]。"顺天"乃其伪年号，"得一"特以名铸钱耳，非年号也。

【注释】

①大钱：比较重的钱，也指面额比较大的钱。

②史思明：唐朝安史之乱的头目之一。

【译文】

熙宁年间，曾经从土中发掘到了三十多贯（一贯为一千钱）大钱，都是"顺天得一元宝"。当时在朝中任职的大臣们都怀疑古时并没有"得一"的年号，不知道是什么朝代的东西。我根据《唐书》的记载，史思明僭越帝号，"并铸造'顺天得一'钱"。"顺天"是史思明伪政权时的年号，"得一"特指他所铸造的钱的称呼，并不是年号。

199. 透 光 鉴

【原文】

世有透光鉴，鉴背有铭文，凡二十字，字极古，莫能读。以鉴承日光①，则背文及二十字，皆透在屋壁上，了了分明。人有原其理，以谓铸时薄处先冷，唯背文上差厚，后冷而铜缩多，文虽在背，而鉴面隐然有迹，所以于光中现。予观之，理诚如是。然予家有三鉴，又见他家所藏，皆是一样，文画铭字无纤异者②，形制甚古。唯此一样光透，其他鉴虽至薄者，皆莫能透，意古人别自有术③。

【注释】

①承日光：对着日光。

②纤异：细微的差异。

③意：推测。

【译文】

世间有透光镜，镜子的背面还有铭文，总共有二十个字，字体极为古老，无法识读。将透光镜对着日光，镜子背面的花纹以及其二十个字，都投射在了屋壁上，非常分明。有人推测其中的原理，认为是铸造铜镜的时候薄的地方先冷却，而铜镜背面的花纹和字体的地方略微厚一些，后冷却而铜的收缩也会变得多一些。虽然花纹是铸刻在铜镜背面，然而其镜面也有隐约的痕迹，所以在对着日光的时候可以显现出来。我观察了一下，理应如此。然而我自己家中有三面铜镜，也看到过别人家所收藏的铜镜，都是一样的，文字花纹似乎并没有细小的差别，形制都非常古老。唯有这一个铜镜可以透光，其他的铜镜虽然很薄，但都不能透光，推测是古人还有另外的制造铜镜的技术。

200. 弩 机

【原文】

予顷年在海州，人家穿地得一弩机，其望山甚长，望山之侧为小矩①，如尺之有分寸。原其意，以目注镞端，以望山之度拟之，准其高下，正用算家句股法也。《太甲》曰："往省括于度则释。"疑此乃度也。汉陈王宠善弩射[2]，十发十中，中皆同处，其法以"天覆地载，参连为奇，三微三小。三微为经，三小为纬，要在机牙"。其言隐晦难晓，大意天覆地载，前后手势耳；参连为奇，谓以度视镞，以镞视的，参连如衡，此正是句股度高深之术也；三经、三纬，则设之于埤[3]，以志其高下左右耳。予尝设三经、三纬，以镞注之，发矢亦十得七八，设度于机，定加密矣。

【注释】

①小矩：小型的直角形矩尺。

②陈王宠：刘宠，东汉末年陈孝王刘承的儿子。

③埤：设置箭靶的矮墙。

【译文】

我近些年来在海州，见别人家挖地的时候得到了一件弩机，弩机的瞄准部件非常长，瞄准部件的一侧有一个直角形的小矩尺，如同普通的带有分寸刻度的尺子。推测原本的意思，用眼睛注视着箭矢的端点，以瞄准部件来虚拟发射箭矢时的角度，以此来调整箭矢的高下，所使用的正是算家的句股法。《尚书·太甲》中记载："往省括于度则释。"怀疑弩机的小矩尺便是其中所说的度。汉朝末期陈王刘宠擅长弩弓射箭，十发十中，而且射中的都是同一个地方，他的方法是"天覆地载，参连为奇，三微三小。三微为经，三小为纬，要在机牙"。其中的语言晦涩难懂，大体的意思是天覆地载，指的是发射的时候用来调整高下的手势；参连为奇，依据瞄准部位的度数来注视着箭头，根据箭头再来注视着箭靶，使得瞄准部位、箭头、箭靶都处于同一水平位置，这里所使用的便是句股法的高深之术；三经、三纬，则是设置在箭靶墙上的三条横线和三条纵线，以此来判断箭靶的高下左右。我曾经依据这个方法来设置三经、三纬，通过箭头来瞄准箭靶，射中的也有十之七八，如果在弩机上设置刻度，一定会增加射中的精密度的。

201. 瘊 子 甲

【原文】

青堂羌善锻甲，铁色青黑莹彻，可鉴毛发，以麝皮为缏旅之[1]，柔薄而韧。

镇戎军有一铁甲，椟藏之，相传以为宝器。韩魏公帅泾、原②，曾取试之，去之五十步，强弩射之，不能入。尝有一矢贯札，乃是中其钻空，为钻空所刮，铁皆反卷，其坚如此。凡锻甲之法，其始甚厚，不用火，冷锻之，比元厚三分减二乃成，其末留筋头许不锻，隐然如瘊子③。欲以验未锻时厚薄，如浚河留土笋也，谓之"瘊子甲"。今人多于甲札之背隐起伪为瘊子，虽置瘊子，但元非精钢，或以火锻为之，皆无补于用，徒为外饰而已。

【注释】

①缃（xiǔ）旅：串甲片的带子。旅，整齐排列。这里指串扎。

②韩魏公：韩琦，北宋时期的宰相。

③瘊（hóu）子：皮肤上的疣。

【译文】

青堂的羌人擅长锻造铠甲，锻造铠甲所用的铁片颜色为青黑色，晶莹透彻，能够看到毛发，用麝皮做的背心来点缀甲片，质地柔软轻薄而又比较坚韧。镇戎军有一副铁甲，收藏在木匣之中，被官员当成宝物而代代相传。韩魏公任职泾原帅的时候，曾经取来做出试验，在距离五十步的地方，用强弩射它，都无法射穿。曾经有一个箭矢穿过了甲片，也是因为正好射中了中间的钻孔，箭矢被钻孔所刮，铁都已经被反卷过来，甲片的坚韧竟然到

达如此地步。凡是锻造铠甲的方法，刚开始的时候铁片比较厚，不使用火炼，而是采用冷锻的方法，比原先的厚度少了三分之二便算是锻造成功了，最后留着如筷头一般大小的地方不锻造，隐约间如同一个瘊子。这是为了检验未锻造时铁片的厚薄程度，就好比浚河河道上留上一些笋状的立土，称为"瘊子甲"。现在的人锻造铠甲时都会在甲片背后暗自留下一个伪造的瘊子，虽然设置了瘊子，但是所使用的材料并非是精钢，或者是火炼而成的，都是没有什么实用价值的，大多都只是外在的装饰而已。

202. 古物至巧，正由民醇故

朝士黄秉少居长安①，游骊山，值道士理故宫石渠，石下得折玉钗，刻为凤首，已皆破缺，然制作精巧，后人不能为也。郑嵎《津阳门》诗云："破簪碎钿不足拾，金沟浅溜和缨緌。"非虚语也。余又尝过金陵，人有发六朝陵寝，得古物甚多。予曾见一玉臂钗，两头施转关，可以屈伸，合之令圆，仅于无缝，为九龙绕之，功侔鬼神。世多谓前古民醇，工作率多卤拙，是大不然。古物至巧，正由民醇故也，民醇则百工不苟。后世风俗虽侈，而工之致力不及古人，故物多不精。

【注释】

①黄秉：熙宁年间，曾经以驾部员外郎任职洺州知州。

【译文】

朝士黄秉少年时期居住在长安，有一次游览骊山的时候，恰逢一个道士在治理旧时宫殿的石渠，从石头下面得到了一个被折断的玉钗，玉钗的钗头被雕刻成凤首的模样，已经破坏缺损了，然而也可以看出它的制作极为精巧，是后人所不能制作的。郑嵎的《津阳门》一诗中说："破簪碎钿不足拾，金沟浅溜和缨緌。"这并不是一句虚话。我曾经路过金陵，有人挖掘六朝君主的陵墓，得到了众多的古物。我曾经看到过一个玉臂钗，两头还设置了可以旋转的机关，能够屈伸，合上还会变成圆形，几乎是没有什么缝隙的，玉钗被九条龙环绕，制作功夫可谓是鬼斧神工。世人大多都认为古时民风淳朴，其工匠大多都比较粗糙拙劣，其实并非如此。古器物的精巧，正是由于民风淳朴，民风淳朴，制作功夫就会一丝不苟。后世风俗虽然比较奢侈，但是在制作上面所下的功夫就比不上古人，所以制作出来的器物大都不精巧。

203. 古 印 章

【原文】

今人地中得古印章，多是军中官①。古之佩章，罢、免、迁、死，皆上印绶，得以印绶葬者极稀，土中所得，多是没于行阵者。

【注释】

①军中官：指的是军中的武官。

【译文】

现在人们从地下挖掘出来的古时印章，大多是军中武官的印章。古时候的佩章，被罢免、升迁或者是去世之后都要上交印绶，以印绶随葬的很少，从土中所得到的古印章，大多是在行军过程中去世的人所留下来的。

204. 大驾玉辂

【原文】

大驾玉辂①，唐高宗时造，至今进御。自唐至今，凡三至太山登封。其他巡幸，莫记其数。至今完壮，乘之安若山岳，以措杯水其上而不摇。庆历中，尝别造玉辂，极天下良工为之，乘之动摇不安，竟废不用。元丰中，复造一辂，尤极工巧，未经进御，方陈于大庭，车屋适坏，遂压而碎，只用唐辂。其稳利坚久，历世不能窥其法。世传有神物护之，若行诸辂之后，则隐然有声。

【注释】

①大驾：古时皇帝车辆的专称。

【译文】

宫中用玉石装饰的大驾，是唐高宗时期制造的，至今还是仅供皇帝使用。从唐朝至今，一共有三次皇帝乘坐它前往泰山举行封禅典礼。其余的巡视出行，更是数不胜数。到如今玉辂都完好无损，乘坐起来也是安若山岳，将一杯水放在上面也不会晃动。庆历年间，曾经另外制造一辆玉辂，聚集天下间最为优秀的工匠来制作它，乘坐它还是动摇不安，最后只能废弃不用。元丰年间，又制造了一辆玉辂，极尽天下间的工巧之事，还没有进献给皇帝，至今依然陈列在大庭中，又遇到存放这辆车子的屋子倒塌，竟然被压碎了，只好依然使用唐朝时期的玉辂。唐朝时期的玉辂稳定、便利、坚韧、耐用，历代都无法明白它的制作方法。世人传说有神物在保护它，如若让其在其他车辂后面行走，则会隐隐约约听到一些奇怪的响声。

卷二十·神奇

　　此卷主要记述的是古人所无法解释的一些奇闻异事。其中的一些现象记述，在现如今看来已经是一种常识，比如"雷斧"，应该是原始居民遗留下来的石斧，只是因为雷震而偶然间发现的。至于像流星陨石之类的，就更没有什么可奇怪的了。

205. 雷斧、雷楔

世人有得雷斧、雷楔者，云："雷神所坠，多于震雷之下得之。"而未尝亲见。元丰中，予居随州①，夏月大雷震一木折，其下乃得一楔，信如所传。凡雷斧多以铜铁为之，楔乃石耳，似斧而无孔。世传雷州多雷②，有雷祠在焉，其间多雷斧、雷楔。按《图经》，雷州境内有雷、擎二水，雷水贯城下，遂以名州。如此，则"雷"自是水名，言"多雷"乃妄也。然高州有电白县③，乃是邻境，又何谓也？

【注释】

①随州：今湖北随州市。

②雷州：今广东雷州市。

③电白：今广东茂名市。

【译文】

世人有得到雷斧、雷楔的，说："是天上雷神遗落下来的，大多是在雷震之后捡到的。"而我还未尝亲眼见过。元丰年间，我在随州居住时，夏天发生了大雷震并且还劈断了一棵树，我在树下找到了一个雷楔，确实应了之前的传言。但凡雷斧大多都是以铜铁制造而成，雷楔则都是以石头制作的，和斧头类似但没有孔。世人传雷州多雷，那里还有一座雷祠，其中有很多雷斧、雷楔。根据《图经》记载，雷州境内有雷、擎两条河流，雷水从其城下流过，所以便以雷州命名。如此，那么"雷"原本是水流的名字，说"多雷"乃属于妄言。不过高州还有电白县，是雷州的临县，其中的"电白"又有什么含义呢？

206. 陨　石

【原文】

治平元年，常州日禺时①，天有大声如雷，乃一大星，几如月，见于东南。少时而又震一声，移著西南，又一震，而坠在宜兴县民许氏园中，远近皆见，火光赫然照天，许氏藩篱皆为所焚。是时火息，视地中只有一窍，如杯大，极深。下视之，星在其中，荧荧然，良久渐暗，尚热不可近。又久之，发其窍，深三尺馀，乃得一圆石，犹热，其大如拳，一头微锐，色如铁，重亦如之。州守郑伸得之，送润州金山寺②，至今匣藏，游人到则发视，王无咎为之传甚详。

【注释】

①禺时：接近正午的时候。

②润州金山寺：今镇江金山寺。

【译文】

治平元年，常州在接近正午的时候，天上忽然发出雷鸣般的巨响，乃见一颗星星，几乎和月亮一般大，出现在了东南方向。没多久又震了一声，这颗星星又移动到了西南方向，再震一声这颗星星便坠落在宜兴县民许氏的园中，远近都能够看到，火光赫然照亮了天空，许氏家的藩篱都被焚烧殆尽。当时大火熄灭后，人们看到地下有一个洞口，如杯口那般大的洞，非常深。再往下看，星星还在里面，莹莹发光，很久之后才渐渐变暗，尚且很热还无法接近。又过了很久，人们才将这个洞挖开，有三尺多深，从洞中得到了一块圆石，还有些热，大小如拳头一般，一头略微尖锐，颜色如铁，重量也和铁差不多。常州守令郑伸得到了它，并将其送往了润州金山寺，至今都收藏在木匣中，游人前来参观时才会打开，王无咎还为其写了一篇很详细的记叙文章。

卷二十·神奇

227

207. 菜品中遇旱其标多结成花

【原文】

菜品中芜菁、菘、芥之类①，遇旱其标多结成花②，如莲花，或作龙蛇之形。此常性，无足怪者。熙宁中，李宾客及之知润州③，园中菜花悉成荷花，仍各有一佛坐于花中，形如雕刻，莫知其数。暴乾之，其相依然。或云："李君之家奉佛甚笃，因有此异。"

【注释】

①菜品，芜菁，菘，芥：菜品，蔬菜的品种；芜菁，蔓菁，二年生草本植物；菘，白菜；芥，一年或者是二年生草本植物，种子为黄色。

②标：树梢，此处指菜的顶端。

③李宾客及之：字公达，曾经编撰了《君臣龟鉴》，共八十卷。宾客，官名，为太子宾客，是皇太子主要的属官之一。

【译文】

蔬菜的种类有芜菁、菘、芥之类的，遇到干旱天气时其顶部便大多会结成花，犹如莲花，或者是龙蛇一类的形状。这是常性，并不足为怪。熙宁年间，太子宾客李公达任职润州知州，园中的菜花都长成了荷花的样子，还各有一个像佛一样的东西坐在花的中间，犹如雕刻出来的一般，数不胜数。将菜花晒干后，其形状依然是这样。有人说："因为李家人奉佛比较虔诚，所以才会出现这样奇怪的景象。"

208. 雷 震

【原文】

内侍李舜举家曾为暴雷所震，其堂之西室，雷火自窗间出，赫然出檐，人以为堂屋已焚，皆出避之，及雷止，其舍宛然，墙壁、窗纸皆黔。有一木格，其中杂贮诸器，其漆器银扣者，银悉镕流在地，漆器曾不焦灼。有一宝刀，极坚钢①，就刀室中镕为汁，而室亦俨然。人必谓火当先焚草木，然后流金石，今乃金石皆铄，而草木无一毁者，非人情所测也。佛书言"龙火得水而炽，人火得水而灭"，此理信然。人但知人境中事耳，人境之外，事有何限？欲以区区世智情识，穷测至理，不其难哉！

【注释】
①钢：通"刚"，刚硬。

【译文】

内侍李舜举家曾经都被暴雷所震，他的厅堂的西面房间，雷火从窗户间出来，赫然窜上了房顶，人们以为房屋已经被烧毁了，便都出去躲避，等到雷声停止后，他的屋舍安然无恙，只是墙壁和窗纸都成了黑色。有一个置物的木架，上面杂放着各种器物，其中带有银饰的漆器，银器悉数都被熔化而流了一地，漆器却不曾被烤焦。其中有一把宝刀，极其刚硬，在刀鞘里面被熔化成了铁水，而刀鞘却是宛然如初。人们认为雷火一定会先焚烧草木，然后再熔化金石，而今金石都已经被熔化，草木却没有一处毁坏，这并不是人们所能猜测的。佛书中说"龙火得水而炽，人火得水而灭"，道理确实是这样。人们只知道人间的事情而已，人间之外，事情又哪里会有极限呢？想要用区区人间的智慧情理，去揣摩无穷地终极道理，很困难啊！

209. 人有前知

【原文】

人有前知者①，数十百千年事皆能言之，梦寐亦或有之，以此知万事无不前定。予以谓不然，事非前定，方其知时即是今日，中间年岁亦与此同时，元非先后。此理宛然，熟观之可喻。或曰：苟能前知，事有不利者，可迁避之。亦不然也。苟可迁避，则前知之时，已见所避之事；若不见所避之事，即非前知。

【注释】
①前知：先知。

【译文】

人中有可以"先知"的人，数十百千年的事情都可以预料到，做梦的时候也会出现这样的情况，以此得以知道万事都是前定的。我却不以为然，事情并非是前定的，当知道将来的事情的时候已是今天的事了，从今天到预言的将来之间的年岁也是和今日同时，没有先后之分。这个道理看似非常曲折，但仔细观察后就可以明白其中的原因。有人说：如果人们有先知，那么将来如若有不利的事情，就可以事先躲避。也不是这样的。如果人们可以躲避不利，那么在先知的时候，就已经看到了所要躲避的事情；如若看不到需要躲避的事情，那么也就是人无法先知了。

卷二十一·异事异疾附

　　此卷所记述的多是一些自然现象和考古资料，具有非常重要的研究价值，和上一卷记述的内容有所不同。

210. 虹

【原文】

世传虹能入溪涧饮水，信然。熙宁中，予使契丹①，至其极北黑水境永安山下卓帐②。是时新雨霁，见虹下帐前涧中。予与同职扣涧观之，虹两头皆垂涧中。使人过涧，隔虹对立，相去数丈，中间如隔绡縠③。自西望东则见（盖夕虹也）。立涧之东西望，则为日所铄，都无所睹。久之稍稍正东，逾山而去。次日行一程，又复见之。孙彦先云④："虹乃雨中日影也，日照雨即有之。"

【注释】

①契丹：古时北方的民族，是东胡的一支，后来改称为辽。

②黑水，永安山：黑水，水名，西拉木伦河支流；永安山，今内蒙古西乌珠穆沁旗境内。

③绡縠：轻薄如雾的丝织品，比如绢、纱等。

④孙彦先：孙思恭，字彦先，今山东蓬莱人，官至天章阁待制。

【译文】

世人传彩虹可以进入溪涧饮水，确实是这样的。熙宁年间，我出使契丹，到达其极北黑水境内永安山下后扎帐篷休息。当时适逢雨后初晴，我看到彩虹在帐篷前面的溪涧中。我和同行人员一起前去溪涧观看，彩虹的两头都垂在了溪涧里。让人从溪涧过去，隔着彩虹站在对面，距离几丈远，中间犹如隔着一层薄薄的纱。从西向东望去就能够看见（大概因为这是傍晚时候的彩虹）。站在溪涧的东面向西面观望，那么彩虹就被日光所消融，都无法看见。过了一会儿彩虹又稍微向正东方移动，跨过山岭而去。第二天继续前行一段路程后，又看见了彩虹。孙彦先说："虹乃雨中日影也，日照雨即有之。"

211. 夹　　镜

【原文】

予于谯亳得一古镜①，以手循之，当其中心，则摘然如灼龟之声②。人或曰："此夹镜也③。"然夹不可铸，须两重合之。此镜甚薄，略无铘迹，恐非可合也。就使铘之，则其声当铣塞，今扣之，其声泠然纤远。既因抑按而响，刚铜当破，柔铜不能如此澄莹洞彻，历访镜工，皆罔然不测。

【注释】

①谯亳：今安徽亳县。

②摘然：开裂的样子。

③夹镜：用两层铜质的材料所制作的铜镜。

【译文】

我在谯亳得到了一面古镜，用手摩挲它，当摸到镜子的中心时，那儿会发出如同灼烤龟壳般的开裂声，有人说："这是两层铜制材料制成的镜子。"然而两层铜制材料是无法同时制成的，必须是单独铸造一层之后再合二为一。这面镜子非常薄，一点焊接的痕迹也没有，恐怕并不是合成的。即便将其看作是两面合成的，那么它的声音便应该是不通畅的，而现在扣击它，它的声音泠然纤远。竟然按压它的时候会发出声响，那么硬铜就会随之破裂，软铜不会如此澄莹洞彻，几次访问制作铜镜的工匠，都不知道此面铜镜的个中缘由。

212. 冷　　光

【原文】

卢中甫家吴中①，尝未明而起，墙柱之下，有光熠然，就视之，似水而动，急以油纸扇挹之②，其物在扇中滉漾③，正如水银而光艳烂然，以火烛之，则了无一物。又魏国大主家亦尝见此物④，李团练评尝与予言⑤，与中甫所见无少异，不知何异也。予昔年在海州，曾夜煮盐鸭卵，其间一卵，烂然通明如玉，荧荧然屋中尽明，置之器中十余日，臭腐几尽，愈明不已。苏州钱僧孺家煮一鸭卵⑥，亦如是。物有相似者，必自是一类。

【注释】

①卢中甫：卢秉，字仲甫，今浙江人。

②挹（yì）：舀起。

③滉（huàng）漾：闪动。

④魏国大主：魏国大长公主，宋太祖的长女。

⑤李团练评：李评，字持正，今山西长治人，官至团练使。

⑥钱僧孺：苏州人，为沈括妻妹的丈夫。

【译文】

　　卢中甫的家在吴中，他曾经有一次天还没有亮便起床了，发现墙柱下面，有光在闪，便上前察看，犹如水流动一般，他急忙使用油纸伞将其舀起，这件物品便在油纸伞中闪动，和水银非常相似，而光艳烂然，用烛火照看，则什么东西都没有了。又有魏国长公主家里也曾经看到过这样的东西，团练使李评曾经对我说，和在卢中甫家里见到的并没有什么区别，不知道是什么奇怪的东西。昔日我在海州时，曾经在夜间煮咸鸭蛋，其中有一个咸鸭蛋，烂然通明仿似玉一般，发出的荧光将屋子都照亮了，我将其放在器皿中十几天，最后腐败的已经没有了，却发光不止。苏州钱僧孺家煮一颗鸭蛋的时候，也遇到了这样的情况。有相似情况的事物，一定是属于一类的。

213. 印 子 金

【原文】

　　寿州八公山侧土中及溪涧之间①，往往得小金饼，上有篆文"刘主"字，世传"淮南王药金"也②。得之者至多，天下谓之"印子金"是也。然止于一印，重者不过半两而已，鲜有大者。予尝于寿春渔人处得一饼，言得于淮水中，凡重七两馀，面有二十馀印，背有五指及掌痕，纹理分明，传者以谓埏之所化，手痕正如握埏之迹。襄、随之间，故春陵、白水地③，发土多得金麟趾、褭蹄④。麟趾中空，四傍皆有文，刻极工巧；褭蹄作团饼，四边无模范迹，似于平物上滴成，如今乾柿，土人谓之"柿子金"。《赵飞燕外传》⑤："帝窥赵昭仪浴，多褒金饼，以赐侍儿私婢"，殆此类也。一枚重四两馀，乃古之一斤也。色有紫艳，非他金可比。以刀切之，柔甚于铅，虽大块，亦可刀切，其中皆虚软，以石磨之，则霏霏成屑。小说谓麟趾、褭蹄乃娄敬所为药金，方家谓之"娄金"，和药最良。《汉书》注亦云："异于他金。"予在汉东，一岁凡数家得之，有一窖数十饼者，予亦买得一饼。

【注释】

①八公山：今安徽淮南市西。

②淮南王：刘安，汉高祖刘邦的孙子，喜欢读书。

③春陵白水：春陵县白水乡，今湖北枣阳市南无店镇。

④金麟趾，褭（niǎo）蹄：金麟趾，麟足形的铸金；褭蹄，马蹄形的铸金。

⑤《赵飞燕外传》：记述汉成帝皇后赵飞燕的逸事。

【译文】

寿州八公山一侧的土地里以及溪涧之间，经常会发现一些小金饼，上面还用篆文写着"刘主"二字，世人传是"淮南王刘安制造的药用金饼"。得到的人有很多，天下间称为"印子金"的便指这种小金饼。不过这种小金饼只有一个印，最重的也不过半两，很少有比较大的。我曾经从寿春渔人那里得到过一块小金饼，听他说是从淮水中得到的，共有七两多重，上面还有二十多个印，背面还有五指以及手掌的痕迹，纹理分明，给我这块金饼的人认为这是用泥巴捏出来的，上面的手印也像是捏泥团的时候遗留下来的。襄阳、随州之间，位于旧时的春陵县白水乡一带，挖掘土地得到了很多金麟趾、褭蹄金。金麟趾是中空的，四边都有文饰，雕刻极为精巧；褭蹄金都是团饼的形状，四边

并没有以模子来铸造的痕迹，似乎是在平物上滴成的，犹如现在的干柿子，当地的人称为"柿子金"。《赵飞燕外传》中记载："汉成帝偷看赵飞燕洗澡，经常会将金饼藏在袖子里，用以收买服侍赵飞燕的奴婢"，大概就类似于金麟趾、褭蹄金之类的。一枚有四两多重，也就是古时候的一斤。有紫艳颜色的，不是其他金饼所能够比的。用刀刃切它，其柔软度要胜于铅，即便是大块，也是可以用刀切的，其中都是虚软的，用石头磨，则纷纷磨成了碎屑。小说中认为金麟趾、褭蹄金，乃是娄敬所制造的药用金饼，医学家们也称为"娄金"，配合药物是最好的。《汉书》注中也说："其和其他的金制物是不同的。"我在汉东的时候，一年之中有好几家得到了这种金饼，有一窖出土几十个金饼的，我也买到了一块。

214. 世有奇疾

【原文】

世有奇疾者。吕缙叔以知制诰知颍州①，忽得疾，但缩小，临终仅如小儿。古人不曾有此疾，终无人识。有松滋令姜愚②，无他疾，忽不识字，数年方稍稍复旧。又有一人家妾，视直物皆曲，弓弦、界尺之类，视之皆如钩，医僧奉真亲见之。江南逆旅中一老妇，啖物不知饱，徐德占过逆旅③，老妇愬以饥，其子耻之，对德占以蒸饼啖之，尽一竹簋，约百饼，犹称饥不已，日饭一石米，随即痢之，饥复如故。京兆醴泉主簿蔡绳，予友人也，亦得饥疾，每饥立须啖物，稍迟则顿仆闷绝。怀中常置饼饵，虽对贵官，遇饥亦便龁啖。绳有美行，博学有文，为时闻人，终以此不幸，无人识其疾，每为之哀伤。

【注释】

①吕缙叔：吕夏卿，字缙叔，今福建泉州人。

②姜愚：字子发，开封人。

③徐德占：徐禧，字德占，今江西修水人，官至御史中丞。

【译文】

世间有得奇怪的病的人。吕缙叔以知制诰任职颍州知州，突然得了疾病，身体开始慢慢缩小，临终前身体只有小孩子那般大小。古时候的人都不曾得过这种疾病，最终也没有人能够识得。还有松滋县令姜愚，没有其他的疾病，只是突然间不识字了，几年之后才稍稍恢复。还有一户人家的小妾，会把直的东西都看成弯曲的，比如弓弦、界尺之类的，看去都如同直钩一般，医僧奉真曾经给她看过病。江南旅店里有一位老妇人，吃东西却感觉不到饱，徐德占路过这家旅店时，老妇向他诉说自己的饥饿，他的儿子感到非常羞耻，便当着徐德占的面给老妇人蒸饼吃，最后老妇人吃了一竹筐，大约一百张饼，依然说自己非常饥饿，每天要吃一石米，随后就拉肚子排泄掉，然后又如之前一样饥饿了。京兆醴泉县的主簿蔡绳，他是我的好友，也得了饥饿的疾病，每一次感到饥饿时就需要立即吃东西，稍微迟一点就会立时扑倒在地昏厥过去。怀里经常放着大饼，即便是当着达官贵人的面，感到饥饿的时候也会立即吃。蔡绳有美好的德行，博学多才，是当时的名人，最终却落得如此不幸，没有人认识这种疾病，我经常为其感到哀伤。

215. 登州巨嵎山

【原文】

登州巨嵎山①，下临大海，其山有时震动，山之大石皆颓入海中，如此已五十馀年，土人皆以为常，莫知何谓。

【注释】

①巨嵎山：今山东栖霞东北。

【译文】

登州巨嵎山，下面紧邻大海，这座山时有震动，山里的大石都倾入海中，如此已经有五十多年了，当地人都习以为常，不知道为何会这样。

216. 滴 翠 珠

【原文】

士人宋述家有一珠，大如鸡卵，微绀①，色莹彻如水，手持之映空而观，则末底一点凝翠，其上色渐浅，若回转，则翠处常在下，不知何物，或谓之"滴翠珠"。佛书："西域有'琉璃珠'，投之水中，虽深皆可见，如人仰望虚空月影。"疑此近之。

【注释】

①绀（gàn）：微微带红的黑色。

【译文】

　　士人宋述家中有一颗珠子，如鸡蛋般大小，略微成红黑色，晶莹透彻如水一般，手拿着它对着天空而看，就看到末底有一点深青翠绿色，从这一点而上颜色就慢慢变浅了，如果将其倒转，这个翠绿色总是处于下面，不知道是什么东西，有人称为"滴翠珠"。佛书中记载："西域有'琉璃珠'，投之水中，虽深皆可见，如人仰望虚空月形。"我怀疑这颗珠子和琉璃珠相似。

217. 海市蜃楼

【原文】

　　登州海中①，时有云气，如宫室、台观、城堞、人物、车马、冠盖②，历历可见，谓之"海市"。或曰"蛟蜃之气所为"，疑不然也。欧阳文忠曾出使河朔，过高唐县驿舍③，中夜有鬼神自空中过，车马人畜之声一一可辨，其说甚详，此不具纪。闻本处父老，云："二十年前尝昼过县，亦历历见人物。"土人亦谓之"海市，"与登州所见大略相类也。

【注释】

①登州：今山东蓬莱。

②台观，城堞：台观，建有楼观的高台；城堞，城上的矮墙。

③高唐县：今山东高唐。

【译文】

　　登州的海上，有时会有云气，犹如宫室、台观、城堞、人物、车马、冠盖之类，清晰可见，称为"海市"。有人说是"蛟蜃之气所为"，我怀疑并非是这样。欧阳文忠曾出使河朔，路过高唐县住在驿站官舍中时，半夜曾看到鬼神从空中飘过，车马人畜的声音也都清晰可辨，他的记述非常详细，在此就不一一叙说了。询问本地的父老，说："这样的景象二十年前也曾经在白天出现过，上面的人物也是清晰可见的。"当地人将此也称为"海市"，和登州所看到的景象大致相似。

218. 延州竹笋

【原文】

近岁延州永宁关大河岸崩①，入地数十尺，土下得竹笋一林，凡数百茎，根干相连，悉化为石。适有中人过②，亦取数茎去，云欲进呈。延郡素无竹，此入在数十尺土下，不知其何代物，无乃旷古以前，地卑气湿而宜竹耶？婺州金华山有松石，又如桃核、芦根、鱼蟹之类，皆有成石者，然皆其地本有之物，不足深怪，此深地中所无，又非本土所有之物，特可异耳。

【注释】

①永宁关：今陕西延川县境内。

②中人：宫中的宦官。

【译文】

近些年来延州永宁关附近的黄河河堤崩溃，入地几十尺的地方，出现了一片竹笋林，共几百株，根茎相连，都化成了石头。恰逢有宦官从此处经过，也拿了几株离去，想要将其呈献给皇帝。延州地区素来没有竹子，而这一片竹笋埋在地下几十尺的地方，不知道是哪个朝代的东西，难道是在旷古之前，此处地势低下空气潮湿而比较适合竹子的生长吗？婺州金华山还有松树的化石，又有桃核、芦根、鱼蟹之类，都有变成化石的，然而这些都是它们本地的事物，不足以奇怪，而这一片竹笋却出现在了根本不可能有的很深的土层里，但又不是本地所有的东西，所以尤其让人感到奇怪。

219. 龙蛇状化石

【原文】

治平中，泽州人家穿井①，土中见一物，蜿蜒如龙蛇状。畏之，不敢触，久之，见其不动，试扑之，乃石也。村民无知，遂碎之，时程伯纯为晋城令②，求得一段，鳞甲皆如生物。盖蛇蜃所化，如石蟹之类。

【注释】

①泽州：今山西晋城。

②程伯纯：程颢。

【译文】

治平年间，泽州有户人家穿井，土中挖掘了一件物品，形状如同龙蛇。人们都非常畏惧，不敢与之接触，时间久了，发现此物不动，于是便尝试着触摸它，才发现它只是一块石头。村民无知，竟把它打碎了，当时程伯纯是晋城的县令，曾经访求到了一块石头，鳞甲都和活物一样。大概是蛇蜃之类的东西所化的，比如石蟹之类的。

220. 鳄　　鱼

【原文】

《岭表异物志》记鳄鱼甚详①。予少时到闽中，时王举直知潮州，钓得一鳄，其大如船，画以为图，而自序其下。大体其形如鼍②，但喙长等其身，牙如锯齿。有黄、苍二色，或时有白者。尾有三钩，极铦利③，遇鹿、豕即以尾戟之以食。生卵甚多，或为鱼，或为鼍、鼋，其为鳄者不过一二④。土人设钩于大豕之身，筏而流之水中，鳄尾而食之，则为所毙。

【注释】

①《岭表异物志》：唐朝人刘恂所编撰。

②鼍（tuó）：指现在的扬子鳄。

③铦（xiān）：锐利。

④鼋（yuán）：绿团鱼。

【译文】

《岭表异物志》一书中对鳄鱼的记述非常详细。我年少的时候曾前往闽中，当时王举直任职潮州知州，钓到了一条鳄鱼，和船体一样大，于是便将其画成了图，又在图下面记述了这件事情。鳄鱼体型大体上和鼍比较相似，不过嘴巴的长度却和它身子的长度一样长，牙齿犹如锯齿。体色有黄、绿两种，有时还会看到白色的。尾部有三个钩，极其锋利，遇到鹿、野猪等便用尾部的钩袭击进而吞食猎物。生卵甚多，有时会孵化出鱼，有时孵化出鼍、鼋，其中能够成为鳄鱼的不过一二。当地人在狗或者猪的身上设置钩子，让其站在筏上漂入水中，鳄鱼尾随并吃掉了它们，便被捕丧命了。

221. 海 蛮 师

【原文】

嘉祐中，海州渔人获一物，鱼身而首如虎，亦作虎文，有两短足在肩，指爪皆虎也，长八九尺，视人辄泪下，舁至郡中①，数日方死。有父老云："昔年曾见之，谓之'海蛮师'。"然书传、小说未尝载。

【注释】

①舁（yú）：抬。

【译文】

嘉祐年间，海州的渔人捕获了一个生物，像鱼的身体而又如虎的脑袋，身上的花纹也和老虎的比较相像，在肩的位置还有两条短足，指爪都和老虎的一样，长有八九尺，看到人的时候会流下眼泪，人们将其抬到郡里的府衙中，几天后才死去。有父老说："往年曾经见过这样的生物，称为'海蛮师'。"不过在之前的一些书传小说中并没有关于此种生物的记载。

222. 龙 卷 风

【原文】

熙宁九年，恩州武城县有旋风自东南来①，望之插天如羊角，大木尽拔。俄顷，旋风卷入云霄中，既而渐近，乃经县城，官舍、民居略尽，悉卷入云中，县令儿女、奴婢卷去复坠地，死伤者数人，民间死伤亡失者不可胜计，县城悉为丘墟，遂移今县。

【注释】

①武城：今山东武城。

【译文】

熙宁九年，恩州武城县东南方向刮来了旋风，看上去直插云天犹如羊角一般，大的树木全都被拔起。顷刻间，旋风卷入了云霄之中，没多久又渐渐临近，其所经过的县城，官舍、民居几乎被扫光，全部都卷入云中，县令的儿女，奴婢被旋风卷去后又摔在地上，死伤好几个人，民间死伤的人，更是不计其数，县城全部变成了废墟，于是便将县城转移到了现在的地址。

223. 冰　　花

【原文】

宋次道《春明退朝录》言①："天圣中，青州盛冬浓霜，屋瓦皆成百花之状。"此事五代时已尝有之，予亦自两见如此。庆历中，京师集禧观渠中②，冰纹皆成花果林木。元丰末予到秀州，人家屋瓦上冰亦成花，每瓦一枝，正如画家所为折枝③，有大花如牡丹、芍药者，细花如海棠、萱草辈者，皆有枝叶，无毫发不具，气象生动，虽巧笔不能为之，以纸拓之，无异石刻。

【注释】

①《春明退朝录》：北宋宋敏求编撰，记述的大多是唐宋时期的典故。

②集禧观：北宋时期在京师所建立的祭祀五岳的宗教建筑。

③折枝：画花卉的一种方法，画花的时候不画花根。

【译文】

宋次道《春明退朝录》中记载："天圣年间，青州盛冬冰霜比较浓，屋瓦上的白霜都结成了各种花卉的形状。"这种事情五代时期就曾经发生过，我也曾亲眼见到过两次。庆历年间，京师集禧观中的水渠里，冰的纹路都成了花果树木的形状。元丰末年我到秀州，百姓屋瓦上的冰霜也呈花的形状，每片瓦上都有一枝花，犹如画家所作的折枝，还有的花大小如牡丹、芍药一般，有些比较小的花犹如海棠、萱草之类的，都有枝叶，没有细节不具备的，形象非常生动，即便是画家的精巧笔法也是无法画成这样的，如果用纸将它们拓印下来，则和石刻的没有什么区别。

卷二十二·谬误谲诈附

　　本卷所记述的是各种各样的谬误，有些是人们认知上的错误，有些则是因为人们不了解真实情况或者是由误解而引发的错误，还有一些是受到了欺诈而犯下的错误等。如此般类似的错误，在现实生活中我们也会遇到，希望读者们从此卷中可以有所启迪。

224. 丁晋公之逐

【原文】

丁晋公之逐①，士大夫远嫌，莫敢与之通声问。一日，忽有一书与执政，执政得之，不敢发，立具上闻。洎发之②，乃表也，深自叙致，词颇哀切，其间两句曰："虽迁陵之罪大③，念立主之功多。"遂有北还之命④。谓多智变，以流人无因达章奏，遂托为执政书，度以上闻，因蒙宽宥。

【注释】

①丁晋公：丁谓，字谓之，今江苏苏州人，擅长权术，宋真宗时期官至宰相，封为晋国公。

②洎（jì）：及，至。

③迁陵：宋真宗陵墓曾经改换陵址重新修建的事情。

④北还：允许丁谓返回内地居住。从当时的雷州迁移至道州。

【译文】

丁谓被放逐后，士大夫都远离他以避嫌，没有敢和他相互通音讯的。有一天，他忽然给执政大臣递上了一封信，执政大臣得到信后，不敢私自打开，而是立即将其呈递给了皇上。等将信打开之后，才发现是给皇上的奏表，信中发自内心地叙述了自己的处境并以此为自己开脱，言辞非常哀切，其中有两句说："虽然迁移先帝陵址的事情罪过很大，但还请皇上念及罪臣辅佐先帝比较多的功劳。"于是宋仁宗便允许他返回内地。丁谓多智慧权变，因为被流放的人根本没有将奏章呈递给皇上的途径，于是便以书信的形式假托给执政大臣，思量着执政大臣不敢私自拆信而会上奏给皇上，因而得到了皇帝的宽恕而得以迁回。

225.《酉阳杂俎》

【原文】

段成式《酉阳杂俎》，记事多诞，其间叙草木异物，尤多谬妄，率记异国所出，欲无根柢。如云："一木五香，根旃檀①、节沉香、花鸡舌、叶藿、胶薰陆。"此尤谬。旃檀与沉香，两木元异。鸡舌即今丁香耳，今药品中所用者亦非。藿香自是草叶，南方至多。薰陆，小木而大叶，海南亦有薰陆，乃其胶也，今谓之"乳头香"。五物迥殊，元非同类。

【注释】

①旃（zhān）檀：檀香。

【译文】

段成式的《酉阳杂俎》中，所记述的事情大多都荒诞不已，其中关于草木异物的记述，尤其荒谬歪曲，大体记述其他国家所出的，几乎都没有什么根据。比如书中有："一个树木可以制出五种香料，根部是檀香，枝节为沉香，花朵是鸡舌香，叶子为藿香，里面的胶乃是薰陆香。"这是极为荒谬的。旃檀与沉香，这两种树木原本就是不同的。鸡舌也就是如今的丁香，而今药品中所使用的鸡舌香并不是真正的鸡舌香。藿香自然就是草叶，南方地区非常多。薰陆，木材小而叶子比较大，海南地区也有薰陆，指的就是它的胶，而今称为"乳头香"。这五种植物分属于不同的树木，原本就不是同一类别的。

226. 包孝肃为吏所卖

【原文】

包孝肃尹京①，号为明察。有编民犯法，当杖脊②。吏受赇，与之约曰："今见尹，必付我责状，汝第呼号自辩，我与汝分此罪，汝决杖，我亦决杖。"既而包引囚问毕，果付吏责状，囚如吏言，分辩不已，吏大声诃之曰："但受脊杖出去，何用多言！"包谓其市权③，捽吏于庭④，杖之十七，特宽囚罪，止从杖坐⑤，以抑吏势，不知乃为所卖，卒如素约。小人为奸，固难防也。孝肃天性峭严，未尝有笑容，人谓"包希仁笑比黄河清"。

【注释】

①包孝肃：包拯，字希仁，今安徽人，官至三司使，谥号孝肃。

②杖脊：用刑杖敲打脊背，刑罚的一种。

③市权：用权力来谋取私利。

④捽（zuó）：揪住。

⑤杖坐：坐杖刑，杖臀。

【译文】

包拯暂时代理开封府的时候，以明察秋毫著称。有一个百姓犯了法，理应受杖脊的刑罚。有一个吏人收受了贿赂，和这个百姓约定好说："今天就要去见府尹，一定会让我负责写具结书的事情，你只需要大声为自己辩解，我和你分担罪责，你被打了板子，我也会被打板子。"没多久包拯让人将囚犯押上堂审讯完毕后，果然让这个吏人起草具结书，囚犯就像吏人说的那样，分辩不已，吏人大声斥责他说："只管接受杖脊刑罚后出去，何须多言！"包拯认为是这个吏人在以公谋私，便将吏人揪上公堂，杖打十七板子，后又特意宽减了囚犯，只让他受了杖臀之刑，以此来抑制吏人的权势，他却不知道自己已经被这个吏人所卖，判决的结果和吏人、囚犯之前约好的一样。小人做奸邪的勾当，原本就是很难防备的。包拯生性峭严，从未有过笑容，人们称其是"包拯的笑比黄河还要清"。

227. 进奉茶纲

【原文】

李溥为江淮发运使①，每岁奏计②，则以大船载东南美货，结纳当途③，莫知纪极④。章献太后垂帘时⑤，溥因奏事，盛称浙茶之美，云："自来进御，唯建州饼茶，而浙茶未尝修贡，本司以羡馀钱买到数千斤，乞进入内。"自国门挽船而入，称"进奉茶纲"，有司不敢问，所贡馀者，悉入私室。溥晚年以贿败，窜谪海州。然自此遂为发运司岁例，每发运使入奏，舳舻蔽川，自泗州七日至京⑥。予出使淮南时，见有重载入汴者，求得其籍，言"两浙笺纸三暖船"⑦，他物称是。

【注释】

①李溥（pǔ）：宋真宗时期，官至制置江淮等路茶盐矾税兼发运司事。

②奏计：年终的时候向中央奏报所掌管地方的财政情况等。

③当途：朝中的权臣。

④纪极：终极。

⑤章献太后：宋真宗皇后。

⑥泗州：今江苏泗洪东南。

⑦笺纸：小幅而又比较华贵的纸张。

【译文】

李溥任职江淮发运使，每年向朝廷汇报财政情况的时候，都会以大船装载着东南地区的一些美货，以此来结交贿赂朝中权臣，肆无忌惮。章献太后垂帘听政的时候，李溥趁着奏事的机会，盛赞浙江地区茶叶的精善，说："素来向皇宫进贡的，就只有建州的饼茶，而浙江的茶叶却从未修贡过，本司用节省下来的钱买到了几千斤浙江的茶叶，乞求能够向皇宫进贡。"（李溥将运茶船）直接从京城门下的汴水河道进入京城，并自称是"为皇帝进奉的茶纲"，相关部门便不敢再过问，进贡所剩余的茶叶，全部都收归已有。李溥晚年时其贿赂的事情败坏，被贬谪到海州。然而自此后（李溥所开的茶贡）便成了江淮发运司每年进贡朝廷的成例，每次发运使入京进奉茶纲的时候，运茶的大船遮蔽了整个河面，从泗州行船七天而到达京城。我出使淮南的时候，看到过准备入汴京的满载的船只，曾经想方设法地得到了货单，上面虽然只写着"两浙笺纸三暖船"，（而所运送的其他进贡的物品或者是私载的物品）并不亚于货单上所记录的货品总量。

228. 车　　渠

【原文】

海物有车渠，蛤属也，大者如箕，背有渠垄，如蚶壳，故以为器，致如白玉，生南海。《尚书大传》曰："文王囚于羑里，散宜生得大贝如车渠①，以献纣。"郑康成乃解之曰②："渠，车罔也。"盖康成不识车渠，谬解之耳。

【注释】

①散宜生：西周初年的大臣。

②郑康成：汉末经学家郑玄。

【译文】

　　海里有一种生物名为车渠，属于蚌蛤之类，大的犹如一个簸箕，背部还有渠垄，犹如蚶子的壳，所以人们会用它的壳当作是装饰的器物，质地细腻犹如白玉，生于南海之中。《尚书大传》中记载："文王被囚于羑里，散宜生得到了一个如车渠一样的大贝，并将其进献给纣王。"郑康成乃解释说："渠，车罔的意思。"大约郑玄并不知道车渠是何物，所以才会有这般错误的解释。

卷二十三·讥谑

　　此卷所记述的大都是士大夫平日里的幽默故事，幽默中又暗含哲理。所以此卷最大的特色就是亦庄亦谐，供读者自解。

229. 石曼卿微行倡馆

【原文】

石曼卿为集贤校理，微行倡馆①，为不逞者所窘②，曼卿醉与之校，为街司所录。曼卿诡怪不羁，谓主者曰："只乞就本厢科决③，欲诘旦归馆供职。"厢帅不喻其谑，曰："此必三馆吏人也。"杖而遣之。

【注释】

①微行：暗地出行，不暴露自己的真实身份。

②不逞者：为非作歹的人。

③厢：军队的编制单位。

【译文】

石曼卿为集贤校理的时候，曾经暗地里去逛妓院，被几个为非作歹的人弄得很尴尬，石曼卿醉酒之后与他们吵闹计较，被金吾街司的人带走。石曼卿为人诡怪不羁，对主事的人说："只希望在你们这里可以有个了断，我明天早上还需要回三馆里供职。"主事的人并没有明白他的戏谑暗示，说："这一定是三馆里的吏人。"于是便打了他一顿板子让他走了。

230. 热中允不博冷修撰

【原文】

旧日官为中允者极少①，唯老于幕官者累资方至，故为之者多潦倒之人，近岁州县官进用者，多除中允，遂有"冷中允""热中允"，又集贤殿修撰，旧多以馆阁久次者为之，近岁有自常官超授要任②，未至从官者多除修撰③，亦有"冷撰""热撰"。时人谓："热中允不博冷修撰。"

【注释】

①中允：太子中允。

②常官：常调官，也就是升迁的时候根据正常程序授予相应的职务的官员。

③从官：侍从官。

【译文】

旧时的官员任职太子中允的非常少，只有长时间做幕职官而又累积了较高资格的人才会被提拔，所以担任这一官职的大多是潦倒不得志之人，近些年来被提拔升职的州县官员，大都被任为太子中允，于是便有"冷中允""热中允"的称呼。又有集贤院修撰，旧时大多由任职馆职而又待缺需要提拔的人担任，近年来便有从常调官越级提拔担任要职，而又没有到达侍从官资格的人大多任职集贤院修撰，也有"冷撰""热撰"的说法。当时人称："热中允不博冷修撰。"

231．翰林学士梅询

【原文】

梅询为翰林学士①，一日，书诏颇多②，属思甚苦，操觚循阶而行③，忽见一老卒卧于日中，欠伸甚适。梅忽叹曰："畅哉！"徐问之曰："汝识字乎？"曰："不识字。"梅曰："更快活也！"

【注释】

①梅询：字昌言，今安徽宣城人，官至翰林学士。

②书诏：起草诏书。

③操觚：拿着木简，此处指的是拿着纸笔。

【译文】

梅询做翰林学士的时候，有一天，需要起草的诏书有很多，构思起来也比较辛苦，他拿着纸笔循着台阶行走，忽然看到一个老士兵躺在太阳底下，打着哈欠伸着懒腰，十分舒适。梅询忽然感叹说："好舒畅啊！"又缓慢地询问老兵说："你识字吗？"老兵回答："不识字。"梅询回答："那你更快活了！"

232．害　肚　历

【原文】

馆阁每夜轮校官一人直宿①，如有故不宿，则虚其夜，谓之"豁宿"。故事，豁宿不得过四，至第五日即须入宿。遇豁宿，例于宿历名位下书："腹肚不安，免宿。"故馆阁宿历，相传谓之"害肚历"。

【注释】

①直宿：住宿值班。

【译文】

三馆秘阁每晚都会让每个校勘官轮流住宿值班，如果因有事情而无法住宿值班的，则会空下来一夜，称为"豁宿"。根据成例，豁宿不得超过四次，到了第五日就必须住宿值班了。凡是豁宿，馆阁官便会依据成例在值班簿当值人员的名下写上："腹肚不安，免宿。"所以对于馆阁夜宿的值班簿，当时人又称为"害肚历"。

233. 梅子为"曹公"，鹅为"右军"

【原文】

吴人多谓梅子为"曹公"①，以其尝望梅止渴也，又谓鹅为"右军"②。有一士人遗人醋梅与燖鹅③，作书云："醋浸曹公一瓾④，汤燖右军两只，聊备一馔⑤。"

【注释】

①曹公：因曹操位列三公，所以人称曹公。又因曹操有望梅止渴的典故，所以人们便用曹公来作梅子的别称。

②右军：王羲之，王羲之曾经担任右军将军，再加上他比较喜欢鹅，所以人们用右军来代指鹅。

③燖（xún）：用开水烫，也指用火烧。

④瓾（bèng）：瓮一类的器皿。

⑤馔（zhuàn）：饮食，吃喝。

【译文】

吴人多将梅子称作"曹公"，因曹操曾有望梅止渴的典故，又将鹅称为"右军"。有一个士人赠给人醋梅与燖鹅，并在信中写道："醋浸曹公一瓾，汤燖右军两只，聊备一馔。"

卷二十四·杂志一

　　《杂志一》卷，所记述的大多是一些不容易归类的内容材料，所以汇总于书本后面，而称为杂志。文中有有关石油、雁荡山、指南针等事宜，此外还有一些值得读者参考的历史条目，比如士人以氏族相高等。

234. 鄜延境内有石油

【原文】

鄜延境内有石油，旧说"高奴县出脂水"，即此也。生于水际沙石，与泉水相杂，惘惘而出①，土人以雉尾裛之②，乃采入缶中，颇似淳漆，燃之如麻，但烟甚浓，所沾幄幕皆黑。予疑其烟可用，试扫其煤以为墨，黑光如漆，松墨不及也，遂大为之，其识文为"延川石液"者是也③。此物后必大行于世，自予始为之。盖石油至多，生于地中无穷，不若松木有时而竭。今齐、鲁间松林尽矣，渐至太行、京西、江南松山太半皆童矣。造煤人盖未知石烟之利也④。石炭烟亦大⑤，墨人衣，予戏为《延州》诗云："二郎山下雪纷纷，旋卓穹庐学塞人。化尽素衣冬未老，石烟多似洛阳尘。"

【注释】

①惘惘：石油和地下水流混杂，缓慢流出的样子。

②裛（yì）：通"浥"，沾。

③识文：标记文字。

④造煤人：制造墨用烟灰的人。

⑤石炭：现在的煤炭。

【译文】

鄜延境内有石油，旧时说"高奴县内出脂水"，指的就是石油。石油生于河流沿岸的沙石，与泉水混杂，慢慢地流出，当地的人用雉尾沾它，并将其采入缶中，石油的表面和浓漆非常相似，燃烧之后和麻絮比较相像，不过烟气比较浓

烈，帷幕沾上这种烟气便会变黑。我怀疑它的烟灰也是可以使用的，于是便尝试将其扫起来制成墨，制造出来的墨黑光如漆，松墨是比不上的，于是便开始大量制造，标识文字为"延川石液"的墨便是。这种墨之后一定会在世间广为流行，从我这里只是个开始而已。大概是因为石油比较多，生长于地下并没有枯竭的时候，不像松木那样有时会枯竭。而今齐鲁地区的松林已经没有了，慢慢地到太行、京西、江南松山的大半也已经用尽了。制墨的人大概现在还不知道可以从石油的烟灰中制墨获利。煤炭的烟灰也非常大，人的衣服都可以被沾黑，我戏作了一首《延州》诗说："二郎山下雪纷纷，旋卓穹庐学塞人。化尽素衣冬未老，石烟多似洛阳尘。"

235. 盐南风与汝南风

【原文】

解州盐泽之南，秋夏间多大风，谓之"盐南风"，其势发屋拔木，几欲动地，然东与南皆不过中条，西不过席张铺①，北不过鸣条②，纵广止于数十里之间。解盐不得此风不冰③，盖大卤之气相感，莫知其然也。又汝南亦多大风，虽不及盐南之厉，然亦甚于他处，不知缘何如此。或云："自城北风穴山中出。"今所谓风穴者已夷矣，而汝南自若，了知非有穴也。方谚云："汝州风，许州葱。"其来素矣。

【注释】

①席张铺：今山西运城市西部盐湖区席张乡。

②鸣条：鸣条岗，今运城北部，处于夏县和临猗之间。

③不冰：盐水无法结晶。

【译文】

解州盐泽南面，秋夏间经常刮起大风，称为"盐南风"，风势可以掀掉房屋拔掉树木，几乎想要动摇大地，然而东部和南部都不会过中条山，西部不会过席张铺，北部不过鸣条岗，范围也只是在几十里之内。解州盐泽如若没有这股大风就无法结成盐晶，大概是咸气可以相互感应的缘故，不知道到底是什么原因。又说汝南地区也多大风，虽然没有解州盐泽南部的大风凌厉，然而也要比其他地方的大风厉害，不知道为何是这样。或者说："汝南地区的大风是从城北的风穴山中出来的。"而今所谓的风穴山已经夷为平地了，而汝南的大风却还和之前一样，由此可知并不是因为风穴山的缘故。方言中有句谚语称："汝州的大风，许州的葱。"大概这风素来就是这样的。

236. 跳　兔

【原文】

契丹北境有跳兔，形皆兔也，但前足才寸许，后足几一尺，行则用后足跳，一跃数尺，止则蹶然仆地①。生于契丹庆州之地大漠中，予使虏日，捕得数兔持归。盖《尔雅》所谓"蟨兔"也，亦曰"蛩蛩巨驉"也。

【注释】

①蹶然：倒地的样子。

【译文】

契丹北部边境有一种跳兔，形状和一般的兔子一样，不过前足只有一寸长，后足则有几尺长，行走的时候会用后足跳，一跳就有几尺远，停下后犹如倒在地上的模样。这种兔子在契丹庆州之地的大漠中生存，我出使辽国的时候，还曾经逮捕了几只带回。大概是《尔雅》中所说的"蟨兔"，也称为"蛩蛩巨驉"。

237. 蟭　蟟

【原文】

蟭蟟之小而绿色者①，北人谓之螓，即《诗》所谓"螓首蛾眉"者也，取其顶深且方也。又闽人谓大蝇为胡螓，亦螓之类也。

【注释】

①蟭蟟（jiāo liáo）：蝉的一种。

【译文】

蟭蟟非常小而呈绿色，北方人称为螓，也就是《诗》中所谓的"螓首蛾眉"，取其顶部广而又比较方的意思。又有闽南人将大蝇称为胡螓，也是螓之类的昆虫。

238. 白　雁

【原文】

北方有白雁，似雁而小，色白，秋深则来①。白雁至则霜降，河北人谓之
"霜信"，杜甫诗云："故国霜前白雁来。"，即此也。

【注释】

①来：飞来。

【译文】

北方有一种白雁，和雁比较相似而体型较小，颜色为白色，深秋时节飞回
来。白雁飞回来的时候是霜降的季节，河北人称为"霜信鸟"，杜甫的诗中说：
"故国霜前白雁来。"说的就是这一种鸟。

239.　海陆迁移

【原文】

予奉使河北，遵太行而北，山崖之间，往往衔螺蚌壳及石子如鸟卵者，横亘
石壁如带。此乃昔之海滨，今东距海已近千里，所谓大陆者，皆浊泥所湮耳。尧
殛鲧于羽山①，旧说在东海中，今乃在平陆。凡大河、漳水、滹沱、涿水、桑乾
之类，悉是浊流，今关陕以西，水行地中，不减百馀尺，其泥岁东流，皆为大陆
之土，此理必然。

【注释】

①尧殛鲧（gǔn）于羽山：传说，鲧因为治水不成，被尧诛杀于羽山，不过
也有一说是被流放于羽山。

【译文】

我奉命出使河北，沿着太行山向北而行，山崖之间，经常会有螺蚌壳以及犹
如鸟卵一样的石子，横亘于石壁之上，犹如一根带子。这里是昔日的海滨，而今东
距大海已经有近千里，所说的大陆，都是由浊泥积淀所成。尧帝在羽山杀掉了鲧，
旧时说羽山位于东海之中，而今乃在平陆之上。凡大河、漳水、滹沱、涿水、桑乾

之类，都是浊流，而今关陕以西，水流行于峡谷之中，最深的地方不下百馀尺，其中的泥沙每年都向东流去，皆为造就大陆的泥土，这也是有必然的道理的。

240. 温州雁荡山

【原文】

温州雁荡山，天下奇秀，然自古图牒①，未尝有言者。祥符中，因造玉清宫，伐山取材，方有人见之，此时尚未有名。按西域书，阿罗汉诺矩罗居震旦东南大海际雁荡山芙蓉峰龙湫。唐僧贯休为《诺矩罗赞》②，有"雁荡经行云漠漠，龙湫宴坐雨濛濛"之句。此山南有芙蓉峰，峰下芙蓉驿，前瞰大海，然未知雁荡、龙湫所在。后因伐木，始见此山。山顶有大池，相传以为雁荡。下有二潭水，以为龙湫。又有经行峡、宴坐峰，皆后人以贯休诗名之也。谢灵运为永嘉守，凡永嘉山水，游历殆遍，独不言此山，盖当时未有雁荡之名。予观雁荡诸峰，皆峭拔崄怪，上耸千尺，穹崖巨谷，不类他山，皆包在诸谷中，自岭外望之，都无所见；至谷中，则森然干霄。原其理，当是为谷中大水冲激，沙土尽去，唯巨石岿然挺立耳，如大小龙湫、水帘、初月谷之类，皆是水凿（音漕，去声）之穴。自下望之，则高岩峭壁，从上观之，适与地平，以至诸峰之顶，亦低于山顶之地面，世间沟壑中水凿之处，皆有植土龛岩③，亦此类耳。今成皋、陕西大涧中，立土动及百尺，迥然耸立，亦雁荡具体而微者，但此土彼石耳。既非挺出地上，则为深谷林莽所蔽，故古人未见、灵运所不至，理不足怪也。

【注释】

①图牒：地理图书。

②贯休：唐朝的僧人、诗人。

③植土龛（kān）岩：直立的土龛和土崖。

【译文】

温州的雁荡山，天下间奇秀，然而自古的地理图书上，却没有记载过此处。祥符年间，因为朝中要建造玉清宫，所以便在此伐山取材，这才有人看见了它，此时这座山尚且还没有名气。根据西域佛书的记载，阿罗汉诺矩罗居住在中国东南大海际雁荡山芙蓉峰龙湫处。唐代诗人贯休所著的《诺矩罗赞》中，有"雁荡经行云漠漠，龙湫宴坐雨濛濛"的句子。这座山的南面有芙蓉峰，芙蓉峰的下面是芙蓉驿，驿前就可以俯瞰整片大海，然而并不知道雁荡、龙湫的所在之处。

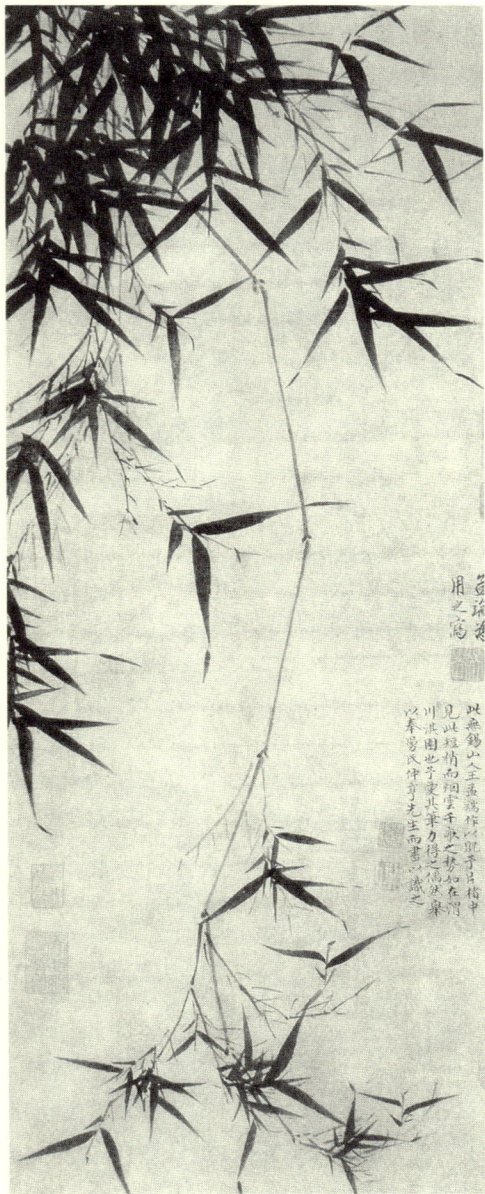

後来因为砍伐树木的原因，才开始见到了这座山。山顶上有大池，依据传说便以为是雁荡。下面还有两潭水，便以为是龙湫。还有以经行峡、宴坐峰命名的，也都是后人借用贯休的诗句给它们所起的名字。谢灵运为永嘉太守的时候，凡是永嘉境内的山水，他都已经游历过，唯独没有提到这座山，大概当时还没有雁荡山这个名字。我看雁荡山的诸峰，都峭拔险怪，上耸千尺，穷崖巨谷，不像其他的山，都包含在各个山谷中，从山岭之外看去，什么都看不到；到达山谷中，才会发现它们耸立云霄。推究其形成的原理，应该是受山谷中的大水冲刷而成，沙土全部被大水冲走，只有巨石岿然不动地挺立在那里，比如大小龙湫、水帘、初月谷之类，都是水凿（音漕，去声）出来的坑穴。从下往上看，都是些高岩峭壁；从上面观看，则又和地面相平，以至于各个山峰的山顶，也都低于山顶以外的地面，世间沟壑之中被水冲刷过的地方，都有直立的土龛和土崖，也是这一类的。而今成皋、陕西地区的大涧中，直立的土崖有百尺，迥然耸立，也是具体而微缩的雁荡山，不过这边是土崖那边是山石罢了。雁荡山既然并非挺出于地面，那么就是被深谷里的丛林所遮掩，所以古时候的人未曾见过、谢灵运没有到过，这也是不足为怪的。

241. 木　天

【原文】

【原文】

内诸司舍屋①，唯秘阁最宏壮，阁下穹隆高敞，相传谓之"木天"。

【注释】

①内诸司：设置在皇城里面的各个中央机构。

【译文】

皇城内的各个中央机构的屋舍，独有秘阁的尤为宏壮，从阁下看去穹顶高高地朝四面展开，相传称为"木天"。

242. 针锋不全南

【原文】

方家以磁石磨针锋，则能指南，然常微偏东，不全南也，水浮多荡摇，指爪及盌唇上皆可为之，运转尤速，但坚滑易坠，不若缕悬为最善。其法取新纩中独茧缕①，以芥子许蜡②，缀于针腰，无风处悬之，则针常指南。其中有磨而指北者，予家指南、北者皆有之。磁石之指南，犹柏之指西，莫可原其理。

【注释】

①纩：丝棉絮。

②芥子：芥末粒。

【译文】

方术家以磁石打磨针尖，针尖就可以指南，然而却经常会稍微偏向东方，并不指向正南，将磁针放在水中也大多摇荡，放在指甲以及碗的边缘都可以试验，运转尤为迅速，不过这一类事物坚硬光滑容易坠落，不如用丝线吊着磁针，是为最好的办法。办法是从新丝棉絮中抽出茧拉出的丝，然后用芥末粒大小的蜡，将其点缀于针腰处，并挂在没有风的地方，那么针尖就会常常指向南方。其中也有磨过的针尖指向北方的，我的家里指南、指北的都有。磁石指南，犹如松柏树生于偏西方向一般，如今还不知道其中的原理。

243. 钟馗之设

【原文】

岁首画钟馗于门，不知起自何时。皇祐中，金陵发一冢①，有石志，乃宋宗悫母郑夫人②。宗悫有妹名钟馗，则知钟馗之设亦远矣。

【注释】

①金陵：今江苏南京。

②宗悫（què）：南朝刘宋时期的人，官至豫州刺史。

【译文】

每年岁首都要在门上画钟馗，不知道是从何时兴起的。皇祐年间，金陵一带发现了一处古墓，还有石制的墓志，乃是南朝刘宋时期宗悫的母亲郑夫人的墓碑。宗悫有个妹妹名为钟馗，则可以知道岁首设置钟馗的风俗也由来已久。

244. 茶　芽

【原文】

茶芽，古人谓之"雀舌""麦颗"①，言其至嫩也。今茶之美者，其质素良，而所植之土又美，则新芽一发，便长寸馀，其细如针，唯牙长为上品，以其质干、土力皆有馀故也。如雀舌、麦颗者，极下材耳，乃北人不识，误为品题。予山居有《茶论》，《尝茶》诗云："谁把嫩香名雀舌？定知北客未曾尝。不知灵草天然异，一夜风吹一寸长。"

【注释】

①雀舌、麦颗：茶的新芽犹如鸟舌、麦粒一般。

【译文】

茶的新芽，古人称为"雀舌""麦颗"，意思是说它们都极为鲜嫩。而今比较好的茶，只要其质地素来优良，而所种植茶树的土壤也比较好，那么新芽新初时，便有一寸多长，如针一样细，只有新芽比较长的才算是正品，以其质地、枝干、土壤都有肥力而生成的。如同雀舌、麦颗形状的茶，其实是最为下等的材料，只是北方人不懂得，才会将其看作上品而又多加称道。我居住在山林的时候曾经写过《茶论》，还有《尝茶》诗中说"谁把嫩香名雀舌？定知北客未曾尝。不知灵草天然异，一夜风吹一寸长"。

245．荔枝核有小如丁香者

【原文】

闽中荔枝，核有小如丁香者①，多肉而甘。土人亦能为之，取荔枝木去其宗根，仍火燔令焦，复种之，以大石抵其根，但令傍根得生，其核乃小，种之不复牙。正如六畜去势，则多肉而不复有子耳。

【注释】

①丁香：丁香荔。

【译文】

闽中地区的荔枝，有核比较小的如丁香荔，肉多而甘甜。当地人也能够种植这种荔枝，取普通荔枝树的主根，然后用大火将其烤焦，再将它种在地里，用大石抵住它的根部，只让其从旁侧生根，这样生长出来的荔枝核就比较小，种这种荔枝核也不会再发芽。正如家畜被阉割后，可以多长肉却无法再繁殖了。

246．傍　不　肯

【原文】

元丰中，庆州界生子方虫①，方为秋田之害。忽有一虫生，如土中狗蝎②，其喙有钳，千万蔽地。遇子方虫，则以钳搏之，悉为两段。旬日，子方皆尽，岁以大穰。其虫旧曾有之，土人谓之"傍不肯"。

【注释】

①庆州：今甘肃庆阳。

②狗蝎：土狗子和蝎子。

【译文】

元丰年间，庆州地界发生了子方虫灾害，这种子方虫危害秋天的庄稼。忽然又有了一种虫子，犹如土狗子和蝎子，它的嘴上还有钳子，有千万只而遮掩了地面。遭遇子方虫的时候，便用它们的钳子与之搏斗，子方虫都被剪成了两段。十天半月的时间，子方虫全部被吃光了，于是这年成了大丰收年。这种虫子之前也是有过的，当地人将它们称为"傍不肯"。

247. 芋梗治蜂螫

【原文】

处士刘易①，隐居王屋山。尝于斋中见一大蜂罥于蛛网②，蛛搏之，为蜂所螫坠地。俄顷，蛛鼓腹欲烈，徐行入草，蛛啮芋梗微破，以疮就啮处磨之，良久，腹渐消，轻躁如故。自后人有为蜂螫者，挼芋梗傅之则愈③。

【注释】

①处士，刘易：处士，原指有才华但却隐世之人，现在也指没有当过官的士人；刘易，今山西忻州人，性情耿直，博学多才，隐居不仕。

②罥（juàn）：悬挂。

③挼（ruó）：揉搓。

【译文】

处士刘易，隐居在王屋山。曾经在书房里看到一只大蜂被悬挂于蜘蛛网上，蜘蛛与之搏击，没多久便被蜂刺所螫而掉落在地。没过多久，蜘蛛腹部胀得似乎都要裂开来，于是慢慢地爬到了草中，蜘蛛将一块芋头的梗微微咬破，然后将自己被螫的疮口靠着咬破的芋头梗处摩擦，过了好久，腹部才渐渐消了下去，又和之前一样狂躁轻松了。此后凡是有人被蜂螫伤后，将揉搓过的芋头梗敷在伤口处就可以痊愈了。

248. 乌 脚 溪

【原文】
漳州界有一水①，号乌脚溪，涉者足皆如墨。数十里间，水皆不可饮，饮则病瘴，行人皆载水自随。梅龙图公仪宦州县时，沿牒至漳州，素多病，预忧瘴疠为害，至乌脚溪，使数人肩荷之，以物蒙身，恐为毒水所沾。兢惕过甚，瞧盱矍铄②，忽坠水中，至于没顶乃出之，举体黑如昆仑，自谓必死，然自此宿病尽除，顿觉康健，无复昔之羸瘵③，又不知何也。

【注释】
①漳州：福建漳州。
②瞧盱矍（jué）铄：惊视害怕的模样。
③羸瘵（zhài）：病弱。

【译文】
漳州地界有一处水流，号称乌脚溪，涉水而过的人的腿脚都会如同被墨汁染过一般。几十里之内，水都无法饮用，饮用后就会身体病弱，饮用了就会得瘴气病，从这里路过的行人都会随身带着饮用水。梅龙图公仪在州县做官的时候，职务调动到漳州，他素来体弱多病，没来之前就担心自己会受到瘴气的侵害，到达乌脚溪时，便让几个人用肩舆抬着他过河，并用东西将自己全部遮盖住，唯恐会被毒水所沾。因为过分警惕，在惊视害怕之时，突然坠入了水中，水淹没了他的头顶而被捞出来后，全身上下都如同黑人一般，他自认为一定会死掉。然而自此之后他的宿疾竟然全部祛除了，顿时觉得身体健康，没有了往日里的病弱，却又不知道是什么缘故。

卷二十五·杂志二

　　《杂志二》卷进一步补充了《杂志》一篇的内容，有枳首蛇、大蓟、测量汴渠、天子请客、木图等材料，都是一些不容易归纳成篇的内容，因此放在了本书最后。

249. 枳　首　蛇

【原文】

宣州宁国县多枳首蛇①，其长盈尺，黑鳞白章，两首文彩同，但一首逆鳞耳。人家庭槛间，动有数十同穴，略如蚯蚓。

【注释】

①宣州，宁国，枳首蛇：宣州，州名，今安徽宣城；宁国，县名，今安徽宁国市；枳首蛇，两头蛇。

【译文】

宣州宁国县里有很多枳首蛇，长一尺多，黑色的鳞片和白色的花纹，两头的花纹颜色是一样的，但是有一头的鳞片是倒着的。别人家庭院的门槛之间，动辄一个洞穴内就有几十条，大体和蚯蚓差不多。

250. 胆矾成铜

【原文】

信州铅山县有苦泉①，流以为涧，挹其水熬之，则成胆矾，烹胆矾则成铜，熬胆矾铁釜久之亦化为铜。水能为铜，物之变化，固亦不测。按《黄帝素问》有"天五行，地五行，土之气在天为湿，土能生金石，湿亦能生金石"，此其验也。又，石穴中水所滴皆为钟乳、殷孽。春、秋分时，汲井泉则结石花，大卤之下，则生阴精石，皆湿之所化也。如木之气在天为风，木能生火，风亦能生火，盖五行之性也。

【注释】

①信州，铅（yán）山县：信州，今江西上饶；铅山县，今江西上饶西南方向。

【译文】

信州铅山县有一处苦泉，水流汇成山涧的溪水，舀起这种水并用火煎熬，就可以熬出胆矾，继续烹煮胆矾就可以熬出铜，熬胆矾里面的铁釜时间久了也可以化作铜。水能够化成铜，物质的变化，固然不可推测。依据《黄帝素问》中有

"天五行，地五行，土之气在天为湿，土能生金石，湿亦能生金石"，就是对此的验证。又有石穴中的水，其水滴都形成了钟乳石、殷孽。春、秋分时节，从井泉里面汲出来的水能够结为石花，含盐分比较高的卤水下面，则能够生出阴精石，都是湿气所化成的。犹如木之气在天为风，木能生火，风也能生火，大概就是五行的本性吧。

251. 古 之 节

【原文】

　　古之节如今之虎符，其用则有圭、璋、龙、虎之别，皆椟①，"将之英荡"是也，汉人所持节，乃古之旄也。予在汉东，得一玉琥，美玉而微红，酣酣如醉肌②，温润明洁，或云即玫瑰也。古人有以为币者，《春官》"以白琥礼西方"是也。有以为货者，《左传》"加以玉琥二"是也。有以为瑞节者，"山国用虎节"是也。

【注释】

①椟：木匣子。

②酣酣：艳丽的样子。

【译文】

　　古时候的符节就好比现在的虎符，使用的时候有圭节、璋节、龙节、虎节的区别，都用木匣子装着，这种匣子就是《周礼》中所说的"将之英荡"，汉人所持的符节，就是古时候的旄。我在汉东的时候，曾经得到过一件玉琥，非常漂亮而且略微泛红，艳丽得如同醉酒后的肌肤一般，温润明洁，或说这是玫瑰玉。古人还有将玉琥用作礼物的，《周礼·春官》中说"以白琥礼西方"便是作礼物的意思。也有将玉琥看作是财物的，《左传》中"加以玉琥二"便是作财物的意思。有将玉琥看作是瑞节的，"山国用虎节"便是这个意思。

252. 测量汴渠

【原文】

国朝汴渠，发京畿辅郡三十馀万夫①，岁一浚。祥符中，阁门祇侯使臣谢德权领治京畿沟洫②，权借浚汴夫。自尔后三岁一浚，始令京畿民官皆兼沟洫河道③，以为常职。久之，治沟洫之工渐弛，邑官徒带空名，而汴渠有二十年不浚，岁岁堙淀。异时京师沟渠之水皆入汴，旧尚书省《都堂壁记》云，"疏治八渠，南入汴水"是也。自汴流堙淀，京城东水门下至雍丘、襄邑④，河底皆高出堤外平地一丈二尺馀。自汴堤下瞰，民居如在深谷。熙宁中，议改疏洛水入汴。予尝因出使，按行汴渠，自京师上善门量至泗州淮口⑤，凡八百四十里一百三十步。地势，京师之地比泗州凡高十九丈四尺八寸六分，于京城东数里白渠中穿井，至三丈方见旧底。验量地势，用水平、望尺、干尺量之⑥，不能无小差。汴渠堤外，皆是出土故沟水，令相通，时为一堰节其水，候水平，其上渐浅涸，则又为一堰，相齿如阶陛，乃量堰之上下水面，相高下之数，会之，乃得地势高下之实。

【注释】

①京畿辅郡：京城周边地区的各个州县。

②谢德权：字士衡，福州人。

③民官：各州县的长官。

④雍丘、襄邑：今河南杞县、睢县。

⑤淮口：汴水进入淮河的河口。

⑥望尺、干尺：测高的标杆和测距的量杆。

【译文】

本朝的汴渠，原本是征发京师周边地区三十多万的农夫，每年疏浚一次。祥符年间，阁门祗候使臣谢德权总管治理京畿地区河渠的事务，暂时调用了负责疏浚汴渠的农夫。自此之后汴渠改为每三年疏浚一次，开始让京畿地区的州县长官监管沟渠河道的治理事宜，并以此作为常职。时间久了，治理沟渠河道的事宜便逐渐废弛了，负责兼管的官员也是徒有虚名，而汴渠则有二十年没再疏浚，年年都被淤泥堵塞。昔日京城沟渠的水会流入汴渠之中，古时尚书省《都堂壁记》中所记载的，"疏通治理八处沟渠，并向南流入汴水之中"说的就是这样。自从汴渠的水流被淤泥堵塞后，从京城东面的水门一直到雍丘、襄邑的水道，河堤比堤外的平地还要高出一尺二丈有余。从汴堤往下看，居民犹如生活在深谷之中。熙宁年间，朝中商议将洛水引入汴渠。我曾经利用出使的时间，循行探查汴渠的情形，从京师上善门量至泗州淮口，总共八百四十里一百三十步。从地势上来说，京师的地势要比泗州的地势高出十九丈四尺八寸六分，在京城以东几里地的白渠中穿井，打到三丈多深才看到汴渠之前的河床。测量地势的时候，用水平尺、望尺、干尺测量，不能避免小的误差。汴渠的堤外，都是修建河堤时所挖出的旧水沟，于是便让人将水沟打通，不时筑上一道堰以拦截水沟里的水，等堰中的水满了之后，便在其上游干涸的地方，再挖一个堰，堰的排列看上去犹如阶梯一般，于是又测量上下堰之间的水面高度，最后将这些数字相加，便能够得出地势高下的实际落差。

253. 江湖间唯畏大风

【原文】

江湖间唯畏大风，冬月风作有渐，船行可以为备，唯盛夏风起于顾盼间，往往罹难。曾闻江国贾人有一术①，可免此患。大凡夏月风景②，须作于午后，欲行船者，五鼓初起，视星月明洁、四际至地，皆无云气，便可行，至于巳时即止③，如此无复与暴风遇矣。国子博士李元规云："平生游江湖，未尝遇风，用此术。"

【注释】

①江国：泛指长江沿岸地区。有时候也会指江淮之间。

②风景：疑为风暴，以和下文的"暴风"相互呼应。

③巳时：现在上午的九点到十一点。

【译文】

在江湖中行船唯独畏惧大风天气，冬天的时候风是慢慢刮起来的，行船也可以早做防备，唯有盛夏时期的风是起于瞬间，（行船时碰到这种天气）往往会遇难。曾经听说长江沿岸地区的商人对此有办法，可以免去此种灾难。但凡夏日的暴风，都是在午后发作的，想要行船的人，五更时分起床，如果天上的星星月亮明亮皎洁、周边天际直达地上，都没有云气，便是可以行船的，到了巳时就停止，如此就不会再和暴风相遇了。国子博士李元规说："平生游江湖，未尝遇风，用此术。"

254. 大 蓟

【原文】

予使虏，至古契丹界，大蓟茇如车盖，中国无此大者，其地名蓟，恐其因此也，如杨州宜杨、荆州宜荆之类①。荆或为楚，楚亦荆木之别名也。

【注释】

①杨州：一般都写为扬州，很少写为杨州的。

【译文】

我出使辽国，到达古时契丹人居住的地界，大蓟茇长得如车盖一般，中原地区没有像这样大的，这个地方名为蓟，恐怕也是因为此处多大蓟茇吧，比如扬州适宜杨树、荆州适宜荆木之类的。荆又称为楚，楚也是荆木的别称。

255. 刁约使契丹

【原文】

刁约使契丹，戏为四句诗曰："押燕移离毕①，看房贺跋支②。饯行三匹裂，密赐十貔狸。"皆纪实也。移离毕，官名，如中国执政官。贺跋支，如执衣、防阁。匹裂，似小木罂，以色绫木为之，如黄漆。貔狸，形如鼠而大，穴居，食果谷，嗜肉，狄人为珍膳，味如豘子而脆。

【注释】

①押燕：主持宴会的事宜。此处指契丹为使者刁约设置宴席。

②看房：护卫使者的住处。

【译文】

刁约出使契丹，戏谑地写了四句诗为："押燕移离毕，看房贺跋支。饯行三匹裂，密赐十貔狸。"都是比较纪实的。移离毕，是契丹的官名，犹如中国的执政官。贺跋支，好比中国官员的执衣、防阁。匹裂，是一种小木罐似的器物，使用色绫木制造，犹如黄漆漆过一般。貔狸，形状如老鼠而又比老鼠稍大，是穴居动物，吃谷物，也喜欢吃肉，契丹人将其看作是珍贵的膳食，味道如同小猪而肉质又比较脆。

256. 李及殊清节

【原文】

蔡君谟尝书小吴笺云①："李及知杭州②，市白集一部，乃为终身之恨，此君殊清节，可为世戒。张乖崖镇蜀③，当遨游时，士女环左右，终三年未尝回顾，此君殊重厚，可以为薄夫之检押。"此帖今在张乖崖之孙尧夫家。予以谓买书而为终身之恨，近于过激，苟其性如此，亦可尚也。

【注释】

①蔡君谟：蔡确，字持正，今福建人，官至宰相。

②李及：字幼几，郑州人，官至御史中丞。

③张乖崖：张咏，字复之，今山东人，官至御史中丞。

【译文】

蔡君谟曾经书写一小幅吴笺纸说："李及任职杭州知州时，曾从集市上买过一本白居易的诗集，竟成了他终身的恨事，这个人格外有清节，可为世戒。张乖崖镇守蜀中，每当出游的时候，士女围绕在其左右，终三年未尝回顾，这个人尤为谨慎和厚重，可以作为轻薄之人的法度。"此帖如今在张乖崖的孙子张尧夫家中。我认为因为买书而成为终身遗憾的，近于过激，不过假如他本性就是这样，那也是值得尊敬的。

257. 天子请客

【原文】

陈文忠为枢密①，一日，日欲没时，忽有中人宣召。既入右掖，已昏黑，遂引入禁中，屈曲行甚久，时见有帘帏、灯烛，皆莫知何处。已而到一小殿，殿前有两花槛，已有数人先至，皆立廷中。殿上垂帘，蜡烛十馀炬而已。相继而至者凡七人，中使乃奏班齐，唯记文忠、丁谓、杜镐三人②，其四人忘之，杜镐时尚为馆职。良久，乘舆自宫中出，灯烛亦不过数十而已，宴具甚盛，卷帘，令不拜，升殿就坐，御座设于席东，设文忠之坐于席西，如常人宾主之位。尧叟等皆惶恐不敢就位，上宣喻不已，尧叟恳陈："自古未有君臣齐列之礼"，至于再三，上作色曰："本为天下太平，朝廷无事，思与卿等共乐之。若如此，何如就外朝开宴？今日只是宫中供办，未尝命有司，亦不召中书辅臣。以卿等机密及文馆职任，侍臣无嫌，且欲促坐语笑，不须多辞。"尧叟等皆趋下称谢，上急止之，曰："此等礼数，且皆置之。"尧叟悚慄危坐，上语笑极欢，酒五六行，膳具中各出两绛囊，置群臣之前，皆大珠也。上曰："时和岁丰，中外康富，恨不得与卿等日夕相会。太平难遇，此物助卿等燕集之费。"群臣欲起谢，上云："且坐，更有。"如是酒三行，皆有所赐，悉良金重宝。酒罢，已四鼓，时人谓之"天子请客"。文忠之子述古得于文忠，颇能道其详，此略记其一二耳。

【注释】

①陈文忠：陈尧叟，字唐夫，今四川人。
②杜镐：字文周，今江苏人。

【译文】

　　陈文忠为枢密院长官时，有一天太阳将要下山的时候，忽然有个宦官宣皇帝诏令（让其进宫）。陈文忠进入皇宫右掖门的时候，天已经昏黑了，于是便有人将他引入宫中，弯弯曲曲地走了很久，不时还会看到帘帏、灯烛，但都不知道是在什么地方。既而到达一座小殿，殿前有两个雕花的栏杆，已经有几个人先行到达了，都站在庭中。殿上垂着帘子，只点了十几根蜡烛而已。相继到来的总共有七个人，于是宦官便禀报说"班齐"，只记得文忠、丁谓、杜镐三个人，其他的四个人都忘了，杜镐当时尚且只是个馆职人员。过了很久，皇帝的轿子才从宫里出来，此时的灯烛也不过几十盏罢了，宴席的准备甚为丰盛，卷帘后，皇上让各位都不要叩拜，直接升殿就坐，皇帝的御座设置在宴席的东面，而将陈文忠的坐席设置在宴席的西面，犹如普通人宴客时的宾主之位。陈文忠等人都惶恐不敢就座，皇上又不停地宣谕就座，陈文忠言辞恳切地说："自古以来就没有君臣齐列的礼仪"，并且再三解释。皇帝生气地说："原本是为了天下太平，朝中又没有什么事情，想着和众卿共享欢乐。如果因为这样，那不如就在外朝设置宴席？今天只是在宫中设置的，并没有给相关部门下达命令，也没有召见中书辅臣。因为你们几个人担任的都是机密职事以及文馆的职务，侍从之臣也没有嫌隙，就当是想要促坐语笑，毋须多说了。"陈文忠等人都下台阶叩谢，皇上急忙制止他们说："这样的礼数，暂且就都搁置吧。"陈

文忠兢兢战战、正襟危坐，皇上则是笑语颜开，非常欢畅，酒过五六巡之后，酒具中各自出了两个红色的锦囊，放在了群臣的面前，都是很大的珠宝。皇上说："适逢世道和平、年岁丰收，中外康富，恨不得每天晚上都和众位爱卿举行宴会。太平世道很难遇到，这些东西便当是赞助各位爱卿燕集游玩的费用了。"群臣想要起身叩谢，皇上说："且坐，还有其他的东西。"如此又是酒三巡，都有所赏赐，都是良金重宝。酒席结束后，已经是四更天了，当时人称为"天子请客"。陈文忠的儿子从陈文忠那里听说了这件事情，颇能够讲出其中的详细，这里也只是粗略的记述了其中一二。

258. 三 不 得

【原文】

丞相陈秀公治第于润州①，极为闳壮，池馆绵亘数百步。宅成，公已疾甚，唯肩舆一登西楼而已。人谓之"三不得"：居不得，修不得，卖不得。

【注释】

①陈秀公：陈升之，神宗熙宁初年的宰相。

【译文】

丞相陈秀公将宅邸修建于润州，宅邸极为宏壮，园池楼观绵延几百步。宅邸建成后，陈秀公却得了很严重的疾病，只是让人抬着肩舆登上了一回西楼罢了。人们将此称为"三不得"：居不得，修不得，卖不得。

259. 福建剧贼廖恩

【原文】

福建剧贼廖恩①，聚徒千馀人，剽掠市邑，杀害将吏，江浙为之骚然。后经赦宥，乃率其徒首降，朝廷补恩右班殿直，赴三班院候差遣。时坐恩黜免者数十人，一时在铨班叙录其脚色，皆理私罪或公罪，独恩脚色称："出身以来，并无公私过犯。"

【注释】

①廖恩：今福建南平人，是当地的大姓，以经商发家致富。

【译文】

福建大匪廖恩，聚集了上千余人，剽掠市邑，杀害将士官吏，江浙地区为之骚动。后来经过朝廷的赦免，廖恩便带领徒众归降，朝廷授予他为右班殿直，让他前往三班院听候差遣。当时受廖恩事件牵连的官员被罢免和降职的有几十个人，一时间这些人都要在铨班办理相关的手续，要在他们的履历表上写清楚是因为这件事情而被治理私罪或公罪的，唯独廖恩的履历表上这样写道："做官以来，从未有过公私过犯。"

260. 木　图

【原文】

予奉使按边，始为木图，写其山川道路。其初徧履山川，旋以面糊、木屑，写其形势于木案上，未几寒冻，木屑不可为，又镕蜡为之。皆欲其轻，易赍故也①。至官所②，则以木刻上之。上召辅臣同观，乃诏边州皆为木图，藏于内府。

【注释】

①赍（jī）：携带。

②官所：察访使的驻地。

【译文】

我奉命巡视河北察访边境的事宜，开始制作木版地图，以此来描绘河北边境的山川道路。先是遍履那里的山川河流，随即便以面糊、木屑，在木版上塑造那里的山地形势，没过多久，天气开始寒冻，用木屑已经没办法做成了，于是便改为用熔蜡的方式。这些都是为了让木版地图轻便一些，便于携带的缘故。到达察访使的驻地后，便将雕刻成的木版地图呈献给皇帝观看。皇帝召集辅助大臣一起观看，于是便下诏周边地区都制作木版地图，并收藏于宫内的相关机构。

261. 蜀中剧贼李顺

梦溪笔谈 全鉴 珍藏版

【原文】

蜀中剧贼李顺①，陷剑南、两川，关右震动②，朝廷以为忧。后王师破贼，枭李顺，收复两川，书功行赏，了无间言。至景祐中，有人告李顺尚在广州，巡检使臣陈文琏捕得之，乃真李顺也，年已七十余。推验明白，囚赴阙，覆按皆实。朝廷以平蜀将士功赏已行，不欲暴其事，但斩顺，赏文琏二官，仍阁门祗候。文琏，泉州人，康定中老告归泉州，予尚识之。文琏家有李顺案款，本末甚详。顺本味江王小博之妻弟，始王小博反于蜀中，不能抚其徒众，乃共推顺为主。顺初起，悉召乡里富人大姓，令具其家所有财粟，据其生齿足用之外③，一切调发，大赈贫乏，录用材能，存抚良善，号令严明，所至一无所犯。时两蜀大饥，旬日之间，归之者数万人，所向州县，开门延纳，传檄所至，无复完垒。及败，人尚怀之，故顺得脱去三十余年，乃始就戮。

【注释】

①李顺：北宋淳化四年春天，李顺跟随王小波起义，十二月王小波死后，李顺代其为首领，第二年，攻克成都，称为大蜀王，徒众达到几十万。五月份被朝廷镇压。

②关右：今陕西潼关以西地区。

③生齿：人口。

【译文】

蜀中大匪李顺，带人攻陷了剑南、两川地区，关右地区为此震动，朝廷以此为忧患。后来朝中军队攻克寇匪，斩杀了李顺并悬首示众，收复了两川地区，计功行赏，朝中内外对此并没有什么疑问。到了景祐年间，有人告发说李顺尚且还在广州，巡检使臣陈文琏将他抓获，乃是真的李顺，年龄已有七十多岁了。审讯清楚后，便用囚车将其押往京师，复审后情况都属实。朝中因为之前已经论功行赏了平蜀将士，所以不愿意再曝光这件事情，只是将李顺杀掉后，给陈文琏官升二级以作赏赐，并让其为阁门祗候完事。陈文琏，泉州人，康定年间辞去官职返回泉州，我尚且还认识他。陈文琏家里有李顺案款，本末记述极为详细。李顺原本是味江王小博的妻弟，先前是王小博在蜀中起兵造反，但他不能安抚徒众，于是便推举李顺为首领。李顺初为首领，便将乡里的富人大姓全部召集起来，让他们悉数上报家中的财物粮食，并且根据每家人口的数量为他们留下足够用的物品，其余的全部都调发，并大力赈济贫乏的百姓，录用有才能的人，安抚良善，号令严明，所到之处一无所犯。当时两蜀地区闹了大饥荒，十天半月之内，归顺李顺的就有几万人，所到之处州县官员，都是开门迎接，传檄所到达的地方，没有不被攻克的。等到李顺失败后，人们尚且还都怀念他，所以李顺得以逃脱了三十多年，后来才被朝中捕杀。

262. 能用度外人，然后能周大事

【原文】

范文正常言：“史称诸葛亮能用度外人①。用人者，莫不欲尽天下之才，常患近己之好恶而不自知也，能用度外人，然后能周大事。”

【注释】

①度外人：不守法度的人。

【译文】

范仲淹经常说：“史称诸葛亮可以任用不守法度的有才之人。凡是用人的，没有不想要尽天下之才的，所以会常常忧虑会以个人喜恶来用人而自己却又不知道，能够任用不守法度的人，然后才能够思虑周全成就大事。”

263. 校书如扫尘

【原文】

宋宣献博学[①]，喜藏异书，皆手自校雠。常谓："校书如扫尘，一面扫，一面生。故有一书每三四校，犹有脱缪。"

【注释】

①宋宣献：宋绶，字公垂，今河北赵县人，官至参知政事。

【译文】

宋宣献博学多才，喜欢收藏奇书，都是亲手校对勘证的。他经常说："校书如同打扫灰尘，一边扫，一边生。所以一部书需要校对三四遍，尚且还会有疏漏和错误的地方。"

卷二十六·药议

药议，顾名思义，写得是医学、药物学的内容，不过此卷不同于以往的医理或者是医学方面的书籍，而是采用了笔记的形式记载。其中所记录的事情，也大多是检讨前人的过失或者是阐述自己的想法，并非泛泛而论。

264. 消化与食物吸收

【原文】

古方言"云母粗服，则著人肝肺不可去"。如枇杷、狗脊，毛不可食，皆云"射入肝肺"。世俗似此之论甚多，皆谬说也。又言"人有水喉、食喉、气喉"者，亦谬说也。世传《欧希范真五脏图》①，亦画三喉，盖当时验之不审耳。水与食同嚥，岂能就中遂分入二喉？人但有咽、有喉二者而已。咽则纳饮食，喉则通气，咽则下入胃脘②，次入胃中，又次入肠，又次入大小肠；喉则下通五脏，出入息。五脏之含气呼吸，正如冶家之鼓鞴③。人之饮食药饵，但自咽入肠胃，何尝能至五脏？凡人之肌骨、五脏、肠胃虽各别，其入肠之物，英精之气味，皆能洞达，但淬秽即入二肠。凡人饮食及服药既入肠，为真气所蒸，英精之气味，以至金石之精者，如细研硫黄、朱砂、乳石之类，凡能飞走融结者，皆随真气洞达肌骨，犹如天地之气，贯穿金石土木，曾无留碍。自馀顽石草木，则但气味洞达耳。及其势尽，则淬秽传入大肠，润湿渗入小肠，此皆败物，不复能变化，惟当退洩耳。凡所谓某物入肝、某物入肾之类，但气味到彼耳，凡质岂能至彼哉？此医不可不知也。

【注释】

①《欧希范真五脏图》：宋代的一部解剖学图书。

②胃脘：食管。

③鼓鞴（bèi）：鼓风吹火使用的革囊。

【译文】

古方中说"服用没有经过加工的云母，那么它便会附着在人的肝肺上而无法除去"。比如枇杷、狗脊，有毛而不可以食用，都说"它们的绒毛会刺伤人的肝肺。"世俗间类似这种言论的有很多，都是荒谬的说法。又称"人有水喉、食喉、气喉"，也是比较荒谬的说法。世间流传的《欧希范真五脏图》，也画了三喉，大概是当时检验并不仔细的缘故。水和食物一同咽下，岂能从口中分开而进入两个喉咙呢？人只有咽、喉两者罢了。咽主要是输送饮食，喉主要用于通气，咽便是将食物送入食管，然后再进入胃中，再次进入到大小肠；喉则是通于五脏，主要用来呼气和吸气。五脏之内包含气体并且有呼有吸，正如冶炼所使用的鼓风用的革囊。人们的饮食和服用的药物，只有从咽部到达肠胃，又何尝会到达五脏呢？凡是人的肌骨、五脏、肠胃虽然各自有别，但凡进入肠胃的药物，其精英之气，都能够洞达五脏，只有一些滓秽进入大小肠。凡是人的饮食以及服用的药物既然已经进入肠胃，被人体真气蒸发，其中精华的部分，以及金石的精华部分，比如细研硫黄、朱砂、乳石之类的，凡是能够流动融合的，都随着真气而洞达全身各处的肌骨，犹如天地之气，贯穿金石土木，没有一丝的滞留和障碍。剩余的顽石草木之类的，则仅是一些气味洞达肌骨而已，等到气味用尽之后，那么滓秽又会随之进入大肠，润湿渗透入小肠，这些都是废物，无法再进行转化，唯有排泄出去了。凡是所谓的某物进入肝、某物进入肾之类的话语，仅仅是它们的气味到达了这个器官而已，而构成某物的某种物质又岂能到达这里呢？这是医学家所不能不了解的。

265. 采草药不可一切拘以定月

【原文】

古法，采草药多用二月、八月，此殊未当。但二月草已芽，八月苗未枯，采掇者易辨识耳，在药则未为良时。大率用根者，若有宿根，须取无茎叶时采，则津泽皆归其根。欲验之，但取芦菔、地黄辈观，无苗时采，则实而沉；有苗时采，则虚而浮。其无宿根者，即候苗成而未有花时采，则根生已足而又未衰。如今之紫草，未花时采，则根色鲜泽；过而采，则根色黯恶，此其效也。用叶者取叶初长足时，用牙者自从本说，用花者取花初敷时，用实者成实时采，皆不可限以时月。缘土气有早晚，天时有愆伏①。如平地三月花者，深山中则四月花。白乐天《游大林寺》诗云："人间四月芳菲尽，山寺桃花始盛开。"盖常理也，此地势高下之不同也。如笙竹笋②，有二月生者，有四月生者，有五月方生者，谓之晚笙；稻有七月熟者，有八九月熟者，有十月熟者，谓之晚稻。一物同一畦之间，自有早晚，此性之不同也。岭峤微草③，凌冬不凋，并、汾乔木，望秋先陨；诸越则桃李冬实，朔漠则桃李夏荣，此地气之不同。一亩之稼，则粪溉者先牙；一丘之禾，则后种者晚实，此人力之不同也，岂可一切拘以定月哉！

【注释】

①愆（qiān）伏：气候失常。

②笙（guì）竹：桂竹。

③岭峤：传统所称的五岭。

【译文】

古法中，采草药大多都在二月、八月，这是非常不恰当的。只是因为二月份草已经发芽，八月份的草叶还没有干枯，采草药的人比较容易辨识罢了，而从药性上来说并不是好的时机。大抵使用根部入药的，如果有隔年生的根，则需要在其没有茎叶的时候采摘，那么此时的汁液还都在根部。想要验证的话，可以取来芦菔、地黄加以观察，没有茎叶的时候采摘，就比较结实而又比较有重量；在有茎叶的时候采摘，比较轻而又比较虚浮。没有隔年生的根的，则是等到茎叶已经长成但还没有开花的时候采摘，那么此时的根生长得很充分而又没有衰退。比如现在所使用的紫草根，没有开花的时候采摘，那么其根色鲜泽；开完花之后再采摘，其根部的颜色就比较黯恶，这便是验证。用叶入药时需要在叶子刚刚长成的时候采摘，用芽入药的就可以依据过去的说法采摘，用花入药的则是在花刚刚绽放的时候采摘，用果实入药的则要在果实成熟的时候采摘，这些都不可以限定时月的。

因为土气有早有晚，天气也时有失常。比如在平地三月开的花，在深山的时候则会四月份开。白乐天《游大林寺》的诗中说："人间四月芳菲尽，山寺桃花始盛开。"大概是常理吧，这也是因为地势高低不同的原因。比如笙竹笋，有二月生的，有三四月生的，有五月才生的，称为晚笙；水稻有七月份成熟的，有八九月份成熟的，有十月份成熟的，称为晚稻。同一样作物同一块地之间，其成熟也有早晚，这是因为物性不同的缘故。五岭之南的小草，在冬季的时候也不会凋零，并、汾地区的乔木，在临近秋天的时候就已经凋谢；南方诸越之间的桃李则是冬季才结果，朔漠地区的桃李则是夏天的时候开花，这是因为地气不同的缘故。同一亩地的庄稼，先被肥料灌溉的先发芽；同一山丘的谷物，后种下的后结果，这是因为人力不同所造成的，怎么可以把一切都固定在相同的月份中呢？

266. 枸　　杞

【原文】

枸杞，陕西极边生者①，高丈余，大可作柱，叶长数寸，无刺，根皮如厚朴，甘美异于他处者。《千金翼》云②："甘州者为真③，叶厚大者是。"大体出河西诸郡，其次江池间埂上者。实圆如樱桃，全少核。暴乾如饼，极膏润有味。

【注释】

①陕西：路名，陕西路。

②《千金翼》：《千金翼方》，唐代孙思邈所编撰。

③甘州：唐代的州名，今甘肃张掖。

【译文】

枸杞，生长于陕西极为遥远的边境地区，高有一丈有余，大的可以做柱子，叶子长几寸，没有刺，根皮如厚朴，味道甘美而和其他地区生产的枸杞不一样。《千金翼方》中说："甘州者为真，叶厚大者是。"大概是出自河西各个州郡地区，次一点的则生长在江河湖泊中的田埂上。果实比较圆好比樱桃一般，很少有核。晒干之后如同饼一样，非常肥厚润泽有味道。

267. 太阴玄精石

梦溪笔谈全鉴 珍藏版

【原文】

太阴玄精，生解州盐泽大卤中，沟渠土内得之。大者如杏叶，小者如鱼鳞，悉皆六角，端正如龟甲。其裙襕小揜[1]，其前则下剡[2]，其后则上剡，正如穿山甲，相掩之处全是龟甲，更无异也。色绿而莹彻；叩之则直理而折，莹明如鉴；折处亦六角，如柳叶。火烧过则悉解折，薄如柳叶，片片相离，白如霜雪，平洁可爱。此乃禀积阴之气凝结，故皆六角。今天下所用玄精，乃绛州山中所出绛石耳，非玄精也。楚州盐城古盐仓下土中[3]，又有一物，六棱，如马牙硝，清莹如水晶，润泽可爱，彼方亦名太阴玄精，然喜暴润，如盐麲碱之类，唯解州所出者为正。

【注释】

①裙襕：古时候人们束腰的腰巾。这里指龟甲两边突出的部分。

②下剡（yǎn）：小削。

③楚州盐城：江苏盐城。

【译文】

太阴玄精石，生于解州盐池含盐量非常高的卤水中，在沟渠的土中就可以找到。大的犹如杏叶，小的犹如鱼鳞，都是六角，端正得犹如龟甲。两边凸出的部分稍微有些下垂，前端部分则是斜面朝下，后面部分则是斜面朝上，正如穿山甲相互遮掩的地方全部是龟甲的形状，几乎没有任何的不同。颜色为绿色而又晶莹剔透；叩击它就会沿着笔直的纹理断裂，莹明犹如镜子一般；折断的地方也是六角，如同柳叶。用火烧过之后就会悉数分解，薄如柳叶，片片相离，白的如霜雪一般，平滑光洁非常可爱。这乃是禀积阴气凝结而成的，所以都为六角。而今天下所使用的玄精石，乃是绛州山中所出产的绛石罢了，并不是玄精石。楚州盐城古盐仓的下面的土中，还有一件东西，六个棱，犹如马牙硝，清莹如水晶，润泽可爱，那里的人们也将其称为太阴玄精石，不过这一种事物喜欢在地面上受潮，犹如盐碱之类的，只有解州出产的才是正宗的玄精石。

268. 蛤

【原文】

按，文蛤即吴人所食花蛤也①，魁蛤即车螯也。海蛤今不识，其生时，但海岸泥沙中得之，大者如萁子②，细者如油麻粒。黄、白或赤相杂，盖非一类，乃诸蛤之房，为海水砻砺光莹③，都非旧质。蛤之属其类至多，房之坚久莹洁者，皆可用，不适指一物，故通谓之海蛤耳。

【注释】

①文蛤（gé）：一种软体动物。

②棊（qí）子：棋子。

③砻砺（lóng lì）：冲刷磨砺。

【译文】

根据考证，文蛤便是吴人所吃的花蛤，魁蛤也就是车螯。海蛤则至今不知道是什么东西，其活着的时候，在海边的泥沙中就能够找到，大的犹如棋子，小的犹如芝麻粒。黄色、白色或者是红色相互杂糅，大概并不是原先的一类。各种蛤的外壳，被海水冲刷磨砺得非常光滑莹白，都不是原来的模样了，蛤的种类非常多，其外壳坚实莹洁，都可以入药，并不专门指一种东西，所以都统称为海蛤。

附　录

《补笔谈》卷一

269. 检讨不试

【原文】

旧制，馆职自校勘以上，非特除者，皆先试，唯检讨不试。初置检讨官①，只作差遣，未比馆职故也。后来检讨给职钱，并同带职，在校勘之上，亦承例不试。

【注释】

①检讨官：官职名，主要掌管国史的修缮工作。

【译文】

旧时的制度，馆职从校勘以上，不是特别任命的，都需要先经过考试，只有检讨官不用经过考试。开始设置检讨官时，因其只是一种差遣的官职，并没有将其列入馆职行列的缘故。后来检讨官也开始给职钱，和其他的馆职并没有什么区别，而且其职位还在校勘之上，但依然按照旧例而不参加考试。

270. 北 苑 茶

【原文】

建茶之美者号"北苑茶"①。今建州凤凰山，土人相传谓之北苑，言江南尝置官领之，谓之北苑使。予因读《李后主文集》有《北苑诗》及《文苑纪》，知北苑乃江南禁苑，在金陵，非建安也。江南北苑使，正如今之内园使。李氏时有北苑使，善制茶，人竞贵之，谓之"北苑茶"，如今茶器中有"学士瓯"之类，皆因人得名，非地名也。丁晋公为《北苑茶录》云："北苑，地名也，今曰龙焙。"又云："苑者，天子园囿之名。此在列郡之东隅，缘何却名北苑？"丁亦自疑之。盖不知"北苑茶"本非地名，始因误传，自晋公实之于书，至今遂谓之"北苑"。

【译文】

　　福建建州地区最好的茶称为"北苑茶"。而今建州的凤凰山，当地人也都沿袭称为北苑，说是南唐时期曾经设置官员专管这里的茶叶征收事宜，并称为北苑使。我因为阅读《李后主文集》时看到过《北苑诗》及《文苑纪》，才知道北苑乃是南唐时期的禁苑，位于金陵，并非在建安。南唐时期的北苑使，正如现在的内园使。李氏时期有一个北苑使，善于制茶，人们争相将他制造的茶叶视为最珍贵，称为"北苑茶"，而今茶器中还有"学士瓯"之类，都是因为这个人而得名的，并非是个地名。丁晋公编撰的《北苑茶录》中说："北苑，是地名，现在称为龙焙。"又说："苑，是天子园圃的名字。在各个州郡的东南角，为何要称为北苑呢？"丁晋公也非常怀疑。大概是不知道"北苑茶"中的北苑二字并非是地名，开始的时候是源于误传，而自从丁晋公在书中将其写为地名后，于是到现在都称为"北苑"了。

271. 班固论司马迁为《史记》

【原文】

　　班固论司马迁为《史记》，"是非颇谬于圣人，论大道则先黄、老而后六经，序游侠则退处士而进奸雄，述货殖则崇势利而羞贫贱，此其蔽也。"予按《后汉》王允曰："武帝不杀司马迁，使作谤书，流于后世。"班固所论，乃所谓"谤"也。此正是迁之微意，凡《史记》次序、说论，皆有所指，不徒为之，班固乃讥迁"是非颇谬于圣人"，论甚不慊①。

【注释】

①慊：恰当。

【译文】

班固论司马迁所编撰的《史记》，"是非标准和圣人的观念颇有抵触，论大道则是先黄、老之学而后才是六经，叙述游侠的事宜则是摒弃了一些隐退的士人而专门写奸雄人物，叙述工商经济以及相关人物时则推崇势利而耻辱于贫贱，这是司马迁的弊端所在。"我根据《后汉书》对王允的记载说："汉武帝没有杀司马迁，让他写出了一部诽谤之书，流传于后世。"班固所论述的，乃是所谓的"谤"了，这也是司马迁写史书隐微而不说的用意。凡是《史记》的次序、说论，都是有所指的，并非泛泛而为没有目的，而班固却讥讽司马迁"是非颇谬于圣人"，这个论述是非常不恰当的。

《补笔谈》卷二

272. 卢肇论海潮

【原文】

卢肇论海潮①，以谓"日出没所激而成"，此极无理。若因日出没，当每日有常，安得复有早晚？予常考其行节，每至月正临子、午则潮生，候之万万无差。此以海上候之，得潮生之时，去海远，即须据地理增添时刻。月正午而生者为潮，则正子而生者为汐；正子而生者为潮，则正午而生者为汐。

【注释】

①卢肇：今江西人，官至弘文馆学士。

【译文】

卢肇谈论海潮，认为"海潮是日出日落所激荡而成的"，这是极其没有道理的。如若因为日出日落，那么海潮每天的推涨都应该有固定的时间，那还有早有晚呢？我经常考究海潮的生成时间，每到月亮升至下中天、上中天的时候海潮就会生成，根据这个规律等候海潮是从未有过差错的。这是从海上观测，所得到的海潮生起的时刻，如果和海离得比较远，那么就需要依据地理位置来增加相应的时刻。月亮在正中天的时候所生起的称为潮，而月亮位于下中天时所生起的称为"汐"；如若月亮位于下中天时所生起的称为潮，那么月亮正中天的时候所生起的就称为汐。

273. 十 二 月

【原文】

历法见于经者，唯《尧典》言"以闰月定四时成岁"。置闰之法，自尧时始有，太古以前又未知如何。置闰之法，先圣王所遗，固不当议，然事固有古人所未至而俟后世者，如岁差之类，方出于近世，此固无古今之嫌也。凡日一出没谓之一日，月一盈亏谓之一月。以日月纪天，虽定名，然月行二十九日有奇，复与日会；岁十二会而尚有馀日。积三十二月，复馀一会，气与朔渐相远，中气不在本月，名实相乖，加一月谓之"闰"。闰生于不得已，犹构舍之用碪楔也^①。自此气、朔交争，岁年错乱。四时失位，算数繁猥。凡积月以为时，四时以成岁，阴阳消长、万物生杀变化之节，皆主于气而已。但记月之盈亏，都不系岁事之舒惨^②。今乃专以朔定十二月，而气反不得主本月之政。时已谓之春矣，而犹行肃杀之政，则朔在气前者是也，徒谓之乙岁之春，而实甲岁之冬也；时尚谓之冬也，而已行发生之令，则朔在气后者是也，徒谓之甲岁之冬，乃实乙岁之春也。是空名之正，二、三、四反为实，而生杀之实反为寓，而又生闰月之赘疣，此殆古人未之思也。今为术，莫若用十二气为一年，更不用十二月。直以立春之日为孟春之一日，惊蛰为仲春之一日，大尽三十一日，小尽三十日，岁岁齐尽，永无闰馀。十二月常一大、一小相间，纵有两小相并，一岁不过一次。如此，则四时之气常正，岁政不相陵夺。日月五星，亦自从之，不须改旧法。惟月之盈亏，事虽有系之者，如海、胎育之类，不预岁时寒暑之节，寓之历间可也。借以元祐元年为法，当孟春小，一日壬寅，三日望，十九日朔；仲春大，一日壬申，三日望，十八日朔。如此，历日岂不简易端平，上符天运，无补缀之劳？予先验天百刻有馀、有不足，人已疑其说。又谓十二次斗建当随岁差迁徙，人愈骇之。今此历论，尤当取怪怒攻骂，然异时必有用予之说者。

【注释】

①碪楔：门楣和门框。

②舒惨：阴阳的变化。

【译文】

　　历法见于古时候的经书的，只有《尚书·尧典》说"以闰月定四时成岁"。设置闰月的方法，自尧时期才开始有，太古以前又不知道是什么样的情形。设置闰月的方法，为先圣王所遗留下来的，自然不应该议论，然而事情原本就有古人无法发现而等到后世的人去发现，比如岁差之类的，就是到近世才发现的，这自然也就没有了用今变古的嫌疑。凡是日出日落则称为一日，凡是月亏月盈则为一月。以日月的方式来记录天体的运行，即便是固定的名目，却还会有月行二十九日而有余，再与太阳相会；一年有十二次会合而尚且还会有余日。累积三十二个月，还会剩余一次会合的日子，节气和朔日渐渐越来越远，致使中气并不在当月，名实便相违背了，为此便需要加一个月称为"闰月"。闰月是不得已的方法，犹如在建筑房子的时候需要加门楣和门框。自此节气和朔日会相互冲突，年岁错乱。四时失位，推算的数据也是烦琐复杂。但凡积累三个月就是一季，积四时便为一年，阴气阳气消长，万物生杀变化的节奏，都受到了节气的转变的影响。但只依照月亮的盈亏制造历法，便和岁时运转的阴阳变化没有任何的关系。而今却专门以合朔来确定十二个月，节气反而不能主导当月的一切人事活动。比如时令已经进入春天的时候，人事活动犹且还在遵循肃杀节气时进行，朔气在节气之前就是这样的情况，那么徒称某个季节为乙年的春天，那么它实际上还是甲年的冬天；相反历法中所谓的某季为冬天，而人事活动却已经依照万物生长的时令进行了，朔气在节气之后便是这种情况，所以徒称某季是甲年的冬天，而实际上它也是乙年的春天。可见正月像是个空名，而二月、三月、四月反而像是一年的开始，因而万物生杀的节气便成了附属的性质，而又生出了闰月的累赘，这大概是古人从未思虑过的。而今的方法，不如用十二个节气为一年，不要用十二个朔闰月。直接以立春之日作为孟春的第一日，惊蛰为仲春的第一日，大月都是三十一天，小月则为三十天，年年都比较整齐，永远都不用使用闰月。十二个月经常一大一小相间，即便又两个小月并列，一年也只不过有一次。如此，四时的节气便会回归正常，每年的人事活动也不会相互凌夺。日月五星，也顺从其运行的规律，不需要再修改旧时的历法了。只有月亮的盈亏，虽然一些事情是受其影响的，比如海潮涨落、胎生孕育之类的，却并不干预岁时寒暑节气的变化，是可以附载于上述历法之间的。借此以元祐元年举例，当孟春正月是小月的时候，一日干支则为壬寅，三日望，十九日为合朔；仲春二月是大月的时候，一日干支为壬申，三日望，十八日为合朔。像这样，历法上的日子岂不是简单方便整齐平稳，符合天体的运行，而没有了修补推算的疲劳？我先前验证过一昼夜的百刻有多有少，有人已经怀疑我的说法。又曾认为十二次斗建应该随着岁差而迁移，人们就更加惊骇了。而今对于历法的论述，犹且还会被一些人责怪怒骂，然而将来一定会有人采纳我的说法。

274. 老军校知兵善料敌

【原文】

宝元元年，党项围延安七日，邻于危者数矣。范侍郎雍为帅①，忧形于色。有老军校出，自言曰："某边人，遭围城者数次，其势有近于今日者，虏人不善攻，卒不能拔。今日万万无虞，某可以保任。若有不测，某甘斩首。"范嘉其言壮，人心亦为之小安。事平，此校大蒙赏拔，言知兵善料敌者，首称之。或谓之

曰："汝敢肆妄言，万一不验，须伏法。"校笑曰："若未之思也。若城果陷，何暇杀我耶？聊欲安众心耳。"

【注释】

①范雍：字伯纯，洛阳人，官至资政殿大学士、礼部尚书。

【译文】

宝元元年，西夏大军围困延安七日，延安城几次濒临危境。当时范雍为边帅，脸上显露出忧虑的神色。有个老军校站出来，自说道："我是一个边塞人，多次经历过城池被围困的战役，其形势有和现在相似的，西夏人不擅长进攻，最终是不能攻陷城池的。今日的事情万万不要担心，我可以以军令状做担保。如若有什么不测，我甘愿被斩首。"范雍对他的豪言壮语很是赞赏，心中也稍微安定了一些。事情平定后，这个老军校大受提拔和赏赐，说起知兵善于应敌的人，人们都首先说他。有人对他说："你竟然说下如此妄言，万一你的话不应验，就必须要伏军法了。"老军校笑着说："你并没有好好思考呀。如果城池真的被攻陷，哪还有闲工夫去杀我呢？当时说这话也是想要安抚人心罢了。"

275. 紫山寺僧法崧

【原文】

种世衡初营清涧城①，有紫山寺僧法崧，刚果有谋，以义烈自名。世衡延置门下，恣其所欲，供亿无算。崧酗酒、狎博无所不为，世衡遇之愈厚，留岁馀，

崧亦深德世衡，自处不疑。一日，世衡忽怒谓崧曰："我待汝如此，则阴与贼连，何相负也？"拽下械系捶掠，极其苦楚。凡一月，濒于死者数矣。崧终不伏，曰："崧，丈夫也！公听奸人言，欲见杀，则死矣，终不以不义自诬。"毅然不顾。世衡审其不可屈，为解缚沐浴，复延入卧内，厚抚谢之，曰："尔无过，聊相试耳。欲使为间，万一可胁，将洩吾事，设虏人以此见穷，能不相负否？"崧默然，曰："试为公为之。"世衡厚遗遣之，以军机密事数条与崧，曰："可以此藉手，仍伪报西羌。"临行，世衡解所服絮袍赠之，曰："胡地苦寒，以此为别。至彼，须万计求见遇乞，非此人，无以得其心腹。"遇乞，虏人之谋臣也。崧如所教，间关求通遇乞。虏人觉而疑之，执于有司。数日或发袍领中，得世衡与遇乞书，词甚款密。崧初不知领中书，虏人苦之备至，终不言情。虏人因疑遇乞，舍崧，迁于北境。久之，遇乞终以疑死，崧邂逅得亡归，尽得虏中事以报。朝廷录其劳，补右侍禁，归姓为王。崧后官至诸司使，至今边人谓之王和尚。世衡本卖崧为死间，邂逅得生还，亦命也。康定之后，世衡数出奇计。予在边，得于边人甚详，为新其庙像，录其事于篇。

【注释】

①种世衡：字仲平，洛阳人，是当时的名帅。

【译文】

种世衡刚开始营建青涧城的时候，有一个紫山寺僧人法崧，刚果有谋，以忠义刚烈为己任。种世衡将其招入自己的门下，任由其放纵无度，供其挥霍的财物数不胜数。法崧酗酒、赌博无所不为，种世衡对他的礼遇却越加丰厚，一年多后，法崧也深感种世衡的恩德，并不怀疑种世衡对其的信任。有一天，种世衡忽然对法崧发怒说："我待你如此，而你却私下里与贼人相互勾结，为何如此负我？"便让人将其带下去囚禁起来严刑拷打，受尽了苦楚。一个月里，法崧被折磨得几次快要死去。法崧最后都没有认罪，说："我是个大丈夫！您听信奸人的话，想要将我杀掉，就杀掉吧，我绝不会以这种强加的不义之名来污蔑自己。"毅然不顾。种世衡知道他确实不可能屈服，于是便为其解开刑具并让他沐浴更衣，又将其引入自己的卧室，深切安抚道歉，说："你没有什么过错，我只是稍微试探你一番罢了。我想要让你去当间谍，万一你是可以胁迫的，那么就会泄漏我的事情，假如敌人像我这般折磨你，你能够不负我吗？"法崧神色黯然，说："我可以为您试试。"种世衡给了他丰厚的钱财并让他走了，并告诉给他几件军机要事，说："可以从这几条要事入手，假意报密给西羌人。"临行前，种世衡又解下自己所穿的棉袍赠给他，说："胡地比较寒冷贫苦，以此作为告别的礼物。你到了那里后，要想法设法地求见遇乞，不是这个人，你便无法得到他们的心腹机密。"遇乞，是西夏的谋臣。法崧按照种世衡的教导，到了边关之后便求见遇乞。西夏人对他有了警觉和怀疑，便将其抓捕并交给相关部门。几日后有人在他的棉袍的领子中，发现了种世衡给遇乞的书信，言辞很是亲密真切。法崧刚开始并不知道领子中有书信，西夏人对其百般拷打，他都没有说出实情。西夏人于是便怀疑遇乞，放掉了法崧，并将其转移到西夏的北部边境。时间久了，遇乞最终因为被人怀疑而死，法崧也得以机会逃回，将得到的西夏的情况尽数报告给朝廷。朝廷肯定了他的劳苦，便补授他为右侍禁，并让其归于本姓王。法崧后来官至诸司使，至今边境的人还将其称为王和尚。种世衡原本是出卖法崧让其以死离间西夏人，最后法崧却得到了生还的机会，这也是一个人的命呀。康定年间之后，种世衡多次想出奇计。我在边境的时候，从边境那里知道了王和尚的详细故事，还给他重新塑造了庙像，并且用这篇文章来记述他的事迹。

276. 一举而三役济

【原文】

　　祥符中，禁火[1]，时丁晋公主营复宫室，患取土远，公乃令凿通衢取土，不日皆成巨堑，乃决汴水入堑中，引诸道竹木排筏及船运杂材，尽自堑中入至宫门，事毕，却以斥弃瓦砾灰壤实于堑中，复为街衢。一举而三役济，计省费以亿万计。

【注释】

①禁火：皇宫发生了火灾。

【译文】

祥符年间，皇宫发生了火灾。当时丁晋公负责营造修复宫室的事宜，考虑到取土太远，便让人凿开大道取土，没多久大道变成了很深的勾壑，于是又掘开汴堤并将汴水引入壑中，以使各地送来的竹排、木筏和船只等，全部都从壑沟内运到宫门前，营造的工程结束后，却又把废弃掉的瓦砾灰土全部填入了壑沟，于是又成了大道。一举而三役得，其间节省的花费要以亿万来计算。

277. 龙 船 澳

【原文】

国初，两浙献龙船，长二十馀丈，上为宫室层楼，设御榻，以备游幸。岁久腹败，欲修治，而水中不可施工。熙宁中，宦官黄怀信献计，于金明池北凿大澳，可容龙船，其下置柱，以大木梁其上。乃决水入澳，引船当梁上，即车出澳中水，船乃笐于空中①。完补讫，复以水浮船，撤去梁柱，以大屋蒙之，遂为藏船之室，永无暴露之患。

【注释】

①笐（háng）：抬起。

【译文】

本朝初期，两浙地区给朝廷进献了一艘龙船，长二十多丈，上面是多层楼的宫室，设有皇帝的御塌，以备游幸。年岁久了龙船的中间有些损坏，想要修治，而又无法在水中施工。熙宁年间，宦官黄怀信给皇帝献计，在金明池的北面开凿出一个港湾，可以容纳龙船，在港湾的下面竖立大的木柱，在大木柱上再架起大梁。然后再决水引入港湾，将船牵引到水下梁上的位置，然后再立即用水车抽走港湾的水，于是船便被抬起在空中。补完破损的地方后，再引水让船浮起来，撤走梁柱，然后再建造一栋大屋以遮盖龙船，于是也就有了藏船的屋子，永远都没有大船暴露在外的忧患了。

278. 真迹与摹本

【原文】

李学士世衡喜藏书。有一晋人墨迹在其子绪处，长安石从事尝从李君借去，窃摹一本，以献文潞公，以为真迹。一日潞公会客，出书画，而李在坐，一见此帖，惊曰："此帖乃吾家物，何忽至此？"急令人归，取验之，乃知潞公所收乃摹本。李方知为石君所传，具以白潞公，而坐客墙进①，皆言潞公所收乃真迹，而以李所收为摹本。李乃叹曰："彼众我寡，岂复可伸？今日方知身孤寒。"

【注释】

①墙进：人多拥挤，还有人翘首以望，如同爬墙。

【译文】

学士李世衡有很多藏书。有一幅晋人的墨迹在他的儿子李绪那里。长安人石从事曾经从李绪那里借去，并私下里临摹了一本，以此献给文潞公，文潞公认为是真迹。有一天文潞公会客，便展示出了这幅书画，而李世衡正好在座，一见到这个帖子，便惊讶地说："这个帖子是我们家的东西，为什么突然出现在这里？"于是急忙让人回家，并将其拿来验证，才知道文潞公所收藏的只是个临摹本。李世衡这才知道是石从事传出来的，便把事情的始末告诉给文潞公，而在座的客人都一窝蜂地围了过来，都说文潞公所收藏的才是真迹，而李世衡所收藏的为临摹本。李世衡便感叹说："你们人多我人少，还如何再向他们讲述清楚呢？今天我才知道自己身单孤寒。"

279. 八 分 书

【原文】

今世俗谓之"隶书"者，只是古人之"八分书"，谓初从篆文变隶，尚有二分篆法，故谓之"八分书"。后乃全变为隶书，即今之正书、章草、行书、草书皆是也。后之人乃误谓古八分书为隶书，以今时书为正书，殊不知所谓正书者，隶书之正者耳，其馀行书、草书，皆隶书也。杜甫《李潮八分小篆歌》云："陈仓石鼓文已讹①，大小二篆生八分。苦县光和尚骨立，书贵瘦硬方通神。"苦县，《老子朱龟碑》也。《书评》云："汉、魏牌榜、碑文和《华山碑》，皆今所谓隶书也，杜甫诗亦只谓之八分。"又《书评》云："汉、魏牌榜、碑文，非篆即八分，未尝用隶书。"知汉、魏碑文皆八分，非隶书也。

【注释】

①石鼓文：先秦时期，秦国刻在十块鼓形石头上的文字，唐朝时期在陈仓发现。

【译文】

而今世俗中所称的"隶书"，只是古人的"八分书"，起初是从篆文演变成隶书，尚且还有二分篆法，所以称为"八分书"。后来才全变为隶书，也就是现在的正书、章草、行书、草书之类的。后人只是将古时候的八分书误称为隶书，而以现在流行的书法称为正书，殊不知所谓的正书，指的是正规的隶书，其余的行书、草书，都是隶书中的。杜甫的《李潮八分小篆歌》中说："陈仓石鼓文已讹，大小二篆生八分。苦县光和尚骨立，书贵瘦硬方通神。""苦县""光和"指的是《老子朱龟碑》。《书评》中说："汉、魏牌榜、碑文和《华山碑》，都是现在所谓的隶书，杜甫诗亦只谓之八分。"又有《书评》中说云："汉、魏牌榜、碑文，不是篆书就是八分书，没有用过隶书。"由此可知汉魏碑文都是八分书，并不是隶书。

280. 钟 隐 画

【原文】

江南府库中，书画至多，其印记有"建业文房之印""内合同印"。"集贤殿书院"印以墨印之，谓之"金图书"，言惟此印以黄金为之。诸书画中，时有李后主题跋①，然未尝题书画人姓名，唯钟隐画皆后主亲笔题"钟隐笔"三字。后主善画，尤工翎毛。或云："凡言'钟隐笔'者，皆后主自画。后主尝自号钟山隐士，故晦其名，谓之钟隐，非姓钟人也。今世传钟画，但无后主亲题者，皆非也。"

【注释】

①李后主：南唐后主李煜。

【译文】

南唐的府库中，收藏了很多的书画作品，其中印记有"建业文房之印""内合同印"等。"集贤殿书院"印是使用的黑墨印，称为"金图书"，说唯有这个印是由黄金铸造成的。诸书画中，不时还会有李后主的题跋，然而并没有题上书画人的姓名，只有钟隐的画作都是李后主亲笔题"钟隐笔"三个字。李后主擅长绘画，尤其擅长花鸟画。有人说："凡是说'钟隐笔'的，都是李后主自己画的。李后主曾经自号钟山隐士，所以隐藏了自己的真名字，而称为钟隐，并不是真有一个姓钟的书画家。而今世间所传的钟隐的画作，只要没有李后主的亲笔题跋，都不是南唐的真品。"

281. 鬲与古铜香炉

【原文】

古鼎中有三足皆空，中可容物者，所谓鬲也。煎和之法①，常欲滒在下②、体在上，则易熟而不偏烂，及升鼎③，则浊滓皆归足中。《鼎卦》初六："鼎颠趾，利出否。"谓浊恶下，须先泻而虚之；九二阳爻，方为鼎实。今京师大屠善熟彘者，钩悬而煮，不使著釜底，亦古人遗意也。又古铜香鑪，多镂其底，先入火于鑪中，乃以灰覆其上，火盛则难灭而持久。又防鑪热灼席，则为盘荐水，以渐其趾，且以承灰炨之坠者④。其他古器，率有曲意，而形制文画，大概多同。盖有所传授，各守师法，后人莫敢辄改。今之众学，人人皆出己意，奇衺浅陋⑤，弃古自用，不止器械而已。

【注释】

①煎和：烹调。

②滒（qì）：肉汁。

③升鼎：将肉煮好后取出。出锅。

④炨（xiè）：燃烧物烧剩下的部分。

⑤衺（xié）：同"邪"。

【译文】

古鼎中有三个脚都是空心的，中间可以容纳东西，也就是所谓的鬲。以烹调肉食的方法，总会希望肉汁在下面，而肉块在上面，这样就容易熟而又不偏烂，等到出锅的时候，渣滓全都归于鼎足中。《鼎卦》中的初六爻辞中说："颠倒鼎足，可以把不洁之物倒出来。"说的是脏东西沉淀之后，必须先将其倒掉并清空鼎足；九二阳爻，才说鼎足中又可以烹煮东西了。而今京师中的大屠夫都擅长烹煮整只猪，将猪用钩子悬挂着烹煮，不让它附在锅底上，也是古人遗留下来的方法。又有古时候的铜香炉，它的底部大多都有镂孔，（使用时）先把点燃的香饼放在炉中，然后再用灰覆盖在上面，火就很难熄灭而且维持的时间也比较长久。又为了防止香炉热了之后会灼烧席子，于是又在炉子下面放置了一盘水，并浸泡香炉的三足，并且能够接住落下的香灰。至于其他的古器，大都有曲折的用意，而形状和纹饰，大概都是一样的。大概因为古时候的技艺有所传授，而又各守师法的缘故，后人没有敢擅自更改的。而今的众多学问大多都是各出己意，离奇而又浅陋，丢弃古时候的传统而师心自用，不止器物的制作罢了。

《补笔谈》卷三

282.《飞鸟图》与《守令图》

【原文】

地理之书，古人有《飞鸟图》，不知何人所为。所谓"飞鸟"者，谓虽有四至里数，皆是循路步之，道路迂直而不常，既列为图，则里步无缘相应，故按图别量径直四至，如空中鸟飞直达，更无山川回屈之差。予尝为《守令图》，虽以二寸折百里为分率，又立准望，牙融傍验高下、方斜、迂直之法^①，以取鸟飞之数。图成，得方隅远近之实，始可施此法，分四至、八到为二十四至，以十二支、甲乙丙丁庚辛壬癸八干、乾坤艮巽四卦名之，使后世图虽亡，得予此书，按二十四至以布郡县，立可成图，毫发无差矣。

【注释】

①准望：方位。

【译文】

地理方面的书籍，古人有《飞鸟图》，不知道是什么人制作的。所谓的"飞鸟"，虽然记有四至（某地到其周边相邻地区的距离）的里数，但也都是遵循着相互间的道路步测的，道路的弯曲并没有常数，既然已经绘制成图，那么里数和步测便没有办法相互呼应，所以按照地图上量度为四至的直线距离，比如空中飞鸟直达，更是没有山川阻隔的差数。我曾经制作了《守令图》，虽然以二寸折算成百里为比例，又立方位，牙融傍验地势高低、方向正斜、道路迂回等方法，以此来推算各地间的距离。地图制成后，便能够得到天下郡县的方位以及远近距离，于是开始施用这种方法，分四至、八到为二十四至，以十二支、甲乙丙丁庚辛壬癸八个天干名、乾坤艮巽四个卦名作为二十四至的名称，即便是后世的地图散失了，如果得到了这本书，按照二十四至来布置郡县，立即可以绘制出新的地图，绝对不会有丝毫的偏差。

283. 磁石锐处亦有指北者

【原文】

以磁石磨针锋，则锐处常指南，亦有指北者，恐石性亦不同，如夏至鹿角解，冬至麋角解①。南北相反，理应有异，未深考耳。

【注释】

①麋：麋鹿。

【译文】

用磁石来磨砺针尖，那么其尖锐的地方则通常指向南方，也有指向北方的，恐怕是因为磁石性质不同的缘故，比如夏至的时候鹿角就会脱落，而麋鹿的角却在冬至时分脱落。南北相反，理当有所不同，只是并没有深加考究罢了。

284. 河 豚 鱼

【原文】

吴人嗜河豚鱼，有遇毒者，往往杀人，可为深戒。据《本草》："河豚，味甘温，无毒，主补虚，去湿气，理腰脚。"因《本草》有此说，人遂信以为无毒，食之不疑。此甚误也。《本草》所载河豚，乃今之䰲鱼，亦谓之鲍（五回反）鱼，非人所嗜者，江浙间谓之回鱼者是也。吴人所食河豚，有毒，本名侯夷鱼。《本草注》引《日华子》云："河豚有毒，以芦根及橄榄等解之。肝有大毒。又为䰲鱼、吹肚鱼。"此乃是侯夷鱼，或曰胡夷鱼，非《本草》所载河豚也。引以为注，大误矣。《日华子》称："又名䰲鱼。"此却非也，盖差互解之耳。规鱼，浙东人所呼，又有生海中者，腹上有刺，名海规。吹肚鱼，南人通言之，以其腹胀如吹也。南人捕河豚法：截流为栅，待群鱼大下之时，小拔去栅，使随流而下，日暮猥至①，自相排蹙，或触栅则怒而腹鼓，浮于水上，渔人乃接取之。

【注释】

①猥：多而杂，拥挤。

303

【译文】

吴人爱吃河豚鱼，有遇到中毒的情况，往往会死人，应该以此为戒。根据《本草》记载："河豚，味道甘美而温和，没有毒，主补虚，去湿气，理腰脚。"因为《本草》中有这种说法，于是人们便深信河豚没有毒，便食之不疑。这是很大的错误。《本草》中所记载的河豚，那是今天的鲀鱼，也称为鮠（五回反）鱼，并不是人们所喜欢吃的河豚，江浙地区所称的鮰鱼便是。吴人所吃的河豚，是有毒的，本名为侯夷鱼。《本草注》引《日华子》中说："河豚是有毒的，服用芦根和橄榄等便可以解开此毒。河豚的肝有大毒。又称为鲀鱼、吹肚鱼。"这就是侯夷鱼，或者说是胡夷鱼，也并不是《本草》中所记载的河豚鱼。引用《本草》来为其作注，也是极为错误的。《日华子》称："又名鲀鱼。"这却是不对的，大概是相互混用的解释。规鱼，是浙东人的称呼，又有生长在海中的一种鱼，腹部有刺，名为海规。吹肚鱼，是南方人对它的统称，因为这种鱼的腹部膨胀犹如吹起来的一般。南方人捕捉河豚的方法：截流为栅，等到成群的鱼游下来的时候，便稍微提起栅栏，让鱼群顺流而下，等到日落的时候而鱼也越多越杂，相互拥挤，或者是触碰到栅栏则会发怒到肚子鼓胀，漂浮于水上，渔人便将其捞取上来。

《续笔谈》

285. 鲁肃简公劲正

【原文】

鲁肃简公劲正，不徇爱憎，出于天性。素与曹襄悼不协①。天圣中，因议茶法，曹力挤肃简，因得罪去，赖上察其情，寝前命，止从罚俸，独三司使李谘夺职，谪洪州。及肃简病，有人密报肃简，但云"今日有佳事"。鲁闻之，顾婿张昷之曰②："此必曹利用去也。"试往侦之，果襄悼谪随州。肃简曰："得上殿乎？"张曰："已差人押出门矣。"鲁大惊曰："诸公误也，利用何罪至此？进退大臣，岂宜如此之遽？利用在枢密院，尽忠于朝廷，但素不学问，偪强不识好恶耳，此外无大过也。"嗟惋久之，遽觉气塞。急召医视之，曰："此必有大不如意事动其气，脉已绝，不可复治。"是夕，肃简薨。李谘在洪州，闻肃简薨，有诗曰："空令抱恨归黄壤，不见崇山谪去时。"盖未知肃简临终之言也。

【注释】

①曹襄悼：曹利用，字用之，今河北人。

②张昷之：字景山，今河南商丘人，官至光禄卿。

【译文】

鲁肃简公刚正不阿，不顺从个人爱憎，这是出于他的天性。鲁肃简公素来和曹襄悼不和。天圣年间，因为讨论茶法，曹襄悼便极力排挤鲁肃简公，因而致使鲁肃简公获罪罢免，依靠皇帝察觉到了实情，而又撤销了之前的命令，只是给了他罚俸的惩罚，唯有三司使李谘被撤销了贴职，贬谪到洪州。等到鲁肃简公病重的时候，有人密报鲁肃简公，只说"今天有好事"。鲁肃简公听说后，便回头对他的女婿张盅之说："这一定是曹利用要被罢免官职了。"于是便让张盅之尝试着去打探消息，果然曹襄悼被贬谪随州。鲁肃简公说："他得到皇上的召见了吗？"张盅之说："已经让人押出京门了。"鲁肃简公大惊道："各位主事官员做得不对呀，曹利用犯了什么罪而得到如此待遇？大臣的进退，岂能如此仓促？曹利用在枢密院，尽忠于朝廷，只是他向来不喜欢做学问，为人倔强而又不分好恶，此外并没有大的过错。"他惋惜了好久，于是顿觉胸中气塞。于是急忙召来医生检查，医生说："这一定是有什么非常不如意的事情让他动了气，脉象已经断绝，不可以再治疗了。"当天晚上，鲁肃简公去世。李谘在洪州，听说了鲁肃简公去世的消息，便作诗说："空令抱恨归黄壤，不见崇山谪去时。"这大概是不知道鲁肃简公临终前所说的话吧。

286. 王荆公"一字题"四句

【原文】

韩退之诗句有"断送一生唯有酒"[1]，又有"破除万事无过酒"。王荆公戏改此两句为"一字题"四句，曰："酒，酒，破除万事无过，断送一生唯有。"不损一字，而意韵如自为之。

【注释】

①韩退之：韩愈。

【译文】

韩愈的诗中有"断送一生唯有酒"一句，又有"破除万事无过酒"。王荆公（王安石）便将这两句戏改为"一字题"形式的四句，说："酒，酒，破除万事无过，断送一生唯有。"没有丢掉其中任何一个字，但意韵像是王荆公自己作出来的。

参考文献

［1］王洛印，译注．梦溪笔谈译注［M］．上海：上海三联书店，2014.

［2］张富祥，译注．梦溪笔谈［M］．北京：中华书局，2009.

［3］金良年，胡小静，译注．梦溪笔谈全译［M］．上海：上海古籍出版社，2013.

［4］沈括．梦溪笔谈［M］．长春：吉林出版集团有限责任公司，2010.

［5］赵德荣，译注．梦溪笔谈：精装珍藏本［M］．北京：中国画报出版社，2011.